普通高等教育土木类专业“十二五”规划教材

DAKUADU QIAOLIANG

土木

大跨度桥梁

主审　李清富
主编　魏建东

郑州大学出版社
郑州

图书在版编目(CIP)数据

大跨度桥梁/魏建东主编. —郑州:郑州大学出版社,2011.9

ISBN 978-7-5645-0391-8

Ⅰ.①大… Ⅱ.①魏… Ⅲ.①长跨桥-桥梁工程 Ⅳ.①U448.43

中国版本图书馆 CIP 数据核字(2010)第 264913 号

郑州大学出版社出版发行
郑州市大学路 40 号　　邮政编码:450052
出版人:王　锋　　发行电话:0371-66966070
全国新华书店经销
新乡市凤泉印务有限公司印制
开本:787 mm×1 092 mm　1/16
印张:15
字数:364 千字
版次:2011 年 9 月第 1 版　　印次:2011 年 9 月第 1 次印刷

书号:ISBN 978-7-5645-0391-8　　定价:28.00 元

本书如有印装质量问题,请向本社调换

本书作者

Authors

主　　审　李清富

主　　编　魏建东

编　　委　（以姓氏笔画为序）

邓苗毅　向天宇

张俊平　宗周红

前言

Preface

在改革开放前，由于中国桥梁工程以中小跨径桥梁为主，没有大跨度桥梁这门课。从20世纪90年代开始，随着中国桥梁事业的进步，大跨度桥梁得到迅速的发展，我国修建的斜拉桥和悬索桥数量剧增，且随着时间的推移，大量已修建的斜拉桥和悬索桥需要管理、养护、检测和维修加固。国家需要大量这方面的专业技术人员，因此桥梁方向的本科生学习该课程是很有必要的。

为了适应时代的需要，我校在道路桥梁与渡河工程专业本科教学中设置了大跨度桥梁这门必修课。该教材内容包括第一篇——斜拉桥，第二篇——悬索桥。针对这两种桥型，讲解了它们各自的发展历史、结构体系、构造特点、设计计算和施工方法等内容。并在第一篇的最后一章介绍了当今世界上最大跨径的斜拉桥——苏通大桥，在第二篇的最后一章介绍了当今世界上最大跨径的钢箱梁悬索桥——舟山西堠门大桥。

本书由魏建东（郑州大学）主编，具体分工如下：第5章，邓苗毅（郑州航空工业管理学院）；第8章，宗周红（东南大学）；第10章，向天宇（西南交通大学）；第11章，张俊平（广州大学）；其余各章由魏建东编写。全书由魏建东通稿。郑州大学水利与环境学院道桥系李清富教授担任本书主审，为本书的出版提出了许多建设性的建议，在此表示感谢。

该书可作为土木工程专业、道路桥梁与渡河工程专业、交通工程专业等相关专业桥梁方向本科生教材，也可作为研究生进行相关研究前的自学教材，以及其他希望系统学习与了解大跨度桥梁知识的技术与管理人员参考用书。

限于编者水平有限，虽慎之又慎，书中仍难免有不当之处，敬请各位读者批评指正。

编　者

2010年10月

目录 CONTENTS

第一篇　斜拉桥

第一篇　斜拉桥

第 1 章　概述

1.1　大跨度桥梁的概念

桥梁的上部结构中，通过铺装层承受荷载的主梁一般采用简支式或连续式。前者一般是跨中截面抗弯能力控制设计，从材料的利用来讲效率很低；后者利用支点处的卸载弯矩减小跨中的弯矩，使主梁跨内的弯矩分配更合理，以同等抗弯能力的构件截面就可扩大两支点间距离，从而提高了材料的利用效率。

梁桥就直接以主梁作为桥梁的主要受力构件，以它的抗弯能力来承受荷载，则最大跨度受到限制。目前，陆地上的预应力混凝土简支梁桥跨度在 50 m 左右，海上因可采用大型浮吊，最大跨度为 70 m 左右。再大幅度增加已不大可能，因为此时恒载产生的跨中弯矩已占跨中截面设计极限弯矩的绝大部分。预应力混凝土连续梁桥和连续刚构桥采用连续式主梁作为主要受力构件，目前前者的最大跨度为 160 m 左右，后者也只能达到 300 m 左右，且似乎也达到了极限跨度。

拱桥以拱作为主要受力构件，主梁通过立柱支撑在拱上，或通过吊杆将主梁悬挂在拱上。拱结构主要承受压力，是压弯构件，拱截面受到的压力较为均匀，材料的利用率得到极大的提高。可以利用廉价且抗压能力强的石材、混凝土与钢筋混凝土来修建。但随着跨度的增加，拱结构就存在失稳问题，特别是施工期间，稳定性更差。目前跨度最大的钢管混凝土拱桥的跨度为 460 m，钢拱桥的最大跨度为 550 m。

在材料截面利用率高的受力形式中，除受压外还有受拉，且受拉构件不像受压构件那样存在失稳问题。目前预应力钢材的抗拉强度极高，因而可以辅助主梁实现更大的跨度，对应的桥型称为缆索承重桥，主要有斜拉桥和悬索桥。

斜拉桥采用倾斜的拉索，直接将主梁受到的力传递到塔的上部，同时也对主梁产生一压力。斜拉桥的梁体用拉索多点拉住，好像多跨弹性支承连续梁。悬索桥采用吊杆先将主梁上的荷载传给主缆，再由主缆传给锚碇，在传递过程中也传给桥塔一压力。斜拉桥中的传力路径更直接，效率更高。但斜拉桥的桥塔比悬索桥的更高(约为其两倍)，受压后更容易失稳，且随着跨度的增加，受压的主梁也存在失稳问题，因而跨度受到限制，目前的最大跨度为我国苏通大桥的 1 088 m。预测的斜拉桥极限跨度为 1 500 m 左右。

悬索桥主梁不存在受压失稳问题，桥塔也较低，施工中不存在大的失稳问题，因而可达到更大的跨度。目前的最大跨度为日本的明石海峡大桥，跨度 1 991 m，规划中的意大利摩西拿海峡大桥的主跨为 3 300 m。因此，目前的悬索桥跨度远未达到极限，且采用新型轻质高强复合材料制作主缆，可使极限跨度进一步增加。

目前,在 250 m 以上的跨径范围,缆索承重桥具有竞争力。对于 600 m 以上的跨径,缆索承重桥是唯一的选择。其中,1 100 m 以上的跨径,悬索桥是唯一的选择。

现行的《公路桥涵设计通用规范》中规定:主跨为 40 ~ 150 m 的称为大桥,主跨大于 150 m 的称为特大桥。这种规定是为了便于对现有桥梁的管理,本教材的大跨度桥梁专指斜拉桥和悬索桥。

在改革开放前,由于中国桥梁工程以中小跨径桥梁为主,没有大跨度桥梁这门课。从 20 世纪 90 年代开始,随着中国桥梁事业的进步,大跨度桥梁得到迅速的发展,我国修建的斜拉桥和悬索桥数量剧增,且随着时间的推移,大量已修建的斜拉桥和悬索桥需要管理、养护、检测和维修加固,国家需要大量这方面的专业技术人员。

1.2 斜拉桥的发展历史

远古时代,人们便利用天然材料修造跨越沟坎的结构物。斜拉桥也在其中,采用的一般是天然的藤蔓,或者用藤蔓编成的绳索。近代人们用钢拉杆或拉链修建了近百米的斜拉桥,风致振动使拉索断裂,以及人群超载导致的桥梁垮塌,使人们逐渐放弃了斜拉桥这种桥型。

1938 年,德国的狄辛格(F · Dischinger)首先认识到斜拉索必须施加足够的预张力来消除自重垂度带来的柔性影响,使主梁的变形保持在较低的范围内。随着高强钢材的普及和发展,二次世界大战后,在欧洲桥梁重建中,开始采用斜拉桥。1955 年,狄辛格设计的第一座现代斜拉桥——斯特姆松德桥(Stromsund Bridge)在瑞典竣工,该桥主跨一举达到 182.6 m,如图 1-1 所示。紧接着德国在桥梁重建中大量采用了斜拉桥方案,如图 1-2 所示的为主跨 260 m 的杜塞尔道夫北莱茵河桥。它们都采用疏索和钢主梁结构,这也是早期现代斜拉桥的特点。

图 1-1 第一座现代斜拉桥——斯特姆松德桥

图 1-2 北莱茵河桥

1962 年建成的马拉开波桥是第一座大跨度混凝土斜拉桥(图 1-3),该桥为六塔双索面稀索体系双箱单室预应力混凝土箱梁斜拉桥,共有 5 孔,跨径 235 m,宽 17.4 m,塔高 86.6 m,梁高 5.4 m,最高处距水面 45 m。

早期现代斜拉桥采用疏索，一方面反映了当时对斜拉桥的认识和设计意图是仅用几根少量的拉索代替梁式桥的中间支墩；另一方面则是受到所能求解的超静定结构的赘余数的限制（不多于 4 ~ 5 次）。稀索体系要求较大的主梁刚度和额外的施工架设辅助设备，并导致拉索锚固区的构造复杂和补强、换索困难等问题，不能充分发挥斜拉桥的跨越能力和经济性的优势，特别不适宜于混凝土主梁。

随着计算机和有限元技术的发展，高次超静定结构的力学分析开始变得简单易行。1967 年，联邦德国建成了主跨 280 m 的 Friedrich Ebert 桥，从此拉开了密索体系斜拉桥建设的序幕。主梁上的索距由原先的 50 m 降到 10 m 左右，使得采用双悬臂平衡施工法成为可能，方便预制吊装，也方便直接利用施工节段前端的拉索牵拉现浇施工挂篮的前端。这种施工方法也扩大了斜拉桥的适用场合，加速了斜拉桥的推广和应用。此后，斜拉桥在全世界得到迅速的发展。

我国的斜拉桥建设起步较晚，1975 年建成第一座试验性斜拉桥——四川省云阳汤溪河桥（图 1-4），孔跨布置为 34. 91 m+75. 84 m+34. 91 m，全长 153. 12 m，桥面净空为净 3. 1 m+2×0. 25 m 栏杆带，每塔的三对斜拉索由钢芯缆索组成。

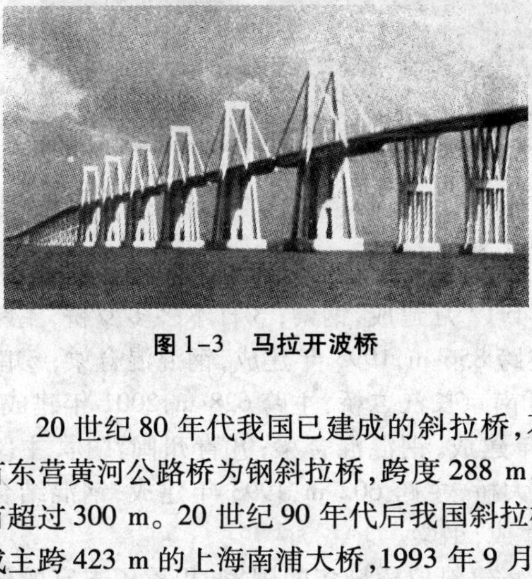

图 1-3 马拉开波桥

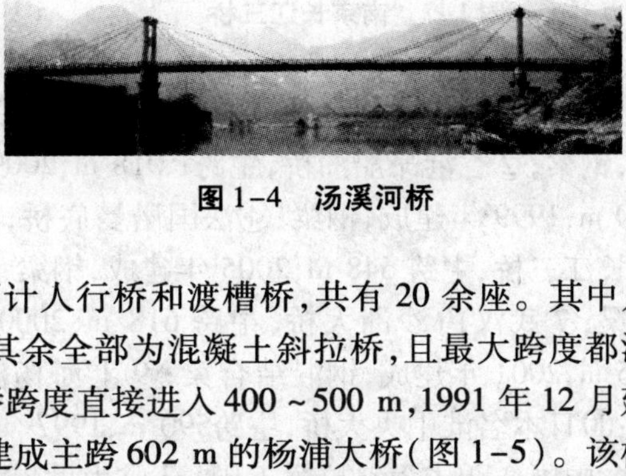

图 1-4 汤溪河桥

20 世纪 80 年代我国已建成的斜拉桥，不计人行桥和渡槽桥，共有 20 余座。其中只有东营黄河公路桥为钢斜拉桥，跨度 288 m，其余全部为混凝土斜拉桥，且最大跨度都没有超过 300 m。20 世纪 90 年代后我国斜拉桥跨度直接进入 400 ~ 500 m，1991 年 12 月建成主跨 423 m 的上海南浦大桥，1993 年 9 月建成主跨 602 m 的杨浦大桥（图 1-5）。该桥为双塔双索面组合梁斜拉桥，其跨度当时在世界同类型斜拉桥中雄居第一。

中国至今已建跨径 400 m 以上的斜拉桥 20 余座。其中预应力混凝土梁斜拉桥跨径已达 500 m（湖北荆沙桥），排名世界第二，排名第一的是挪威斯卡恩圣特桥，跨度 530 m；组合梁斜拉桥跨径达到 605 m 的福建青州闽江桥（图 1-6）；2005 年建成主跨为 648 m 的钢箱梁斜拉桥南京长江三桥（图 1-7）；于 2008 年 6 月建成目前世界最大跨径的斜拉桥——苏通大桥，主跨 1 088 m（图 1-8）。

图 1-5　杨浦大桥

图 1-6　青州闽江大桥

图 1-7　南京长江三桥

图 1-8　苏通大桥

目前,世界前 10 名的大跨度斜拉桥:①苏通长江公路大桥,主跨 1 088 m,2008 年建成,钢梁;②香港昂船洲桥,主跨1 018 m,2009 年 12 月建成,钢梁;③日本多多罗桥,主跨 890 m,1999 年建成,钢梁;④法国诺曼底桥,主跨 856 m,1995 年建成,钢混混合梁;⑤南京长江三桥,主跨 648 m,2005 年建成,钢梁;⑥南京长江二桥,主跨 628 m,2001 年建成,钢梁;⑦武汉白沙洲大桥,主跨 618 m,2000 年建成,钢混混合梁;⑧青州闽江桥,主跨 605 m,2001 年建成,钢混结合梁;⑨上海杨浦大桥,主跨 602 m,1993 年建成,钢混结合梁;⑩日本名港中央大桥,主跨590 m,1997 年建成,钢梁。

中国一跃成为斜拉桥王国,已成为世界上修建斜拉桥最多的国家,积累了丰富的经验。世界 10 大著名斜拉桥,中国占 7 座。我国斜拉桥整体水平居国际先进行列,许多成果已达到国际领先水平。

第2章　斜拉桥的结构体系

2.1　概述

首先介绍几个概念：

(1)混凝土梁斜拉桥　主梁为钢筋混凝土或预应力混凝土结构的斜拉桥。

(2)钢梁斜拉桥　主梁与桥面板均为钢结构的斜拉桥。

(3)组合梁斜拉桥　主梁为钢结构，桥面板为混凝土结构，主梁与桥面板组合共同承载的斜拉桥。

(4)混合梁斜拉桥　边跨的一部分或全部采用混凝土梁，主跨的大部分或全部采用钢梁或组合梁的斜拉桥。要着重解决两种不同材料梁之间的良好连接和力的平稳传递问题。

斜拉桥结构受力特点：斜拉桥是由主梁、索塔、斜拉索及基础等构成的组合体系，在边跨内可根据需要设置辅助墩。在竖向荷载作用下，主梁受压、弯作用，索塔以受压为主，而斜拉索承受拉力。斜拉索相当于增大了偏心距的体外索，充分发挥抵抗负弯矩的能力，节约钢材。斜拉索的水平分力相当于混凝土的预压力。斜拉桥主梁受力模式上可以理解为弹性支承连续梁，高跨比小，自重轻，提高跨径，可以实现较大的跨越能力。斜拉桥是具有较高超静定次数的复杂结构。图2-1为斜拉桥中拉索对其他构件的作用力。

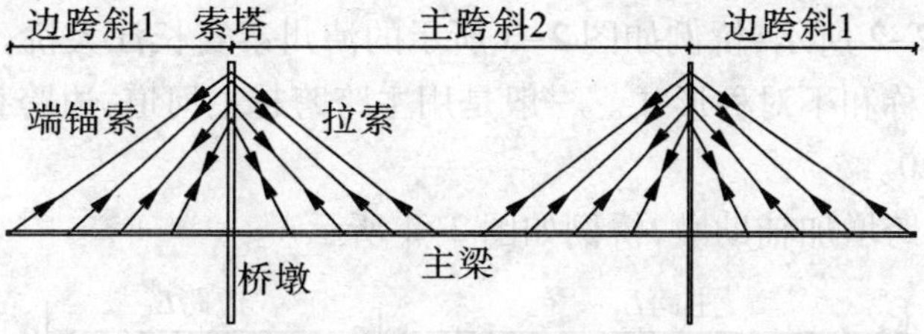

图2-1　斜拉桥中拉索对其他构件的作用力示意图

斜拉桥结构体系研究的目的是了解不同体系下桥梁结构受力及变形特点，在设计时选择合适的体系，以改善结构在静力、动力荷载作用下的反应，减小伸缩缝、支座等装置的位移量和动力磨损。

从不同的角度出发，可得到不同的结构体系分类。常见的如根据主梁与其他构件的连接情况，可分为漂浮体系、竖向支撑体系、固结体系、弹性约束体系和阻尼约束体系等。

2.2 孔跨的布置

影响斜拉桥孔跨的因素很多，主要是桥位处的地形、地质、水文条件、通航要求以及技术条件。

主塔与相邻主塔间距离为主跨径，或称主跨；边索塔中心线至最外一根斜拉索最近的墩中心线间的距离称为边跨径；为提高结构整体刚度，改善结构受力而在边跨内设置的桥墩称为辅助墩。

主要的孔跨结构布置形式是双塔三跨式和独塔双跨式，其他形式还有单跨式、多塔多跨式以及混合形式。

2.2.1 双塔三跨式

这是常见的结构形式，示意图如图 2-1 所示，桥例如图 1-4 ~ 图 1-8 所示。结构可对称和非对称，边跨可设一个或多个辅助墩。主跨一般要满足通航净空要求的宽度，桥塔位置要求水深较浅且便于施工。增加辅助墩可减小边跨施工难度，增加结构刚度，有利于主跨的悬臂施工。

增加辅助墩的另一个好处是可减小端锚索中的拉力大小即变化幅值。在没有辅助墩的情况下，当活载作用在主跨时，端锚索应力增加较大，当活载作用于边跨时，端锚索的应力又大幅度减小。为防止端锚索疲劳破坏，需采用较粗拉索。而增加辅助墩，端锚索的这种受力状态就得到改善。

斜拉桥的辅助墩应根据全桥整体刚度、结构受力、边孔通航要求、施工期安全以及经济适用条件进行设置。

2.2.2 独塔双跨式

结构形式如图 2-2 所示，桥例如图 2-3 所示的泸州泰安长江大桥。可两跨跨河也可一跨跨河，可采用对称和不对称形式。一般是用主跨跨越主河道，边跨直达岸上。两跨比常取$L_2/L_1=1.2\sim2.0$。

同样，也可在边跨增加辅助墩，桥例如图 2-4 所示。

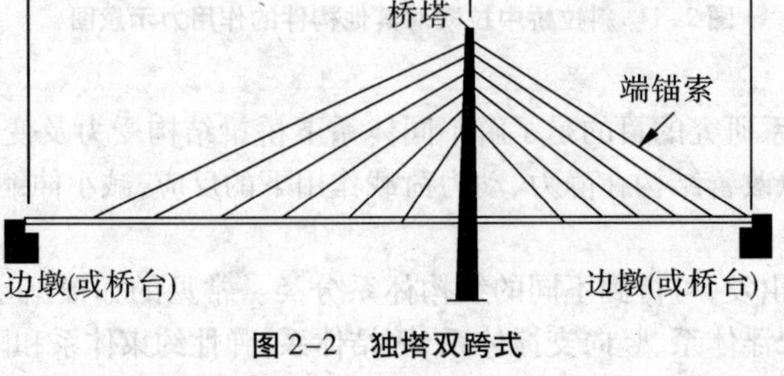

图 2-2 独塔双跨式

图 2-3　泸州泰安长江大桥

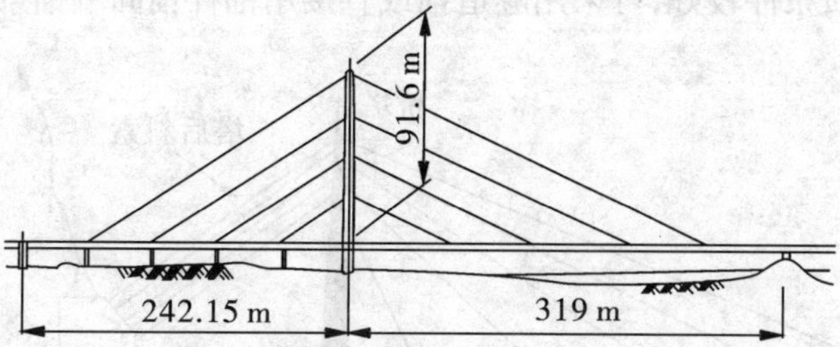

图 2-4　德国 Kine 桥

2.2.3　多塔多跨式

多塔指 3 塔及以上。适用于需要跨越较宽河流，两岸地质条件较差，不适宜修建悬索桥，且跨中水深较浅，便于修建河中索塔的情况。

桥例如图 2-5 所示的岳阳洞庭湖大桥，其跨度组合为 130 m+2×310 m+130 m。

图 2-5　岳阳洞庭湖大桥

多塔形式的一个主要结构特点是中间索塔没有端锚索来有效地限制塔顶的水平变位，在一侧活载作用下会在主梁和索塔中产生很大的弯矩和位移，增加结构的柔性。为提高中间塔刚度，可增大主梁刚度，或采用纵向 A 字形索塔提高塔本身的刚度，边跨增设辅助墩。另外，最有效的是用拉索将中塔顶部锚固在相邻塔的墩上（图 2-6），这样就相当于增加端锚索。

图 2-6　多塔斜拉桥中增加中间塔的刚度措施

2.2.4　单跨式

示意图如图 2-7 所示，桥例如图 2-8 所示。单跨式一般需要桥台或下部结构承受轴向力。若锚索侧地质条件较好，可采用隧道锚或直接用锚杆锚固端锚索。

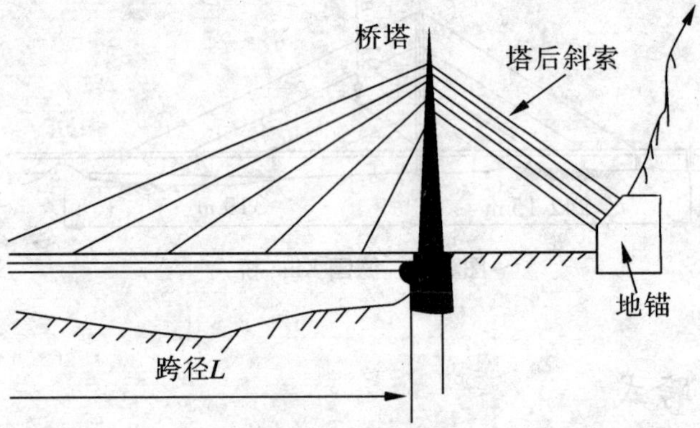

图 2-7　单跨式

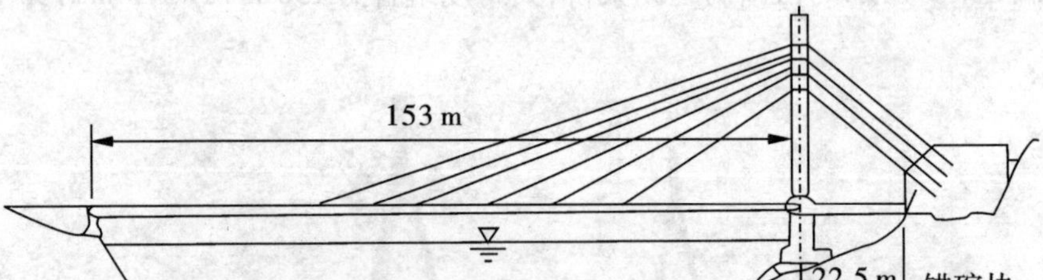

图 2-8　日本秩父桥

2.3　斜拉索的布置与锚固张拉体系

2.3.1　斜拉索的布置

使用斜拉索的最初目的是给主梁提供一个竖向支撑，从而减小主梁由于荷载作用而产生的竖向弯矩和变形，使主梁在跨度增加的同时，并不显著增加梁的内力和变形。因此，为保证提供尽可能大的索力竖向分量，同时避免主梁受压失稳，拉索不宜过度倾斜，最小倾角为 25°左右。

拉索的布置根据不同的划分标准，有多种分类。按索的多少及纵向间距的大小，可分为疏索体系与密索体系，如图 2-9 所示。前者一般出现在早期的斜拉桥中，后来的斜拉桥几乎全部采用密索体系，这是计算技术进步的结果，也是自平衡悬臂施工方法的要求。

按斜拉索纵桥向布置可分为竖琴形、辐射形、扇形、星形等，如图 2-10 所示。星形的分布目前没有实桥采用，因其与设置斜拉索的初衷不符，不能为主梁提供多点弹性支承；竖琴形布置的外形比较简洁、美观，索在塔上的锚固点较分散，有利于提高索塔的压弯稳定性，缺点是拉索的倾角较小，提供给主梁的竖向分量偏小，增加拉索的用量；辐射形的拉索在塔顶集中于一点，为斜拉索提供了足够大的竖向倾角，索力的竖向分量也较大，可为主梁提供相对较大的竖向支承，但主塔的受压长度较大，压弯稳定性相对较差，也不便于在塔上设置锚固构造；扇形布置介于竖琴形和辐射形之间，兼具二者的优点，得到广泛地应用，现在几乎成了标准的布置形式。

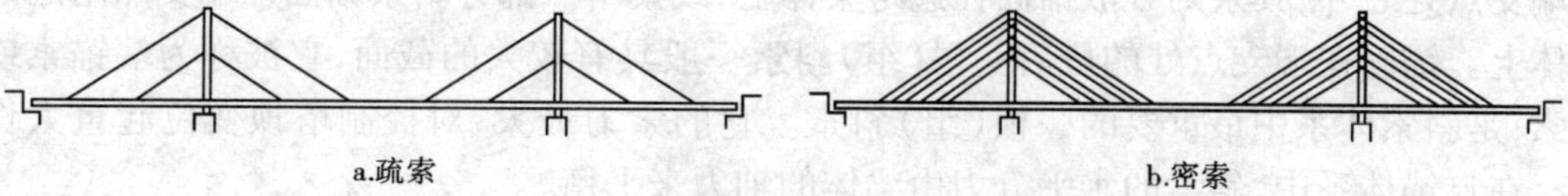

图 2-9　按沿桥纵向的稀、密不同布置

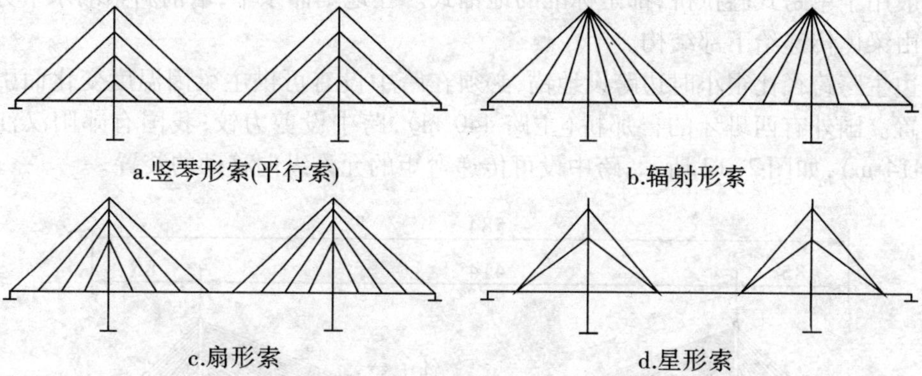

图 2-10　斜拉索纵桥向索面布置

根据斜拉索的横桥向的布置，可以分为单索面、双索面或斜索面，索面之间可相互平行，也可采用空间索面布置，如图 2-11。采用单索面布置时，桥面上视野开阔，但拉索不能提供抗扭作用，需要配合采用箱形等抗扭刚度较大的截面；双索面布置情况下，两侧的索面可有效地抵抗作用在主梁上的扭矩，因此可采用抗扭刚度较小的截面；斜索面布置相对前两种，可有效限制主梁的横向摆动，提高主梁的抗风稳定性。

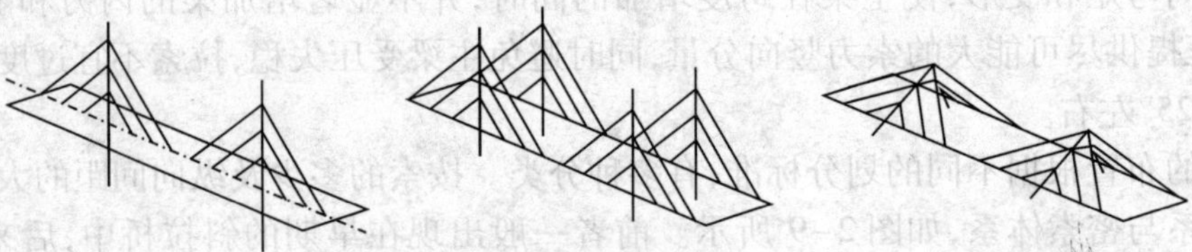

a.单索面　　b.竖向双索面　　c.空间双索面

图 2-11　斜拉索索面布置

2.3.2　锚固张拉体系

一般说来,绝大多数斜拉桥是自锚体系。但在特殊情况下,少数斜拉桥也有采用地锚式或部分地锚式。

2.3.2.1　自锚式

自锚式斜拉桥的塔前侧斜索分散锚固在主跨梁体上,而塔后侧的斜索除最后的锚固在端支点处之外,其余则分散锚固在边跨梁体上,或集中一部分斜索锚固在端支点附近的梁体上。锚固在端支点处的最后一根(组)斜索一般具有较大的截面,它被称为端锚索或尾索,是斜索体系中最重要的一根(组)斜索。它的索力最大,对控制塔顶变位起重大作用。在自锚体系中,斜索的水平分力由梁体的轴力来平衡。

2.3.2.2　地锚式

岸跨的斜拉索或部分斜拉索锚固在地锚上的结构体系,如图 2-7 所示和图 2-8 所示。一般用于单跨式斜拉桥,都是标准的地锚式。在地锚体系中,塔前斜索的水平分力一般必须由梁体传递给下部结构。

若边主跨跨径比很小时边跨设地锚,必须在跨中设有可供主梁因温度变化而引起的胀缩装置。国外有西班牙的鲁那桥(主跨 440 m),跨中设剪力铰;我国有郧阳汉江大桥(主跨 414 m),如图 2-12 所示,跨中设可传递弯矩的允许纵向移动的装置。

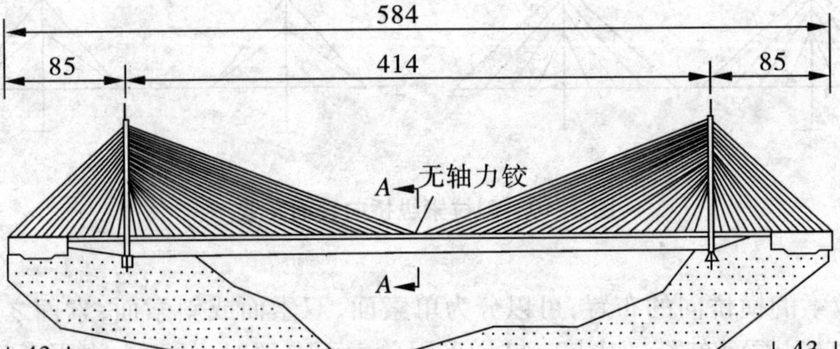

图 2-12　郧阳汉江大桥

2.4　桥塔的形式和桥塔的支承体系

2.4.1　桥塔的形式

索塔用以锚固或支承斜拉索,并将其索力传递给下部结构的构件。索塔是表达斜拉桥特色和视觉效果的主要结构物,设计必须适合于斜拉索布置,传力应简单明确,在恒载作用下,索塔应尽可能处于轴心受压状态。

斜拉桥的柔细感与直线感虽基本上来自于梁体与斜索,但桥塔的形状对全桥的景观也至关重要,它在美学上几乎起决定性的作用。因此,必须非常慎重地选择桥塔的形状,精心定出优美的尺寸比例。具体的做法可借助于制作模型来进行比较,然后决定取舍并进行局部优化。

常见的斜拉桥索塔的纵向形式有单柱形、A 形或倒 V 形以及倒 Y 形等,如图 2-13 所示。单柱形是常见的一种,也便于修建。纵向 A 形只适于放射形索面,因此很少见。倒 Y 形增加主塔的纵向刚度,也能与扇形索面很好地配合,在需要增加纵向刚度的场合可采用,也少见,国内有济南黄河公路桥,如图 2-14 所示。

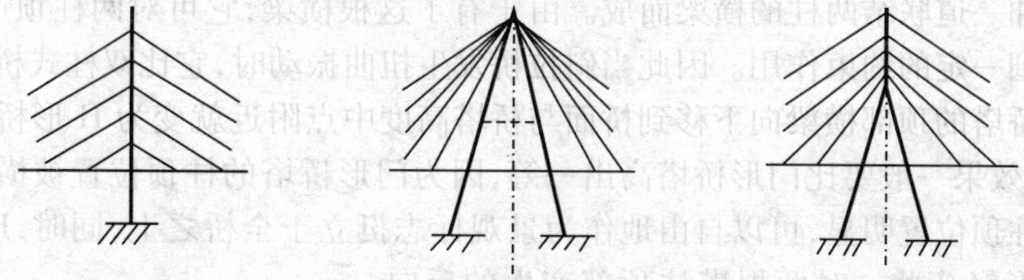

a.单柱形　　b.倒V形　　c.倒Y形

图 2-13　索塔的纵向形式

图 2-14　济南黄河公路桥

常用斜拉桥索塔的横向形式有单柱式、双柱式、门式、花瓶式、A 式、倒 Y 式、宝塔式、钻石式等，如图 2-15 所示。

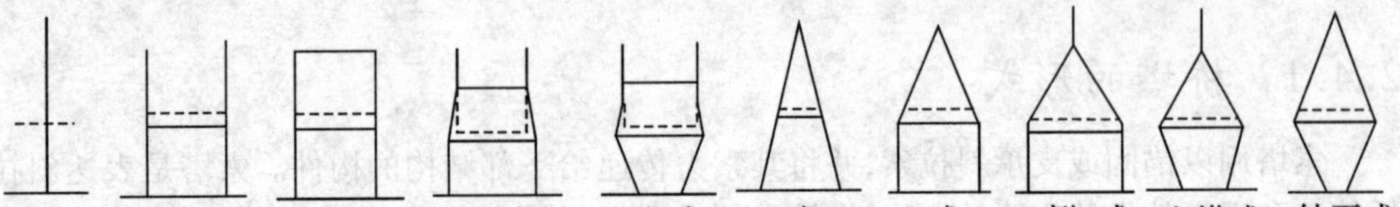

图 2-15　斜拉桥索塔的横向形式

单柱形桥塔用于单索面斜拉桥。单柱式桥塔的优点为全桥外观简洁，桥塔结构简单，塔墩的宽度可以缩减；缺点为索面在桥面中央锚固，需要中央分离带宽度较大，因而要加大桥面总宽。另外，单柱式桥塔的横向刚度与抗扭刚度均较小，对抗风不利。

双柱形桥塔用于双索面斜拉桥。采用这种形式的桥塔，由于两根塔柱之间不设任何联结构件，外观也是非常简洁轻巧。缺点是对扭曲振动不利，当两根塔柱的塔顶纵向水平变位为反向时会增大梁体的扭曲振幅。

门形桥塔用于双索面斜拉桥，它可分为竖腿门形与斜腿门形。竖腿门形由双柱形桥塔在塔顶增加一道联结两柱的横梁而成。由于有了这根横梁，它可对两柱顶产生的反向水平变位起到一定的约束作用。因此当斜拉桥发生扭曲振动时，它比双柱式桥塔有利。

将门形桥塔的顶部横梁向下移到桥面与桥塔高度中点附近就变为 H 形桥塔，适用于双索面，景观效果一般要比门形桥塔高出一筹，因为门形桥塔的柱顶位置被横梁替代，而 H 形桥塔的柱顶位置明显，可以自由地作为景观标志挺立于全桥之上，同时，H 形桥塔的外形也比门形轻巧些。对两根塔柱顶部产生的反向水平变位有约束作用，对梁体扭曲振幅也有一定的约束作用，作用介于门形桥塔和双柱形桥塔之间。H 形索塔比例匀称、造型庄重、构造简单、施工方便，国内主要有上海南浦大桥（主跨 402 m）、荆州长江大桥（主跨 500 m）等采用这种塔桥塔。

H 形索塔桥面段塔柱内倾则为花瓶式，可多根横梁，也可将两塔柱在上部用实体相连，塔形活泼，造型优美，抗风性能好，国内主要有武汉军山长江大桥（主跨 460 m，图2-16）、广东湛江海湾大桥（主跨 480 m）等采用这种桥塔。

图 2-16　武汉军山长江大桥

A 形与倒 V 形桥塔对双索面桥与单索面桥皆能适用。A 形与倒 V 形仅相差一根中间横梁，基本特性相同。用于双索面桥时，两个索面在横向带有倾斜。由于两根斜柱在顶部交于一点，故不可能产生如双柱形、门形、H 形等桥塔所产生的塔顶反向水平变位，对缓和梁体的扭曲振动与振幅特别有利。用于单索面桥时，仅适应斜索上下层数较少的斜拉桥，这是因为在塔顶附近可锚固斜索的高度范围较小所致。

倒 Y 形桥塔可适用于跨度很大的两种索面的斜拉桥，由于具有斜塔柱相交后向上延伸的竖直柱段，可以容纳较多的斜索。一般仅利用竖直柱段来锚拉斜索，可以布置成每层单股索（只适用单索面）或双股平列索（双索面或单索面均可）。当用于双索面时斜索成双向倾斜，对抗风与增强全桥横向刚度特别有利。该形桥塔在大跨度斜拉桥中使用广泛。

钻石形桥塔造型简洁明快，三角形的塔柱给人向上的感觉。下塔柱向内收敛，基础规模小，节约造价。国内采用这种桥塔的斜拉桥非常多，主要有汕头宕石大桥（主跨 518 m）、海口世纪大桥（主跨 340 m，图 2-17）等。

图 2-17　海口世纪大桥

2.4.2　桥塔的支承体系

桥塔的支承体系包括塔墩固结、塔梁分离，塔梁固结、梁墩分离，铰支桥塔，塔、墩、梁固结，如图 2-18 所示。

（1）塔墩固结、塔梁分离　塔柱下端固结于墩顶。主梁在墩顶或塔架上可设置竖向、横向及纵向支承。绝大多数的桥塔采用这种支承方式。

（2）塔梁固结、梁墩分离　塔柱下端与梁体固结后用支座支承在墩顶上。这种支承方式的优点是可以减小塔柱弯矩。但缺点有以下几点：①主跨满载时桥塔将随主梁挠角发生倾斜，使主跨梁体挠度与边跨梁体负弯矩显著增大；②上部结构的恒载与活载反力均由支座传递给下部结构，常常需要有大吨位支座才能适应，支座的设计、养护、更换均较困难。

（3）铰支桥塔　出于结构上的原因，塔柱底部可以在桥梁纵向采取铰支的形式。它可减小塔柱的弯矩和降低结构的超静定次数；当地基支承条件差时采用这种形式可以使基础免受较大的弯矩。

(4)塔、墩、梁固结　这种支承形式对中小跨径的独塔双跨式斜拉桥比较适用，对双塔三跨式斜拉桥由于温度内力较大的关系一般较少使用。塔、墩、梁三者固结的形式一般对塔墩的抗震不利，故在地震区使用时要特别慎重。

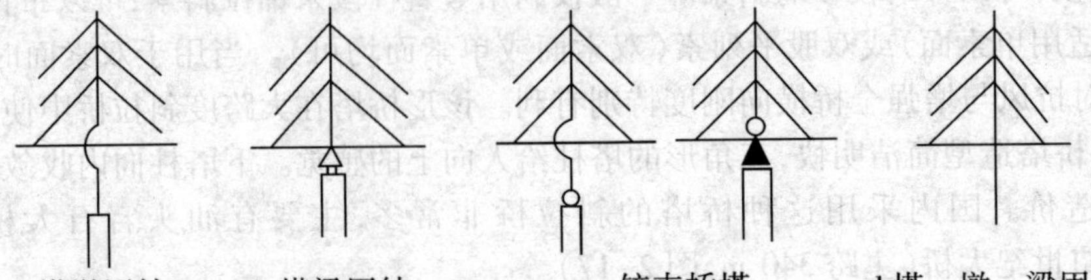

图 2-18　桥塔的支承体系

2.5　主梁的支承体系

绝大部分斜拉桥的主梁高度是不变的，只有极少数斜拉桥的主梁在邻近桥塔处梁高逐渐增大。

主梁的跨高比是指主跨与梁高的比值，斜拉桥两大景观特点是直线感与柔细感，其中柔细感与主梁的跨高比有非常直接的关系。柔细感与跨高比成正比关系，跨高比越大表示斜拉桥的柔细程度越大。早期稀索桥的主梁跨高比一般为 50 ~ 100，自出现密索以后跨高比早已突破 100，特别是主梁采用结合梁时，跨高比已突破 200。采用混凝土薄板作桥面梁体的斜拉桥，跨高比更进一步增大。

主梁由斜拉索和支座支承，直接承受由桥面传递的交通荷载。主梁除了受到斜拉索的弹性支承外，在桥塔处和主梁端部有支承边界条件。不同的边界条件，使得结构表现出不同的力学特性。

非连续主梁指跨中插入悬挂结构物。若跨中插入剪力铰，则传剪力与轴力，不传弯矩，或者只传剪力与弯矩，不传轴力。优点是基础沉降、温度应力等影响小。但破坏了桥面的连续性，施工与养护难度加大。目前应用已较少。

对于常规的连续主梁，支承方式包括塔梁固结、梁墩分离，塔墩固结、塔梁分离，塔、墩、梁固结等，如图 2-19 所示。

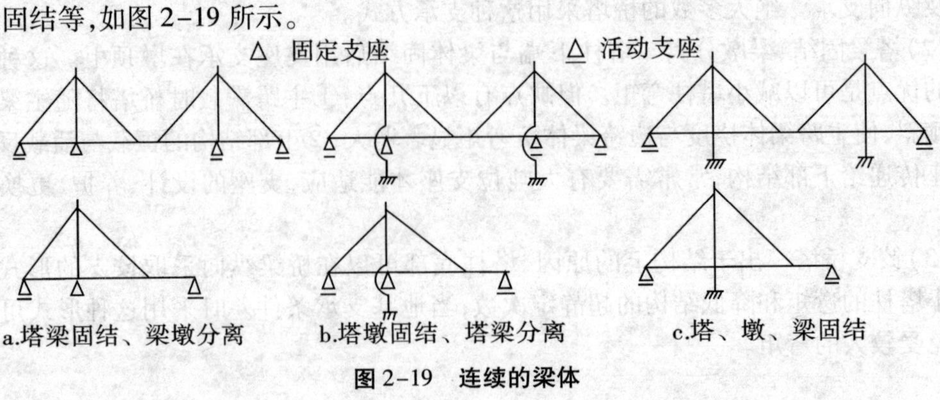

图 2-19　连续的梁体

斜拉桥的结构体系一般也是按主梁的支承体系来分类的，常用的包括塔梁固结体系、漂浮体系、支承体系(包括半漂浮体系)、刚构体系等。

2.5.1　塔梁固结体系

示意图见图 2-19a。塔梁固结，墩处设支座的结构体系。即在索塔处塔梁固结，各方向自由度均被约束。固结体系限制了索塔和主梁之间的相对滑动，有效地减小了主梁梁端位移，便于伸缩装置的设计和制造。由于主梁的纵向位移被约束，温度变化将对结构内力产生较大的影响。法国诺曼底大桥，主跨为 856 m 的双塔混合梁斜拉桥，采用了固结体系。

该体系的优点是塔根部及墩根部弯矩小，但是支座反力很大，支座复杂，梁负弯矩大。中跨满载时，主梁在墩顶处的转角导致塔顶产生较大的水平位移，显著增大了主梁的跨中挠度，表明结构整体的刚度较差。而且动力特性不理想，抗风、抗震不利。近年来除用在梁较刚的矮塔斜拉桥外，其他较少采用。

塔梁固结在一起，如桥塔为砼结构，则桥面也最好采用 P. C. 桥面，构造上比较方便。

2.5.2　漂浮体系

塔墩固结，塔处主梁不设竖向支座，而往往设竖直拉索，其他墩设不约束纵向移动支座的结构体系，对应图 2-19b 中主梁在桥塔处无支座的情况。温度、纵向风荷载及活载将在梁端产生较大位移，对伸缩装置的设计、制造提出较高的要求。同时外荷载对结构的反应主要由结构自身承受。斜拉索在竖直面内布置成辐射形或扇形，而不能是竖琴形。在地震时，全桥可作纵向摆动，避免结构共振，达到抗震消能，因而适用于地震烈度较高的地区。该体系还能减小混凝土徐变的影响，减少梁在塔处的负弯矩。但在悬臂施工时要将塔梁临时固结，合龙后去除，作体系转换。

上海杨浦大桥主跨为 602 m 的叠合梁斜拉桥，采用全漂浮体系。由于索塔处第一对索间距较大，设置 0 号索以改善该处主梁内力。

2.5.3　支承体系

支承体系是指斜拉桥全长范围内的墩上均设支座的结构体系，对应图 2-19b。其中，对所有墩上的支座均不约束纵向位移的结构体系称为半飘浮体系。

半漂浮体系相当于将漂浮体系 0 号索对主梁的弹性支承用一支座代替，省去了将施工临时支承转换为 0 号索的工序，简化了施工。同漂浮体系一样，温度、纵风及活载将在梁端产生较大位移，需要设置大型伸缩装置。支座支承处主梁的负弯矩较大，需要增大此处主梁的截面。大吨位的支座安装也增加了造价。此处的支座最好可调整高度，根据需要适当调整，以消除收缩、徐变等长期作用产生的不利影响。南京二桥为主跨 628 m 的钢箱梁斜拉桥，在索塔处设置了钢支座、竖向支撑、纵向滑动。

半漂浮体系的塔梁之间可自由地相对运动，此时要设置缓冲器以限制桥面纵向的飘移，但又能在缓慢温度变化时自由活动。其优点是可降低因温度变化引起的约束内力，并降低悬臂拼装过程中因侧向荷载引起桥塔中的扭矩。然而，也带来了以下新的问题：①在侧向风载作用下，塔中的侧向弯矩增加，塔顶的位移加大；②塔中扭矩消失，但边跨中各墩的弯矩增加；③整体刚度降低，反映在侧向和扭转频率也有所减小；④安装缓冲器增加了费用，而且要注意节点处的桥面对桥塔的相对转动将使缓冲器的工作条件不利。

目前，漂浮体系和半漂浮体系采用最多。

2.5.4 刚构体系

塔、梁、墩均固结的结构体系，主梁相当于有跨中有多点弹性的刚构，体系刚度较大。索塔、梁、墩均固结，节省了造价昂贵的大型支座，可采用悬臂施工，且不需转换体系，但温度内力大。最适用于独塔斜拉桥，此时梁端部设纵向滑动的支座可保证主梁的伸缩，因此在独塔斜拉桥中得到广泛地应用。当主墩高度很大且较柔时，大跨径斜拉桥也可采用刚构体系，如跨径 1 018 m 的香港昂船洲大桥。对一般的双塔斜拉桥，必须在跨中设置可伸缩的铰缝（图 2-20）或挂孔，满足纵向伸缩以消除或减小温度附加内力。

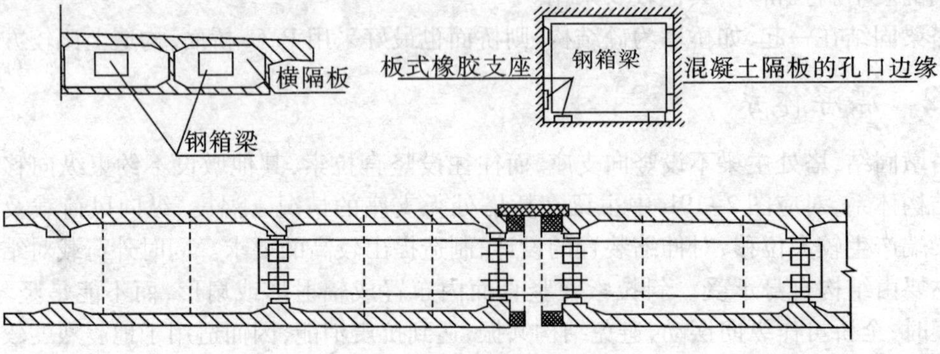

图 2-20　跨中的伸缩装置

早期也曾修建带挂梁的钢架体系，如委内瑞拉马拉开波桥（主跨 235 m）以及跨中带铰的钢架体系，如台湾的光复桥（主跨 134 m），但桥面连续性不好。

2.5.5 弹性约束体系

即在索塔与主梁之间设置水平弹性索。结构支承条件和受力状况比较明确。取用刚度合适的水平弹性索既可以减小塔梁水平位移、控制温度力，又可以抑制由风、地震等产生的结构动力反应，改变梁、塔的失稳形态。日本名港中大桥为主跨 590 m 钢箱梁斜拉桥，其在索塔处设置了纵向钢绞线弹性约束。

2.5.6 阻尼约束体系

在塔梁之间设置阻尼装置，其对温度变化、较小风速和车辆等缓慢荷载不约束，而对汽车制动、脉动风、船撞和地震等冲击荷载激励下的动力响应产生缓冲和阻尼作用。目前常用的形式有黏滞阻尼器（图 2-21）、液压缓冲器等。希腊 Rion-Antirion 大桥为主跨 560 m四塔钢箱梁斜拉桥，其索塔处设置了阻尼装置，在顺桥向限位 1.6 m，横向几乎不动，如图 2-22 所示。

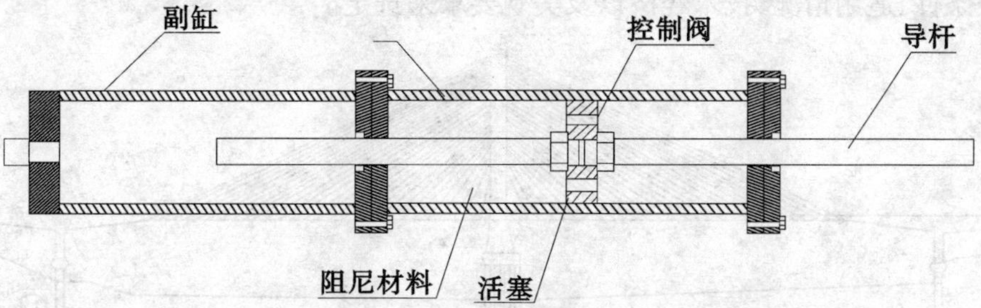

图 2-21　黏滞阻尼器原理

图 2-22　希腊 Rion-Antirion 大桥桥墩处的阻尼器

由于各种结构体系均有其自身的特点，在一些桥梁上也出现了多种体系组合的情况。日本多多罗大桥为主跨 890 m 的双塔斜拉桥，其在索塔处采用大型橡胶支座、竖向支撑、纵向弹性约束。

斜拉桥与其他桥型体系协作体系。斜拉桥与梁桥的协作体系，如我国广东金马大桥（图 2-23），由 60 m T 构与 223 m 斜拉桥组成 283 m 独塔斜拉桥；斜拉桥与悬索桥的协作体系，如美国的 Brooklyn 桥（跨径 487 m）和我国贵州乌江大桥（跨径 288 m，图 2-24），前者为 Roebling 体系，后者为修正的 Dischinger 体系；斜拉桥与反拱形上承式或索桥协作体系，如日本 Miho 博物馆桥（跨径 114 m）；斜拉桥与拱桥的协作体系，如马来西亚 Putrajaya 8 号桥（跨径 300 m）。

跨度较大、索距较密或在有抗震要求的地区修建的斜拉桥宜选择漂浮体系或半漂浮体系；支承体系宜用于跨度较小的斜拉桥；独塔或双塔高墩和对变形要求较高的斜拉桥宜选择刚构体系；塔梁固结体系宜用于塔根弯矩小和温度内力小的斜拉桥。

对一些特殊的结构体系，如地锚体系、矮塔体系以及斜拉桥与其他桥型协作体系，应根据桥址条件、适用情况、技术经济以及美观要求来选定。

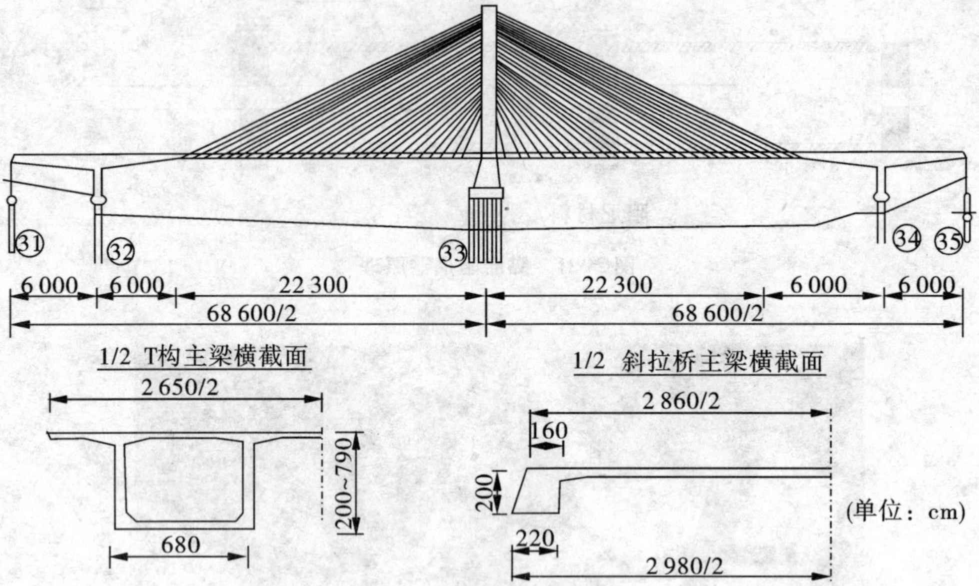

图 2-23　广东金马大桥

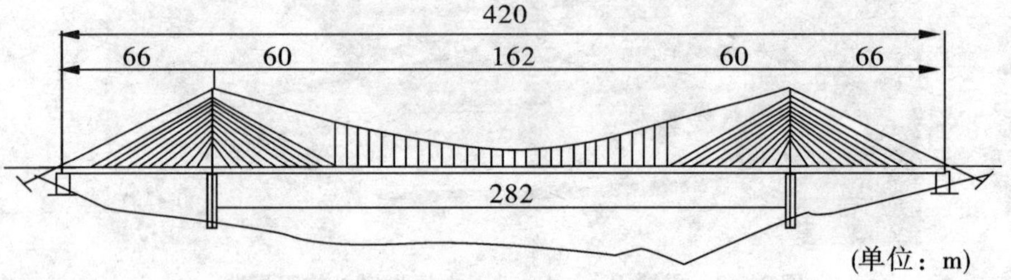

图 2-24　乌江大桥总体布置图

2.6　矮塔斜拉桥

矮塔斜拉桥又称部分斜拉桥，是 1988 年法国 Mathivat 提出，矮塔斜拉桥桥面以上塔高只有一般斜拉桥的一半，无索区较长。它是塔较矮、梁较刚、索的贡献相对较小、受力以梁为主的一种斜拉桥，同时也接近于具有体外索的连续梁，是介于二者之间的一种过渡性桥型。斜拉索虽可作为体外索来设计，但矮塔斜拉桥仍属斜拉桥的一种。

矮塔斜拉桥在我国已得到较快发展，如漳州战备大桥(跨径 132 m)、兰州小西湖黄河大桥(跨径 136 m，图 2-25)和芜湖长江大桥(跨径 302 m，钢桁梁，图 2-26)。

图 2-25　兰州小西湖黄河大桥

图 2-26　施工中的芜湖长江大桥

矮塔斜拉桥大部分的主梁用混凝土梁。仅我国的芜湖长江大桥由于机场、火车站等条件限制,不得不做成钢桁梁矮塔斜拉桥。矮塔斜拉桥结构体系主要是塔、梁、墩固结,及塔、梁固结,下设支座,为钢架体系或支承体系。矮塔斜拉桥可以采用单索面或双索面。

矮塔斜拉桥的跨径适用范围为 100 ~ 300 m。混凝土主梁经济跨径为 130 ~ 200 m。对于混合主梁目前最大跨径为 275 m(木曾川桥)。我国跨径 200 m 以上的混凝土连续钢构桥存在梁下挠与混凝土梁开裂的缺陷,矮塔斜拉桥将是混凝土连续钢构的竞争方案。

矮塔斜拉桥梁高与跨径之比高于一般的斜拉桥,许多矮塔斜拉桥都和连续梁一样,采用变高主梁。矮塔斜拉桥桥面以上塔高与跨径之比宜采用 1/8 ~ 1/12。

矮塔斜拉桥边主跨跨径之比较一般的斜拉桥大,为 0.36 ~ 0.76,多数为 0.5 ~ 0.76,这个比例非常接近于混凝土连续梁的边主跨跨径之比。

矮塔斜拉桥索的贡献相对较小,可按体外索来设计,容许应力为 0.6 fpk,即安全系数为 1.67,小于一般斜拉桥的 2.5。由于梁较刚,在施工中可不作索力调整。

斜拉索在索塔处宜布置为通过索,设置双套管或分丝管抗滑锚等类型的索鞍。我国第一座矮塔斜拉桥漳州战备桥，用双套管索鞍。兰州小西湖黄河大桥采用分丝管抗滑锚索鞍。

矮塔斜拉桥宜采用混凝土结构，其结构体系主要是塔、梁、墩固结体系或塔、梁固结体系。在跨径较大时，可采用钢和混凝土混合式梁。

混凝土梁宜采用箱形截面，梁高与跨径之比采用 1/35 ~ 1/45。在跨径较大时，靠近塔处梁高可增大，形成变截面。

矮塔斜拉桥主梁上的无索区长度，索塔附近宜取 0.15 ~ 0.20 倍主跨跨径；中跨跨中宜取 0.20 ~ 0.35 倍中跨跨径；边跨部宜取 0.20 ~ 0.35 倍边跨跨径。

矮塔斜拉桥塔矮而刚，因而一般不需设背索。因其梁较刚，故无索区长，塔根部无索区长与主跨比为 0.11 ~ 0.22。图 2-27 为无背索斜塔斜拉桥。

图 2-27　合肥铜陵路南淝河桥

第3章 斜拉桥的构造

3.1 斜拉索的构造

斜拉索包括索体和两端的锚具两部分,索体承受拉力,锚具将拉力传递给主梁和索塔。

大跨度桥梁的缆索系统是现代悬索桥、斜拉桥和拱吊桥的主要承重传力结构,这些缆索结构的主要材料就是抗拉强度极高的钢丝或钢丝制品。大跨度桥梁缆索结构,既长期承受桥梁负荷的动载和静载,又长期暴露在风雨、潮湿和污染空气的环境中,缆索结构容易遭受应力和腐蚀破坏。

斜拉索的造价占整座斜拉桥造价的四分之一左右,再次更换一遍所需的费用更高。因此,应对斜拉索的类型进行优选,并做好防腐处理,增加使用年限。

斜拉索是斜拉桥的主要构件之一,因此选用良好的材料以及精心制造是非常重要的。对斜拉索有以下一些要求:①承载能力高;②稳定的高弹性模量,增加结构刚度;③紧密的横截面,易于使端部穿过预埋管道,便于防腐处理,并减小风阻力;④高疲劳强度;⑤容易防腐;⑥容易操纵和安装,要求便于弯曲成盘;⑦价格便宜。

3.1.1 斜拉索的种类

较早应用于斜拉桥的拉索类型是高强钢筋和螺旋形钢丝绳。自从封闭式卷制钢丝绳问世以来,在强度、抗腐蚀性及弹性模量等方面都较优越。以原联邦德国为中心的欧洲各国采用封闭式卷制钢丝绳较多。后来又出现平行钢丝索,它在材料性能和施工技术方面不断得到进步,逐渐在全球成为斜索的主要材料。便于运输的半平行钢丝索几乎是目前斜拉索的标准类型。半平行钢丝索在工厂连同锚头和防腐体系一起制造成商品卷材提供架桥现场使用,在防腐处理方面也一再有所改进。最近几年又总结了已建斜拉桥斜拉索防腐方面的经验,采用多层防护体系的钢绞线作为斜拉索,采用 OVM 锚固体系既解决了长大斜拉索制作安装的困难,也对斜拉索的抗腐蚀能力有较大的提高。

平行钢丝拉索是20世纪70年代发展起来的产品,它替代了钢丝绳拉索、密封钢丝绳拉索、高强粗钢筋拉索。平行钢绞线拉索是20世纪80年代开发的新型产品,也被工程广泛采用。

3.1.1.1 平行粗钢筋索

平行粗钢筋索(parallel bar cable,简称 PB)由一定根数的高强度粗钢筋平行布置而组成。粗钢筋的直径一般为30 mm 左右。每根钢筋在截面中的位置由带孔定位板来保持与隔离。全部钢筋插入保护套管内待索力调整后压注水泥浆,或其他柔性防护将套管内的空隙填封密实。

由于钢筋制造长度有限,故每根拉索要有多个接头。尽管各钢筋的接头要错开位置,但仍难免影响疲劳强度。斜索张拉锚固时虽可采用小型设备对各筋分别进行,但有量多繁杂的缺点。

这种平行粗钢筋索配用夹片式群锚。在英国使用广泛,其他国家很少采用。

3.1.1.2 **螺旋形钢丝绳**

螺旋形钢丝绳(spiral rope,简称 SR)由各层圆形镀锌钢丝绕心丝扭转而成。每相夹一层的扭转方向相反,用以抵消张拉时的扭矩,如图 3-1 所示。

螺旋形钢丝绳比较柔软易于架设,但抗拉强度与弹性模量同样由于旋扭的关系有所降低。此种钢缆的截面空隙率较大(这也是其所以柔软的条件),一般达 0.23 ~ 0.25。单股螺旋形钢丝绳端部配以热铸锚。目前,很少用作斜拉桥的拉索。

图 3-1 螺旋形钢缆

3.1.1.3 **封闭式旋扭钢缆**

封闭式旋扭钢缆(locked coil rope,简称 LCR)绳的核心部分由多层圆形钢丝组成,在它的外面有若干层梯形钢丝,再外面有若干层 Z 形钢丝,如图 3-2 所示。Z 形钢丝彼此侧向紧扣,形成封闭状态。此种钢缆的截面紧密(空隙率最小),表面光滑,因此可以在鞍座中承受较高的侧压力。制作过程中可在空隙中加入润滑油或底漆,安装并施加恒载后,在表面涂刷涂漆防护。

由于扭绞的关系,封闭式旋扭钢缆的抗拉强度和弹性模量比平行钢丝索略低些,但截面空隙率一般为 0.10 ~ 0.14。

封闭式旋扭钢缆配用热铸锚具。这种钢缆制造工艺复杂,很少应用。

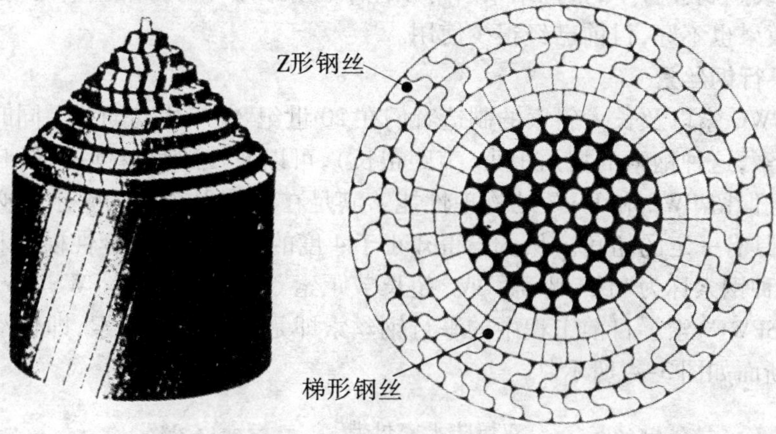

图 3-2　封闭式旋扭钢缆

3.1.1.4　平行钢丝股索与平行钢丝索

所谓平行钢丝索股(parallel wire strand,简称 PWS)是将一定根数的镀锌钢丝平行地捆扎成股,每根钢丝都是顺直而无扭转的,股索的截面为六角形,如图 3-3 所示。PWS 索的弹性模量与单根镀锌钢丝相同,没有折减。大型的 PWS 索有时直接单独用作斜拉索,但大多数的情况是每根斜拉索由多股 PWS 组成。

平行钢丝索股由于钢丝未经旋扭的关系,其抗拉强度与弹性模量均无损减,抗疲劳性能也比较好。但缺点是刚度较大,不易弯曲,架设困难,容易引起弯曲二次应力,处理比较繁杂。

由于平行钢丝索股的截面为正六角形关系,故每股的钢丝根数为 19、37、61、91、127。截面空隙率一般为 0.16 ~ 0.22。

截面型号	PWS-19	PWS-37	PWS-61	PWS-91	PWS-127
截面	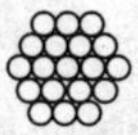	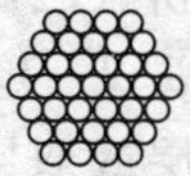	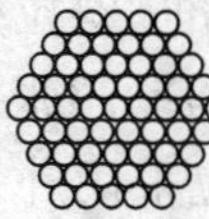	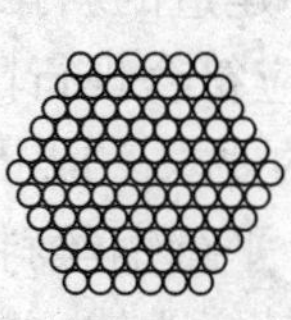	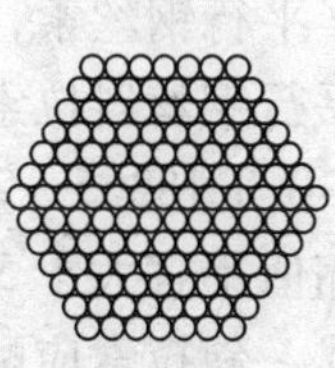
钢丝根数	19	37	61	91	127

图 3-3　平行钢丝股索的截面实例

平行钢丝索(parallel wire cable,简称 PWC)是将一束平行的预应力钢丝作为一个整体构件放在聚乙烯套管内并压注水泥浆来做防腐。截面不再要求是六角形,因此截面内的钢丝根数可以自由地选定。平行钢丝索的各种物理特性与平行钢丝股索基本一致。

我国早期建造的斜拉桥大部分采用平行钢丝索,一般在施工现场平放施工,成束后穿入聚乙烯套管或金属套管中,张拉结束后再压注水泥浆保护,现场作业量大,且受气候等的影响,防护效果也不好,目前已经很少使用。

3.1.1.5　**半平行钢丝索**

PWS 索、PWC 索以及长大斜索的制造者们在 20 世纪 80 年代初期几乎同时开始制造一种超长节距索,这种钢索的扭角很小(节距很长),可以像一般钢丝绳一样,自由地缠绕在卷筒上,并且保留 PWS 和 PWC 的物理性能。满足在卷筒上缠绕的要求就必须放弃钢丝完全平行而具有一定的扭角。从试验得知小于 4 度的扭角可以使弹性模量和疲劳性能不受损减。这种钢索称为“长节距索”或“超长节距索”,也就是新型 PWS(New PWS)或螺旋形 PWC(SPWC)索。目前工程中的平行钢丝索即是半平行钢丝索,即仍沿用了改进前的名称,横断面如图 3-4 所示。

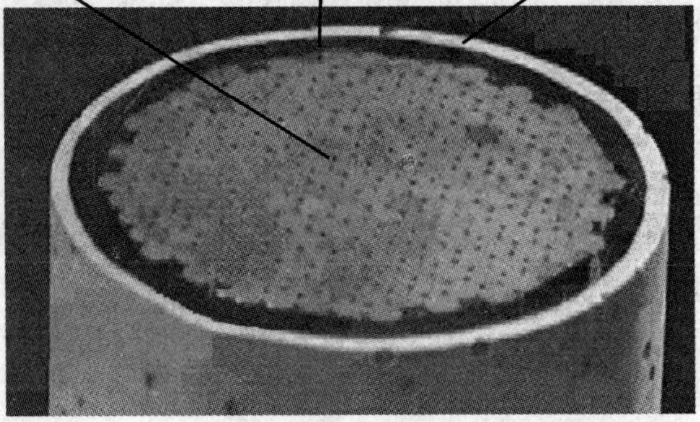

图 3-4　平行钢丝索横断面图

这种索弯曲性能好,方便盘绕,可以实现长途运输,且工厂化的制作质量得到了保证,避免了现场的制作作业。一经出现,就发展很快。我国自 20 世纪 90 年代初开始生产成品的半平行钢丝索,近几年建造的斜拉桥几乎都使用了这种斜拉索。

平行钢丝斜拉索设计应符合现行国家标准《斜拉桥热挤聚乙烯高强钢丝拉索技术条件》(GB/T 18365—200l)的要求。成品拉索检验超张拉取 1.2～1.4 倍设计索力,冷铸锚板内缩值不宜大于 5 mm。平行钢丝斜拉索应采用外挤单层或双层高密度聚乙烯护套防护形式。斜拉索应配用冷铸镦头锚,并根据斜拉索安装张拉工艺的需要设计为张拉端锚具或非张拉端锚具,锚具外表面应进行防护处理。

平行钢丝斜拉索整体在工厂内制造,技术成熟,质量易保证,安全可靠,安装工效高,但特大跨径斜拉桥的长、重斜拉索运输、吊装和安装较困难。

钢丝排列整齐、规则,组成断面紧密并易于成型,使钢丝受力均匀,便于进行锚固及外层防护,采用正六边形或缺角六边形排列还可以较好的保持各根钢丝长度相同,其周边及间隙填充物均匀,经过防护材料的包裹钢丝截面更为紧密。

热挤平行钢丝拉索为日本首创。用电缆技术生产的热挤 P. E. 索套防腐,拉索端部的锚固则采用钢丝镦头和环氧冷铸的抗疲劳技术。整个拉索在工厂制成成品索运至工地安装。日本大部分斜拉桥(包括主跨 890 m 的多多罗桥)以及中国大部分斜拉桥都采用这种拉索类型。其主要缺点是吨位大的超长索运输和安装不便,而且需要大吨位的张拉千斤顶,塔顶锚固区需要较大的安装和施工空间。

3.1.1.6　平行钢绞线索

平行钢绞线索(parallel strand cable,简称 PSC)即一般直接在工地制造和安装。在工地将单根钢绞线穿入预制的 PE 管、钢管或 FRP(玻璃纤维加筋塑料)管内。安装时单根张拉,可采用小千斤顶。

钢绞线斜拉索目前没有行业标准和国家标准,但要求其所用的钢绞线和锚具应分别满足现行的国家标准。斜拉索用钢绞线应是满足现行《预应力混凝土用钢绞线》要求的高强度低松弛钢绞线。单根钢绞线宜进行镀锌等防腐处理,且外包黑色高密度聚乙烯护套,整束钢绞线外护套可采用高密度聚乙烯半圆管或整管护套。

钢绞线中钢丝直径较细,强度达到 1 860 MPa,镀锌后强度略有降低,仍比平行钢丝斜拉索中高丝强度高。而环氧涂层钢绞线强度相对于裸钢绞线强度几乎没有折减,从而降低用索重。平行钢绞线拉索独特的锚固方式和减振方式提高了拉索的锚固性能和抗疲劳性能。单根绞线热挤聚乙烯(PE)防护避免了由于金属间直接接触而产生的摩擦发热导致整体功能失效,消除了平行钢丝索在制索时由于被密排扎紧有相当整体刚度,当钢丝索在盘曲状态下被锚头固结出现永久性预弯变形导致的二次应力存在的毛病。夹片与锚筒内浆体共同作用承担全部恒载和动载,改变了钢丝索由锚筒内浆体承担全部的恒载和活荷载受力情况。平行钢绞线索锚筒有灌浆和灌油脂两种,如果锚筒内灌油脂,则由夹片承担全部恒载和活载,称之为 OVM200 平行钢绞线拉索。如果锚筒灌注砂浆称之为 OVM250 平行钢绞线拉索。

可调式减振装置克服了由于预埋管安装误差引起索的偏心,造成的减振装置与索体不密贴现象,从而充分发挥减振装置作用。四层防护方式延长了索的使用寿命,有资料表明聚乙烯(PE)护套已完成 10 000 h 紫外光测试,至少可以维持 50 年寿命。而平行钢丝拉索为热挤聚乙烯(PE)防护层,由于聚乙烯(PE)防护层在索两端过渡段被锚筒内环氧砂浆紧紧握裹,当温度变化时,聚乙烯(PE)纵向延伸无间隙,只有向径向发展,造成聚乙烯(PE)防护层表面产生龟裂现象,极大影响防护效果。可换性好,维护方便,可监测。由于采用整体聚乙烯(PE)护套、互不干预的单根绞线锚固和单根钢绞线防护,使得当聚乙烯(PE)护套老化,钢绞线损坏时可单独更换。聚乙烯(PE)护套可采用多种色彩,使桥与周围环境更协调,更美观。成品钢绞线在钢厂直接进行单根绞线热挤聚乙烯(PE)防护,避免了像钢丝那样多次运输、编索过程的磕碰,镀锌层脱落,使得防腐性能差和留下不良隐患。安装、运输方便,设备轻巧。镀锌钢绞线或环氧涂层钢绞线拉索总体费用比钢丝拉索总体费用节约 12% ~18%。由于加强了防护措施,拉索寿命延长,会带来很大的经济效益。假若 OVM200 平行钢绞线拉索发现钢绞线损坏时,可单独更换绞线。钢丝拉索一旦受到损坏,只能进行整体换索。OVM250 平行钢绞线拉索,如果需要换索,也只能进行整体换索。

当然,平行钢绞线拉索也存在缺点,在其与钢丝拉索在同等索力情况下,钢绞线拉索挂索时间较长,占用工地较多施工时间。较大的拉索直径,不利于抗风。我国初期斜拉桥以采用平行钢丝斜拉索为主。自20世纪90年代后期,开始采用钢绞线斜拉索,但最近一些大桥又将原设计的钢绞线斜拉索改回为平行钢丝斜拉索。目前一般大跨径斜拉桥选用较多的还是整体安装的平行钢丝斜拉索,在特大跨径斜拉桥斜拉索的运输和架设安装能力有限时,可考虑分散安装的钢绞线斜拉索。在大于400 m的20座斜拉桥中,斜拉索多采用平行钢丝索,采用钢绞线的仅有3座。

平行钢绞线拉索为法国公司首创。拉索两端的锚固及其防腐系统需要在工地制作是其主要的缺点,但单根的钢绞线安装及张拉方便,且可单根更换。成索后,只要低量程的千斤顶进行总调,需要的施工空间可减少,是欧洲斜拉桥乐于采用的方式。

上述2种拉索类型在2座超千米的斜拉桥(香港昂船洲桥 $L=1\ 018$ m,苏通长江大桥 $L=1\ 088$ m)的设计中进行了比较,考虑到平行钢绞索拉索的外层聚乙烯(PE)防腐索套直径比平行钢丝拉索的热挤聚乙烯(PE)索套要大一倍左右使拉索上的风载大大增加,导致在静风载作用下主梁侧向位移和塔顶位移较大,梁内的侧向弯矩和剪力也较大的不利情况。最后,2座大桥都选用了平行钢丝拉索方案,同时采取适当措施以克服运输和施工安装中的困难。

现代斜拉索几乎都是专业化制作而成,由专业生产厂家按我国相应的企业标准、行业标准和国家标准在厂内制作或现场安装,基本上做到了标准化、规范化、程序化和产品化生产,既保证了质量,又提高了工效。

3.1.2 桥梁用高强钢丝

钢丝是以盘条(线材)为原料通过拉丝及辅助工序加工生产的一种金属产品,钢丝制品包括钢丝、钢丝绳、钢绞线和其他钢丝制品,钢丝及其制品是关系到国家建设和居民生活的重要工业产品。

我国开始建设大跨度现代斜拉桥和悬索桥之初,这些桥梁主体结构的主缆、吊索和斜拉索用的钢丝都是依靠进口,一直存在质量、价格和供货周期问题。20世纪90年代,杨浦大桥建设过程中国内开始试制斜拉桥斜拉索钢丝(但未实桥应用),虎门大桥建设时国内开始试制和制造悬索桥主缆钢丝。虎门大桥和江阴大桥是同时采用进口钢丝和国产钢丝制作主缆,国产高强度钢丝边试边改,快速进步,在主缆制造和架设过程中,普遍认为国产 ϕ5 mm、1 670 MPa钢丝在这2个项目的使用性能明显优于进口钢丝,较快实现了缆索钢丝国产化。

钢丝加工主要借助拉丝磨具在外力作用下,利用金属的可塑性使金属变形,获得需要的形状、尺寸规格和机械力学性能。由于结构的重要性和特殊性,桥梁缆索一般要求钢丝具备高强度、耐腐蚀、塑性和韧性好等特点。由此对盘条和加工工艺提出了较高的技术要求,国内制造缆索钢丝及钢丝制品,开始是进口盘条加工钢丝。2000年以后开始研制国产盘条,国产盘条采用微合金技术、纯净钢冶炼技术和特殊控轧控冷技术等技术工艺,使盘条的纯净度、力学性能、金相组织等实物质量水平达到进口优质盘条水平。

斜拉索用高强钢丝应采用 ϕ5 mm 或 ϕ7 mm 热镀锌钢丝,其标准强度不宜低于1 670 MPa,性能应满足现行《桥梁缆索用热镀锌钢丝》(GB/T 17101—1997)的要求。

国内桥梁缆索(平行钢丝索)用镀锌钢丝大致上分为2大类:主缆用镀锌钢丝(悬索

桥)和斜拉索用镀锌钢丝(斜拉桥)。悬索桥主缆用镀锌钢丝的规格主要是 ϕ5.0 mm 系列,强度主要有 1 670 MPa 和 1 770 MPa 2 个等级。国内悬索桥原先主要是采用 1 670 MPa级镀锌钢丝,且原材料全部都是采用从国外进口的盘条。

自 1998 年 1 770 MPa 级镀锌钢丝在日本明石大桥的主缆索股上首次得到应用后,我国钢铁行业一直在寻求通过自主创新掌握这一技术。宝钢经过多年努力,成功开发了桥梁专用盘条,使盘条材料的纯净度、力学性能、金相组织等实物质量水平达到或超过了日本新日铁盘条的水平。宝钢集团上海二钢有限公司采用新型盘条研制的 ϕ5.10 mm、1 770 MPa镀锌钢丝于 2003 年在广西柳州红光桥主缆上首次获得工程应用的实例,开创了国内悬索桥主缆用 1 770 MPa 级镀锌钢丝的先河。2004 年宝钢 ϕ5.25 mm、1 770 MPa 级镀锌钢丝又在浙江舟山西堠门大桥上中标并大批量生产,与日本新日铁另一根主缆形成分庭抗礼的势态。随着盘条质量的进一步提高,又研发了 ϕ7.0 mm 系列 1 770 MPa 级斜拉索用镀锌钢丝,于 2008 年应用于苏通大桥。

国际上斜拉索用 ϕ7.0 mm 的镀锌钢丝的最高强度级别为 1 670 MPa。2001 年以后,尽管国际上陆续出现过 ϕ7.0 mm 镀锌钢丝 1 770 MPa 的报道,但在发表国始终未见该类钢丝应用于桥梁实践的记载。随着世界桥梁的发展,桥梁缆索用镀锌钢丝呈现出高强度、大单重、高技术含量的趋势。由于受材料开发技术水平的限制,长期以来,我国桥梁缆索用钢一直被日本新日铁的进口盘条所垄断。宝钢打破了国外在桥梁斜拉索专用盘条和镀锌钢丝高端市场长期垄断的局面,为我国由“桥梁大国”迈向“桥梁强国”跨出了一大步。

斜拉索和主缆钢丝实际应用中就存在一定区别,在使用标准上,主缆钢丝不太强调低松弛性能(只要求Ⅰ级松弛),而斜拉索钢丝强调低松弛性能(要求Ⅱ级松弛)。斜拉索钢丝还需要强调镦头性能,但这一技术在实践未被执行。现在由于换索和维护困难,对设计斜拉索提出了 50 年以上安全使用寿命的要求,但目前斜拉索锚固是环氧填充料,而环氧材料本身是有一定有效寿命的。一旦环氧失效,斜拉索就需要锚固钢丝镦头来承受荷载的。这就需要钢丝镦头能独立承担锚固功能。

斜拉索主要受力材料是高强度钢丝或钢绞线,目前几乎不用光面钢筋或钢绞线。一般都用镀锌高强度钢丝或钢绞线,也有少数使用环氧涂覆钢丝或钢绞线,材料本身的防护处理多一层保护对斜拉索的使用耐久性也非常重要。调查中发现,近年已换斜拉索的斜拉桥,其斜拉索破坏的典型原因为锈蚀,绝大多数的为普通高强钢丝或普通钢绞线斜拉索,因而这类斜拉索在近年的桥梁设计中已不采用了。

目前,以西堠门大桥一条主缆和苏通大桥斜拉索为标志,国产盘条和缆索钢丝在强度和性能方面都达到或接近国际先进水平。

3.1.3　斜拉索端部的配件(锚头)

锚具是极为重要的部件,其质量和性能对整个结构的可靠性有着直接的影响,故对锚具性能有严格规定。当采用新型锚具时,必须经过耐疲劳及强度试验和锚固性能参数检验,证明其可靠性,保证使用中不会出现滑丝、锚固失效现象。

钢绞线斜拉索锚具可采用夹片群锚或其他成熟锚具,其结构形式及规格应符合现行《预应力筋用锚具、夹具和连接器》的技术要求。夹片式锚具用在斜拉桥时,必须提高锚具的抗疲劳性能，因为在后张预应力的有黏结力筋中，锚具疲劳性能要求较低。值得注意的是，斜拉索中所用的夹片式锚具与工程中通常所用的有黏结预应力夹片式锚具是不同的。为此，用于斜拉索的夹片式锚具可具备一些特殊的构造，如使钢绞线在进入群锚的锚板后穿过一个压板，在索力调整完毕后，将夹片压紧防松。设置防松装置使低应力状态下锚具自锁性能可靠，并克服了平行钢丝制索时，下料精度要求过高的问题。

平行钢丝斜拉索锚具主要有冷铸锚、热铸锚、镦头锚等形式，都为拉锚式。其主要构造为锚杯、锚圈、锚碇板、填充固化料、防漏板等。为便于穿束张拉，在其尾部设置与张拉连接器、引出杆连接的附属构造。

3.1.3.1　镦头锚

镦头锚是每根钢丝穿孔后将钢丝末端镦粗，钢锚头上有许多孔眼供斜索的所有钢丝通过。冷镦头可发挥100%的预应力钢丝的静力强度。这种锚头的优点之一是锚头的纵向尺寸较小，可以在塔侧与梁侧的较小空间内安装。

使用镦头锚时必须具有可镦性的钢丝，镦头锚加工难度较大，钢丝镦头工艺要求较高，耐疲劳性能较差，很少用于斜拉索。

3.1.3.2　热铸锚

钢缆绳长久以来就已有铅合金、锡合金和锌合金等各种锚头内的填铸材料。德国对早期的斜拉桥使用纯锌，后来锌铝合金被广泛地采用。在日本，最普遍的则是采用锌铜合金。

钢缆用锌铜或锌铝合金来锚固，虽使用低熔点合金，浇铸温度仍超过400 ℃，对钢丝的力学性能会带来不利影响，虽对钢材的破断强度影响很小，但不能充分得到钢材的疲劳强度，这是由于钢缆绳在锚头内受到填铸合金的热量影响，部分是由于锚头入口处钢缆绳与锌合金之间发生磨损腐蚀。

热铸锚一般不用于斜拉索。

3.1.3.3　冷铸锚

冷铸锚是使用较多的锚具，它是在镦头锚和热铸锚基础上发展的一种锚头形式，综合了二者的优点。冷铸锚在国外又称 Hi-Am 锚具，如图 3-5 所示。其构造与热铸锚具相似，只在锚杯锥形腔的后部增设了一块钢丝定位板，索中的钢丝通过锚杯后，再穿过定位板上的对应孔眼，镦头就位，锚杯中的空隙用特制的环氧混合料填充。环氧混合料中加入铸钢球，形成承受荷载的构架，环氧固化后，即和锚杯中的钢丝结合成一个整体，由于楔形原理，铸钢球受到锚杯内壁的挤压，对索中的钢丝形成啮合，使钢丝获得锚固。其锚头的受力机制基本上是锚头锥孔内的钢丝与钢丸之间的拱作用，在正常荷载条件下，斜索钢丝中的作用应力尚未传递到承受镦头的隔丝板上。冷铸锚环氧混合料的固化温度低于180 ℃，并且钢丝末端均被镦粗锚固，它具有优异的抗疲劳性能。一般要求冷铸锚板内缩值不宜大于5 mm。

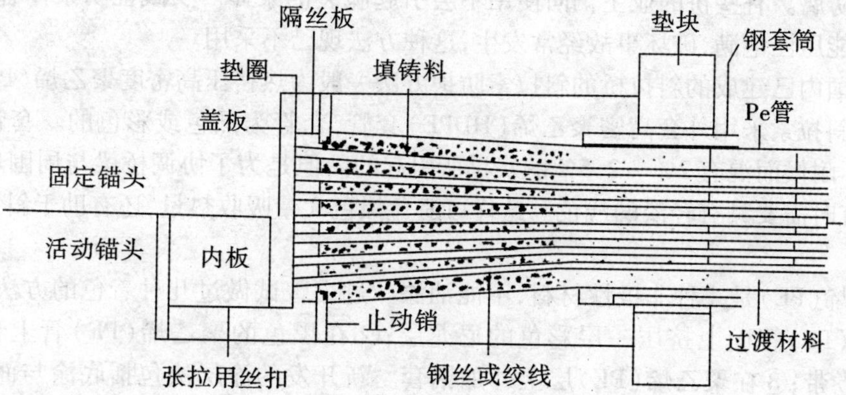

图 3-5　Hi-Am 锚

3.1.3.4　热铸锚的改进型式——NS 锚头

这种锚头是日本钢铁联合公司开发的，如图 3-6 所示。它的内部由 2 部分组成：热铸锌铜合金锥体与锚头出口部的环氧树脂。该锚头的机制基本上是一种典型的熔铸锌块锚，它能充分发挥斜索的静力强度。位于锚头出口部分的环氧树脂可以防止金属与金属之间的所谓磨损腐蚀，它既能缓和应力集中，又可减小来自熔锌的不利热影响。锚头内的钢丝布置成圆弧形曲度，但它不会产生过大的弯曲应力。

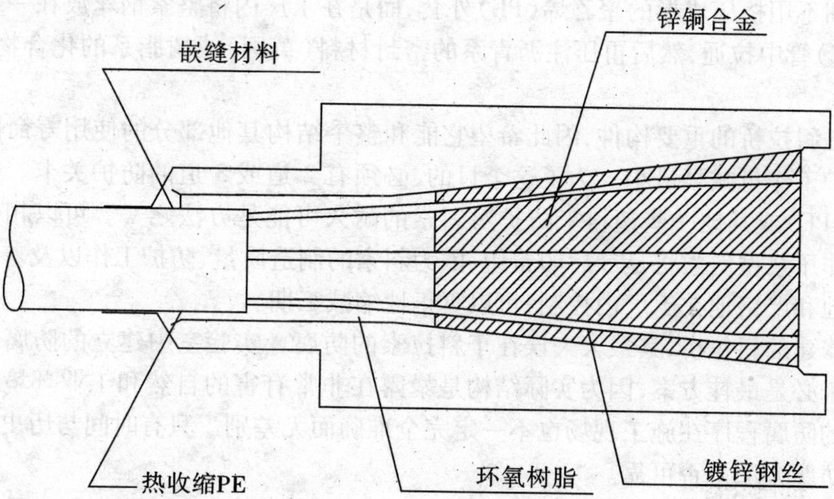

图 3-6　NS 锚头

3.1.4　斜拉索的防护

原先斜拉索采用玻璃钢外壳或拉索外设钢套管内压注水泥浆的防腐方法，利用了波特兰水泥的碱性对钢材提供积极的防腐作用。水泥浆曾被成功地用作后张筋与地锚钢缆的黏结与防腐材料。用预应力钢材制作的斜索通常放入聚乙烯（PE）管或钢管中用压注水泥浆来防腐。有些桥的业主偏向使用不会引起脆裂的浆体。实践证明浆体容易开裂，且不一定能压注饱满，破坏事故经常发生，这种方法现已不采用。

近年国内已建成的斜拉桥的斜拉索防护方法一般为热挤压高密度聚乙烯(PE)护套，对钢绞线斜拉索采用外套高密聚乙烯(HDPE)套管，套管为黑色或彩色的。套管呈现黑色，是为了耐候而混有2% ~2.5%的炭黑所引起的。但是为了协调桥梁与周围环境的景色，斜索有时需要具有轻淡的浅色。这样可避免黑色大量吸收热量，还有助于斜索的温度控制。

聚乙烯(PE)是一种非极性材料，不能油漆。过去曾试做过几种着色的方法：①在黑色聚乙烯(PE)管面上挤压一层彩色的尼龙层；②在黑色的聚乙烯(PE)管上包缠 PVF(Tedlar)卷带；③在聚乙烯(PE)层上外加铝套。新开发的涂层法包括底涂与面涂两层。底涂层是烯烃混合物，用它可作为聚乙烯(PE)料与面层涂料之间的黏结剂。面层涂料用远红外线烘干，它选用荧光烯烃漆(fluoro-olefin paint)，或丙烯酸硅酮漆(acrylic-siliconpaint)，或丙烯酸尿烷漆(acrylic-urethane)，或有相同效果的其他类似漆料。

目前采用的双层法是在黑色的聚乙烯(PE)管上挤压一个薄层的聚四氟乙烯，这样黑色的斜索就变成乳白色或灰色等浅淡色彩，并且非常耐候。

半平行钢丝索的防腐体系在工厂内制造时就已完成，因此在工地安装后就不需要另外的防腐工作。这些钢索的防腐是先将钢丝镀锌，然后在钢丝间的空隙中填充防锈化合物或将整捆的索用防腐卷带缠包，最后再在外面挤压一个聚乙烯(PE)外套，如图 3-4 所示。在欧洲不用挤压成形的聚乙烯(PE)外套，而是在工厂内将整索钢丝放在一个紧贴的聚乙烯(PE)管中拉通，然后再压注沥青系的密封材料(英国)或树脂系的化合物(德国和瑞士)。

斜索是斜拉桥的重要构件，因此希望它能和整个结构其他部分的使用寿命同样地耐久并将养护工作量减至最小。为了这个目的，必须有 2 道或 3 道的防护关卡。采用双层的聚乙烯(PE)或其他一些塑料来防护对斜索的耐久可能是方法之一。可以相信具有各种色彩的非压浆型斜索将是今后的希望，因为斜索的制造质量、防护工作以及着色的处理均能容易地和严格地在工厂内控制，可以真正地缩减工期。

过去修建的斜拉桥，其最大失误在于斜拉索的防腐。实验室中建立的防腐方法在实际结构中未必是最佳方案，因为实际结构是暴露在非常有害的自然和工业环境中。实验室中建立的防腐程序在施工现场也不一定完全准确而无差别。只有时间与历史才能够证明所做的防腐方法是否可靠。

3.1.5　斜索的锚固

3.1.5.1　斜索与混凝土梁的锚固

斜拉索与混凝土主梁锚固宜采用的形式有顶板锚固、箱内锚固、斜隔板锚固、梁体两侧锚固和梁底锚固等，如图 3-7 所示。

(1)顶板锚固块锚固　如图 3-7a 和图 3-8 所示。适用于箱内采用加劲斜杆的单索面桥。锚固块以箱梁顶板为基础，向上下两个方向延伸加厚而成。斜索锚头设于顶板之下的箱室内。斜索的水平分力通过锚固块传递给顶板后再分布到梁体的全截面，垂直分力则由加劲斜杆平衡。因此加劲斜杆内必须设置轴向预应力筋，一直延伸到锚固块的顶面，并在斜索截面的上方作横向交叉。

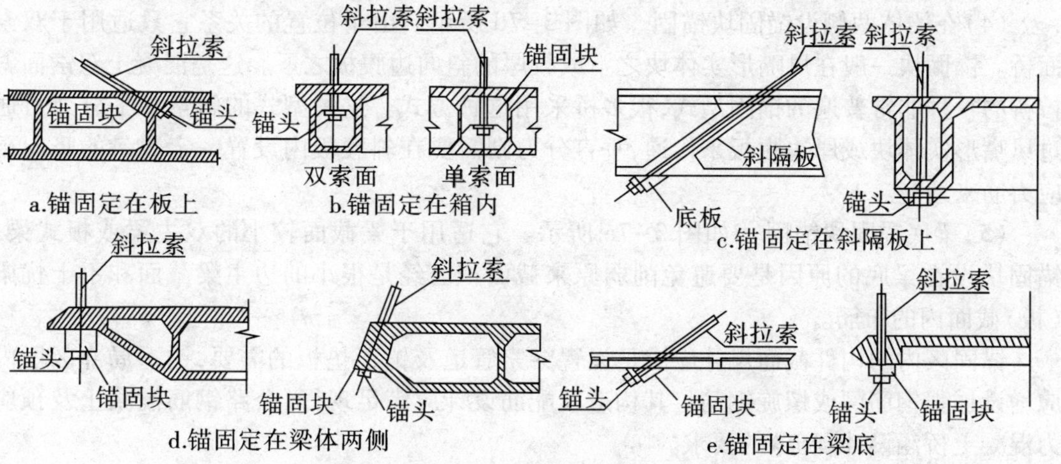

图 3-7　拉索与混凝土梁锚固的基本方式

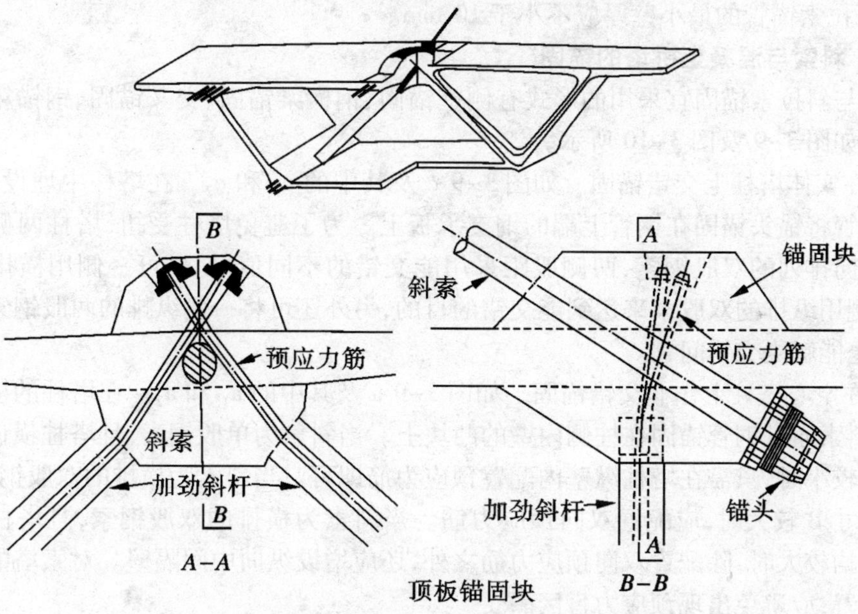

图 3-8　利用混凝土梁顶板锚固块锚固

(2)箱内锚固块锚固　如图 3-7b 所示。它适用于采用两个分离单箱的双索面桥，同样也适用于采用带有中间箱室的单索面桥。锚固块位于顶板之下的两个腹板之间，并与顶板及腹板固结在一起。斜索的水平分力通过锚固块以轴压的方式传给顶板后再行分布到梁体全截面，垂直分力则通过锚固块左右腹板传递。因此腹板内必须设置竖向预应力筋来加强。

(3)斜隔板锚固　如图 3-7c 所示。它的适用范围与上基本相同。为了美观起见，锚头也可以不露在梁底之下，而是埋藏在箱底之下（挖留空槽室）或在斜隔板挖孔锚固。斜索的水平分力可通过斜隔板四周的顶板、腹板及底板等一起以轴压形式传递给梁体，垂直分力也由斜隔板两侧的腹板以剪力形式来传递。

(4)在梁体两侧设锚固块锚固　如图3-7d所示。由于位置的关系它只适用于双索面桥。锚固块一般在风嘴形实体块之下或较厚的斜向边腹板之下。这是混凝土双索面斜拉桥的一种非常普遍的锚固型式，很多桥采用这种方式。这种型式的斜索水平分力可通过风嘴形实体块或厚边腹板来传递，垂直分力则需要在斜腹板内设置一定数量的竖向预应力筋来适应。

(5)梁底锚固块锚固　如图3-7e所示。它适用于梁截面较小的双主梁或板式梁。锚固块设在梁底的原因是要避免削弱原来截面积已经是很小的边主梁截面和不干扰梁(板)截面内的布筋。

锚固区内的构件截面尺寸应满足设置穿索管道及锚下垫板的需要，锚下局部区段内应增设加强钢筋网或螺旋钢筋。其构造及配筋设计应满足现行《公路钢筋混凝土及预应力混凝土桥涵设计规范》的要求。

锚下钢垫板尺寸应根据张拉吨位、张拉机具大小和锚具型式等确定，厚度不宜小于20 mm，斜拉索锚管的最小壁厚应不小于10 mm。

3.1.5.2　斜索与混凝土桥塔的锚固

索塔与斜拉索锚固宜采用的形式有侧壁锚固、钢横梁锚固、交叉锚固、钢锚箱。典型截面形式如图3-9及图3-10所示。

(1)在实体塔柱上交错锚固　如图3-9 c及其中的c_1和c_2。在塔柱中埋设钢管，斜索穿过钢管将锚头锚固在钢管上端的钢支承板上。为了避免塔柱受扭，塔柱两侧的斜索应采用横向排列的双股钢索，两侧股距采用能交错的不同值，但也可一侧用横排的双股索，另一侧用纵排的双股索来达到能交错的目的，另外还可将一侧纵排的两股钢索合成单股粗索，也能解决交错问题。

(2)在空心塔柱上作非交错锚固　如图3-9 a及其中的a_1和a_2。在塔柱的横壁中埋设钢管，斜索通过钢管锚固在柱侧内壁的凸块上。当斜索为单股钢索，且塔柱横向尺寸B与索力均较小时，只需在塔柱纵壁内配置预应力筋即可。当斜索为横排的双股钢索，且塔柱横向尺寸B较大时，应配置双向预应力筋。当斜索为横排的双股钢索，且塔柱横向尺寸与索力均较大时，除配置双向预应力筋之外，还应增设纵向中间隔壁。对索塔的预应力钢筋的布置，应避免出现预应力盲区。

(3)采用钢锚固梁来锚固　如图3-9 b。将钢锚固梁置于混凝土塔柱横壁内侧的牛腿凸块上，斜索通过埋设在横壁中的钢管锚固在钢锚固梁两端的锚块上。

当塔柱两侧的索力及斜索倾角相等时，水平分力由钢梁的轴向受拉及量级较小的两端弯矩来平衡，与塔柱完全无关。垂直分力则由钢锚固梁通过牛腿凸块传给塔柱。

当塔柱两侧的索力或斜索倾角不等时，水平方向的不平衡力由挡块传给柱壁。通过牛腿凸块将垂直反力传给塔柱。

拉索锚固区在环向预应力和索力作用下，顺桥向和横桥向塔壁内、外侧混凝土压应力储备和应力分布很不均匀，加上钢束弯曲半径小，一般只有2 m，不能满足规范对预应力钢束最小半径的要求，因此国内已建的采用环向预应力的斜拉桥索塔锚固区均要求做足尺节段模型试验,以验证环向预应力的实际效果。并且锚固系统全部在现场高空中施工,锚垫板的角度及定位控制较难,施工时需在现场多次张拉预应力。

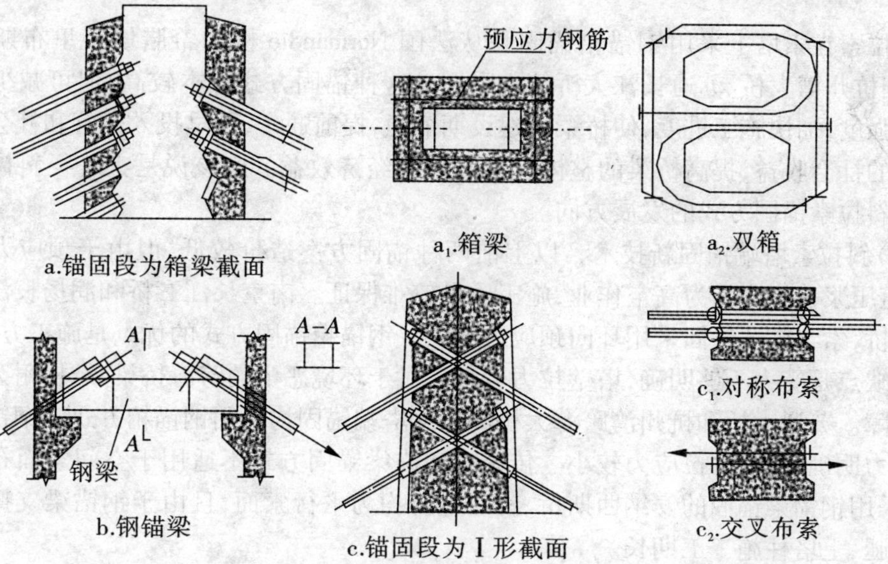

图 3-9　混凝土索塔锚固基本方式

(4)利用钢锚箱来锚固　如图 3-10 所示,由锚垫板、承压板、锚腹板、套筒及若干加劲肋构成钢锚箱。钢锚箱间连接应采用焊接,并用栓钉使之与混凝土塔身连接。除此之外根据需要,还可用环形预应力筋将锚箱与周围混凝土塔柱紧密结合。在纵向钢板之间的两端焊有横向锚固梁,两侧斜索即锚固在各自的锚固梁上。两侧斜索的水平分力由纵向钢板来做平衡,垂直分力则在锚箱与混凝土的接触面上以剪力方式传递。

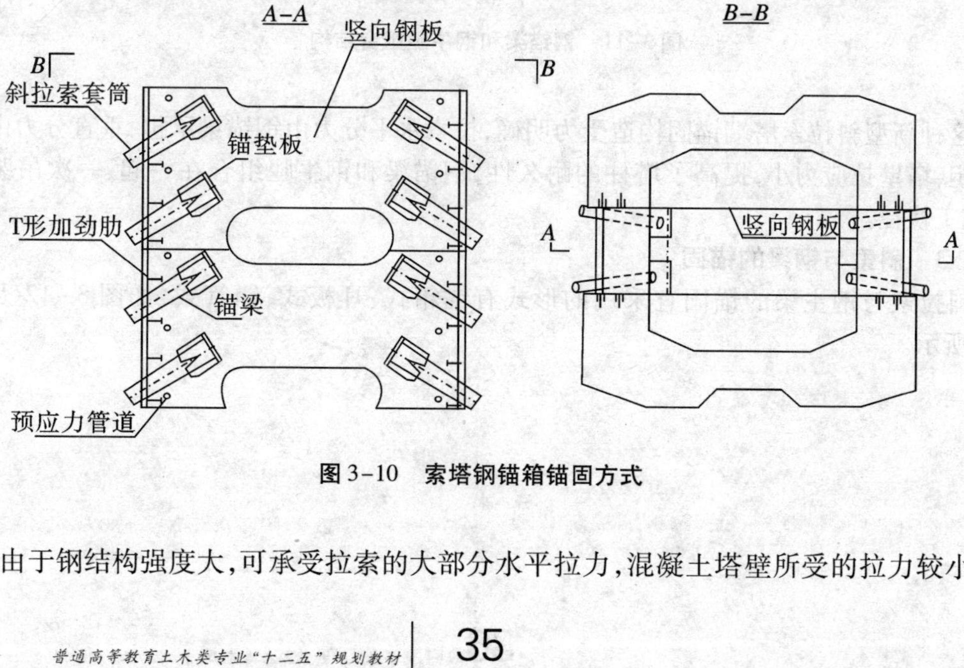

图 3-10　索塔钢锚箱锚固方式

由于钢结构强度大,可承受拉索的大部分水平拉力,混凝土塔壁所受的拉力较小,可不必设置预应力钢束筋,因此对混凝土索塔受力有利。同时,钢锚箱在工厂预制完成,容易精确加工准确控制锚固点的位置和角度,现场仅需控制塔柱混凝土基座标高,施工方便快捷。

斜拉索在索塔上采用钢锚箱锚固是从法国 Normandie 桥和希腊埃弗里布斯桥开始的,我国杭州湾大桥、苏通长江大桥等也采用。这种锚固方式成本较高,但可减少索塔高空作业强度,加快施工进度,使桥梁的建设期缩短,提前通车,及早投入运营和社会服务产生额外的社会收益,提高桥梁的整体社会效益和经济效益。应该说是大跨径斜拉桥混凝土塔上斜拉索锚固方式的发展方向。

(5)斜拉索塔端锚固新技术　以上前两种锚固方案造价较低,但由于预应力束的张拉、管道压浆等工序均为高空作业,施工质量较难保证。南京长江二桥和润扬长江大桥北汊斜拉桥,索与塔的锚固采用环向预应力锚固。钢锚箱锚固方式的优点是施工方便,结构可靠。缺点是受力不够明确,塔壁拉力较大。对于环境恶劣的跨海桥梁,结构耐久性没有足够保障。苏通大桥和杭州湾跨海大桥斜拉索塔端锚固均采用钢锚箱方式。钢锚梁锚固方式受力明确,塔壁的拉应力较小。传统的钢锚梁锚固方式不适用于空间索面布置的斜拉桥,采用钢锚梁锚固的安纳西斯桥、南浦大桥均为平行索面,且由于钢锚梁支撑采用混凝土牛腿,上塔柱施工工期长。

金塘大桥首创了能够锚固空间索面斜拉索的钢锚梁和钢牛腿组合结构,如图 3-11 所示。

图 3-11　钢锚梁和钢牛腿组合结构

这种新型斜拉索塔端锚固构造受力明确,拉索水平分力由钢锚梁承担,垂直分力由塔柱承担,塔壁拉应力小,提高了塔柱的耐久性,钢锚梁和钢牛腿组合在一起,一次吊装到位,施工快捷。

3.1.5.3　斜索与钢梁的锚固

斜拉索与钢主梁的锚固宜采用的形式有锚箱式、耳板式、锚管式,如图 3-12 及图 3-13所示。

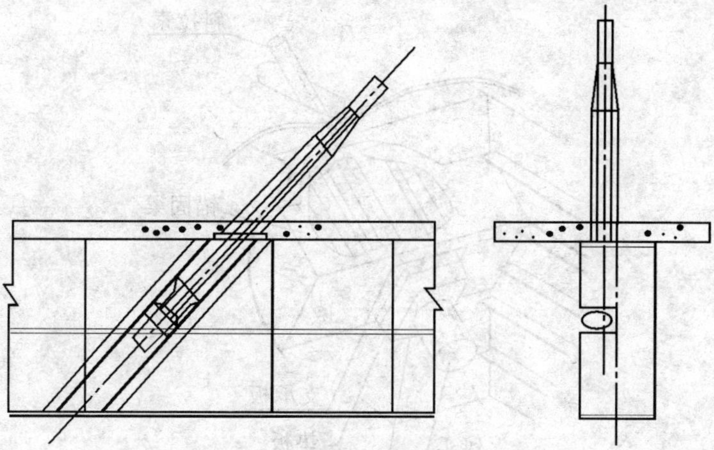

图 3-12　钢主梁与斜拉索的锚箱式锚固方式

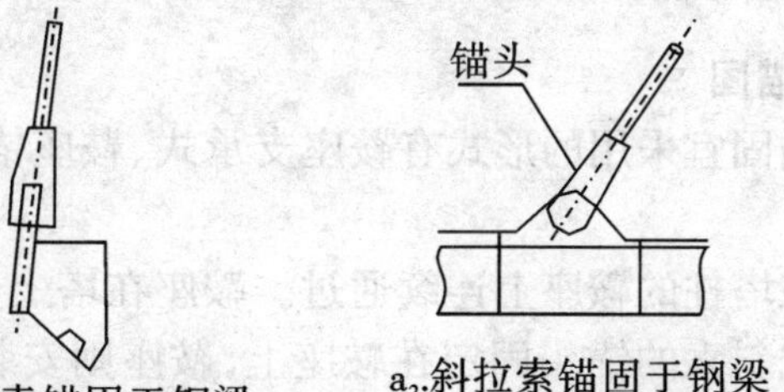

a_1.斜拉索锚固于钢梁截面的节点板上　a_2.斜拉索锚固于钢梁截面的节点板上

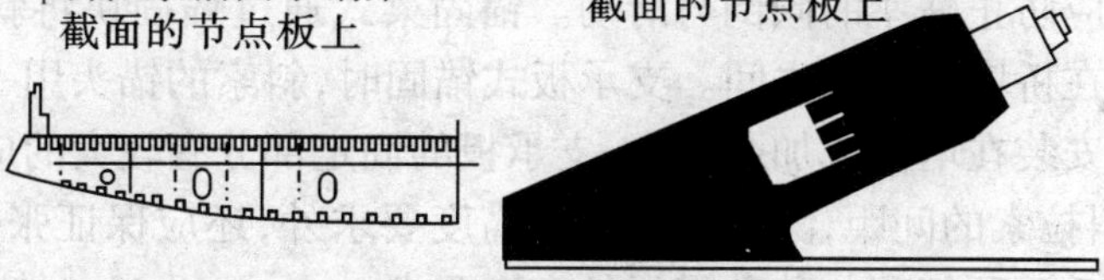

b_1.斜拉索锚固于钢梁风嘴上　b_2.斜拉索锚固于钢梁风嘴上

图 3-13　钢主梁与斜拉索的锚固方式

(1)锚箱式　锚固应设置锚固梁，如图 3-14 所示。斜拉索锚固在锚固梁上，锚固梁用焊接或高强螺栓方式与主梁连接。

(2)耳板式　锚固应在主梁的腹板向上伸出一块耳板，斜拉索通过铰连接在耳板上。

(3)锚管式　锚固应在主梁或纵梁的腹板上安装一根钢管，斜拉索锚固于钢管。

锚固区各构件之间应连接可靠，各构件的最小厚度应不小于 10 mm。

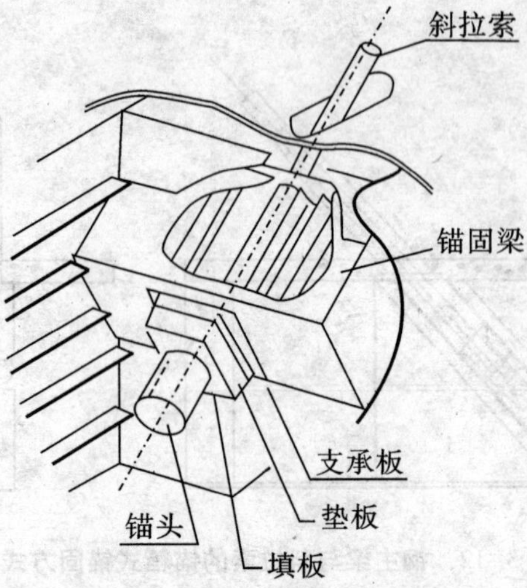

图 3-14　拉索与主梁锚箱式锚固

3.1.5.4　斜索与钢塔的锚固

斜拉索与钢索塔的锚固宜采用的形式有鞍座支承式、鞍座锚固式、锚固梁式、支承板式，如图 3-15 所示。

鞍座支承式的斜索在塔柱的鞍座上连续通过。鞍座在塔上则用辊轴或铰来支承，或锚固在塔上。鞍座锚固式斜索的锚头固定在鞍座上，鞍座则安装在支承梁（构架）上，这种锚固结构简单，应防止鞍座的倾倒与滑动。锚固梁式通过锚固块将斜索锚固在锚固梁上，锚固梁则安装在桥塔的竖壁之间。支承板式锚固时，斜索的锚头用一个块件固定在支承板上，支承板则安装在塔壁或加劲壁上，支承板的固定部分有较大的应力集中。

索塔锚固区斜拉索的间距，除应满足计算高度要求外，还应保证张拉及调索的空间，满足孔洞、管道及千斤顶行程与移动需要的高度要求。

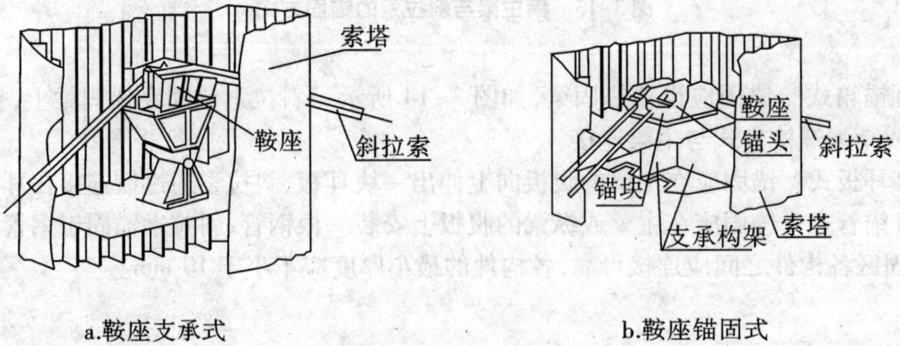

a.鞍座支承式　　b.鞍座锚固式

图 3-15　斜拉索与钢索塔的锚固方式

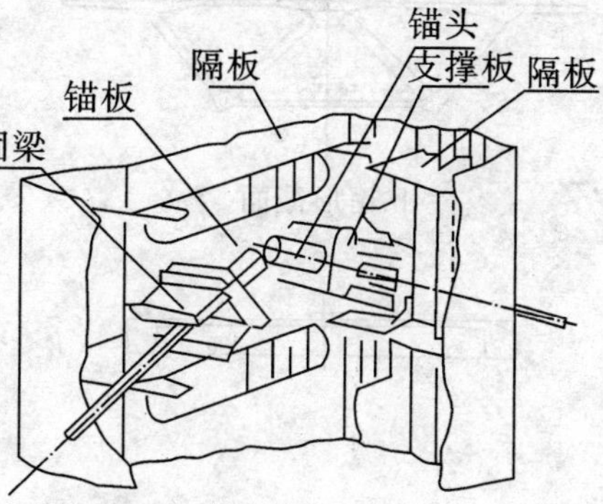

c.锚固梁式

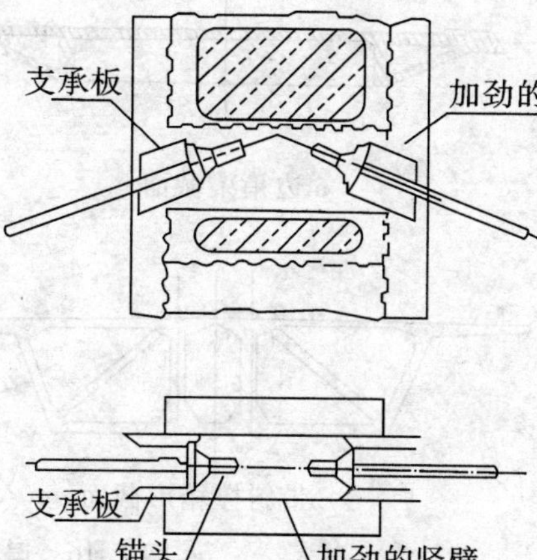

d.支承板式

续图 3-15

3.2　主梁的构造

斜拉桥的主梁宜在全长范围内布置成连续体系。

3.2.1　主梁截面形式

斜拉桥的主梁形式包括混凝土梁、钢箱梁、结合梁等。在大于 400 m 的 20 座斜拉桥中，钢箱梁 4 座、混合梁 5 座、结合梁 4 座、混凝土梁 7 座。斜拉桥主梁的截面形式应根据材料、跨径、索距、桥宽、索面数等不同，并综合考虑结构受力、抗风稳定和施工方法进行选用。

以下按照主梁所用材料分混凝土梁、钢梁、结合梁分别进行梁体主要截面构造的介绍。

3.2.1.1　混凝土梁

混凝土斜拉桥主梁截面有实心板截面、边箱梁截面、箱形截面、带斜撑箱形截面和肋板式截面。其典型截面形式如图 3-16 所示。

实心板截面适用于跨径 200 m 以下的混凝土斜拉桥，如希腊 Evripos 桥，主跨 215 m，板厚 45 cm。板式梁是混凝土斜拉桥梁体中最柔细的，是近年来斜拉桥发展中的最新动态之一。它可简化构造和施工，这在工费高的国家尤其重要。

肋板式截面及边箱梁截面适用于双索面，是轻型化的截面，应用广泛。带斜撑的箱形截面适用于单索面斜拉桥。

当桥面很宽时，箱梁截面可考虑设为单箱多室截面、肋板式及边箱梁截面，必要时在中间板的部分适当增加梁肋数。

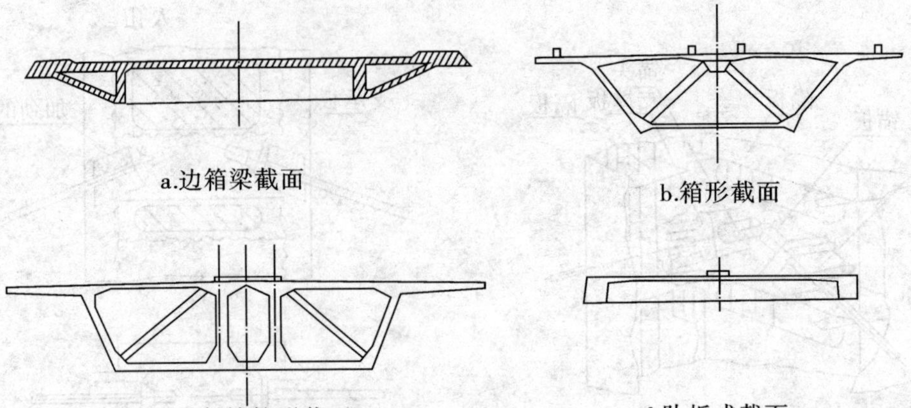

a.边箱梁截面　b.箱形截面

c.带斜撑箱形截面　d.肋板式截面

图 3-16　**混凝土斜拉桥典型截面**

双主梁是混凝土斜拉桥中比较简单的一种截面形式，适用于双索面体系。一般是两根主梁布置在两边，故又称“边主梁”截面形式，主梁之间由混凝土桥面板与横梁作联结，属于如图 3-16 中的肋板式截面。采用双主梁形式的截面时，斜索锚固点可以设在主梁中线处，也可以设在伸臂横梁的端部。前者索面位于人行道内侧附近，后者则位于人行道栏杆之外，并要设计专用的锚固块，如图 3-17 所示。

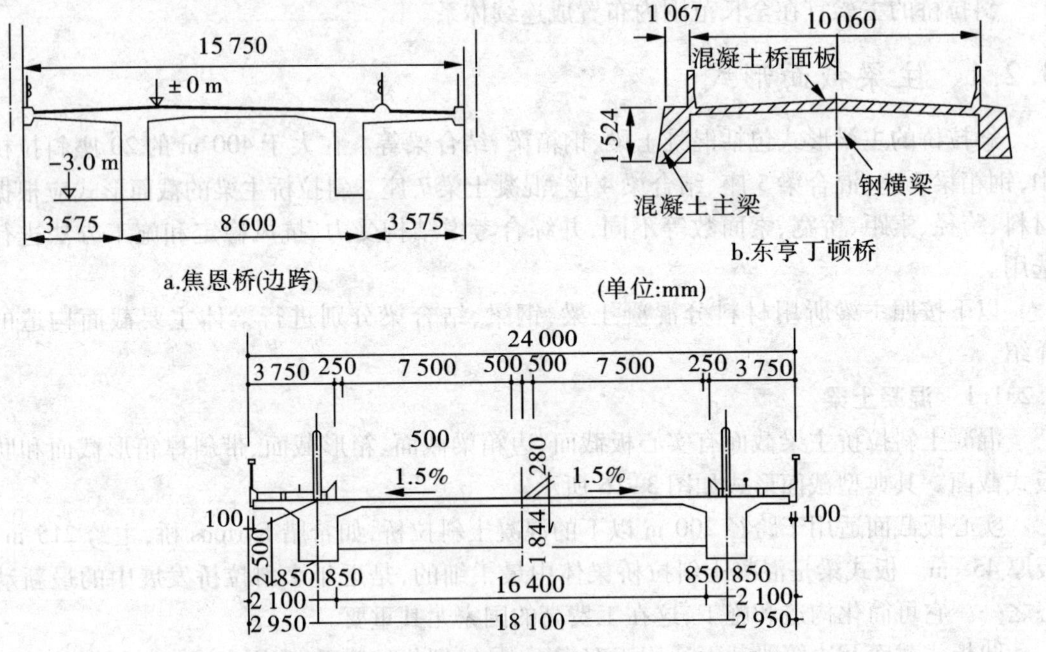

a.焦恩桥(边跨)　b.东亨丁顿桥

(单位:mm)

c.重庆长江大二桥

图 3-17　**双主梁截面**

3.2.1.2　**钢梁**

钢梁斜拉桥主梁截面有箱形截面、板式截面、分离式边箱截面和钢板梁截面，其典型截面形式如图 3-18 所示。当采用双层桥面的主梁时，宜采用桁架形式。

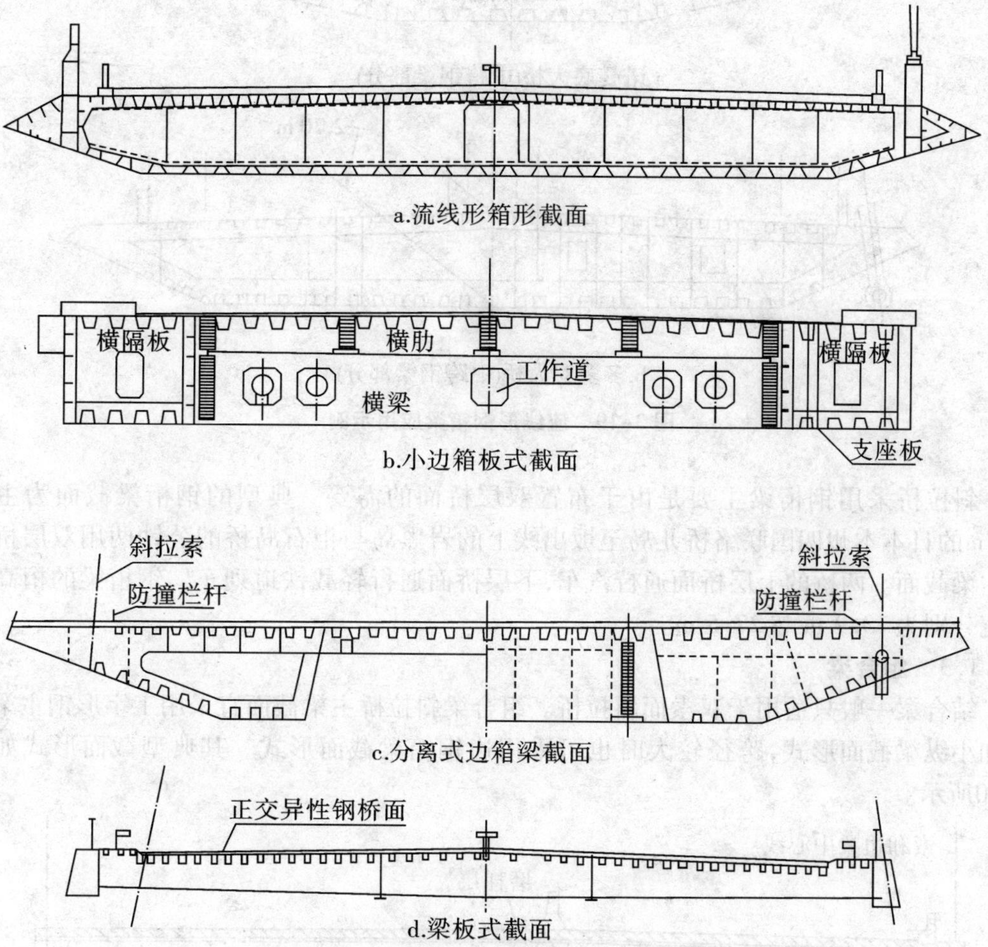

图 3-18　钢梁斜拉桥典型截面示意图

单索面斜拉桥的斜索对桥梁抗扭起不了作用，因此一般都采用抗扭刚度较大的箱梁，单索面斜拉桥中采用的钢箱梁，无论是单室或多室，既有矩形箱梁，也有倒梯形箱梁。从发展趋势来看，以倒梯形箱梁为主。

一般大跨度斜拉桥中钢主梁为满足抗风要求，常采用流线形钢箱梁，具体应用例子如图 3-19 所示。

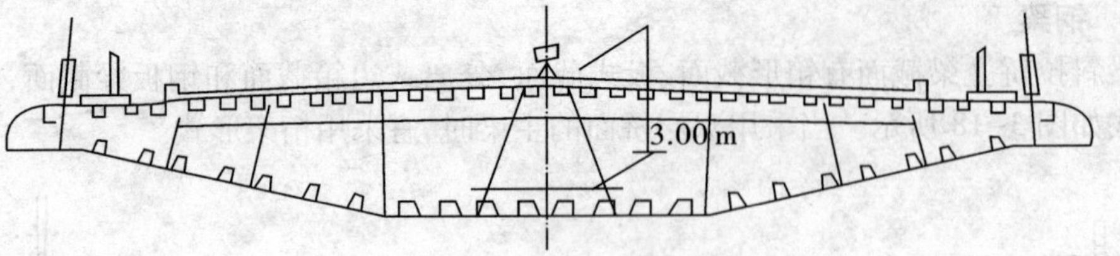

a.诺曼底大桥(中跨钢梁部分)

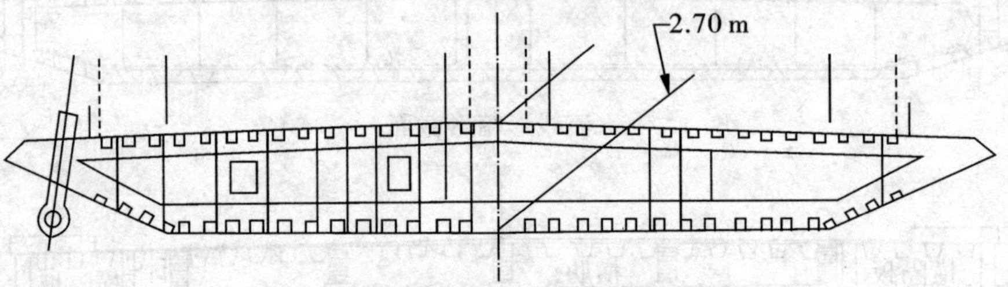

b.多多罗大桥(中跨钢梁部分)

图 3-19　流线形钢箱梁应用示例

斜拉桥采用钢桁梁主要是由于布置双层桥面的需要。典型的钢桁梁截面为主跨420 m的日本本州四国联络桥儿岛至坂出线上的岩黑岛与柜石岛桥的公铁两用双层桥面的主梁截面。两桥的上层桥面通行汽车,下层桥面通行轻载铁道列车。钢桁梁的桁高与桁宽分别为13.9 m与27.5 m。

3.2.1.3　**组合梁**

结合梁一般只适用于双索面斜拉桥。组合梁斜拉桥主梁截面宜采用工字形钢主梁其间加小纵梁截面形式,跨径较大时也可采用边钢箱梁截面形式。其典型截面形式如图3-20所示。

a.工字钢主梁截面

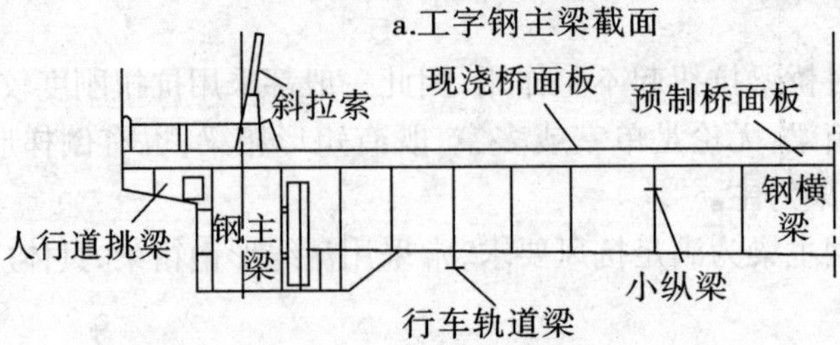

b.边钢箱梁截面

图 3-20　组合梁斜拉桥典型截面

组合梁斜拉桥宜采用双索面,飘浮体系。与钢梁和横隔梁组成主梁的钢筋混凝土或预应力混凝土桥面板，因其在梁截面中占有重要的承载和刚度作用，厚度不宜小于 250 mm。混凝土强度等级不宜小于 C40，预制板需存放 4 ~ 6 个月后才能使用，以减少混凝土收缩和徐变对组合梁的不利影响。混凝土板间接缝、钢梁顶面的剪力键与钢梁顶面应有效地结合成整体。其典型剪力键如图 3-21 所示。

钢梁多数采用两工字形钢主梁。如我国福建青州闽江大桥，跨径 605 m。跨径 602 m 的上海杨浦大桥则采用边箱梁截面，如图 3-22 所示。

由于混凝土受拉能力较差，故组合梁斜拉桥一般都采用飘浮体系，以减少负弯矩。

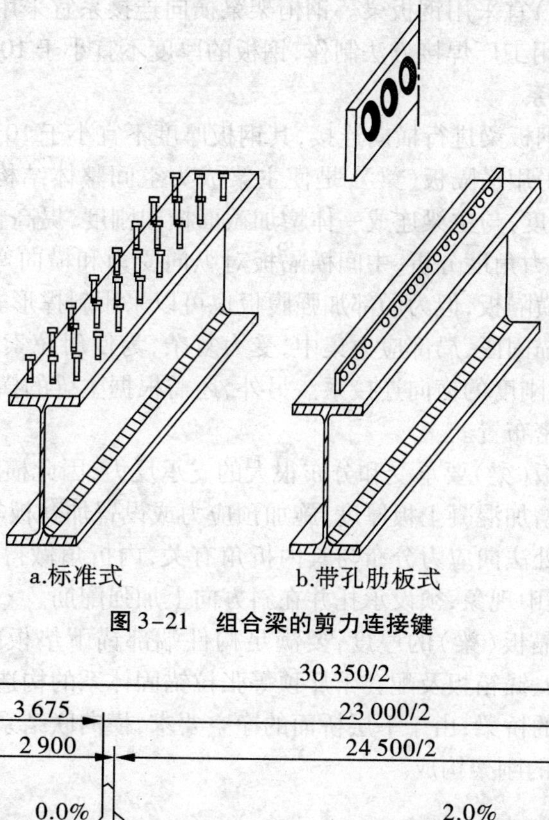

图 3-21　组合梁的剪力连接键

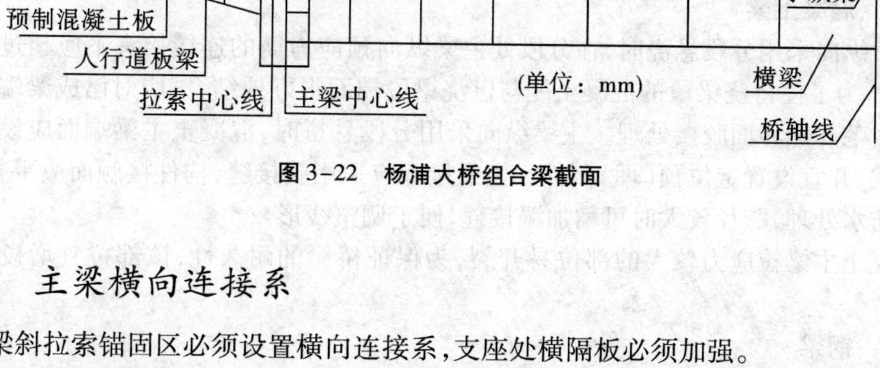

图 3-22　杨浦大桥组合梁截面

3.2.2　主梁横向连接系

主梁斜拉索锚固区必须设置横向连接系，支座处横隔板必须加强。

3.2.2.1 **混凝土各主梁连接系**

混凝土梁横向连接系应采用横隔板(梁),横隔板(梁)可采取增加混凝土板厚、施加预应力等措施加强。

横隔板的人洞应加强角隅处配筋,并充分考虑其他防裂措施。

轻型开口截面主梁结构其横隔板(梁)间距宜采用 6 ~ 10 m,其厚度不宜小于180 mm。

3.2.2.2 **钢梁连接系**

钢梁的横隔板(梁)宜采用钢板梁。钢桁架梁横向连接系宜采用桁架斜撑形式。

横隔板(梁)应采用工厂焊接方法制作,钢板的厚度不宜小于 10 mm。

3.2.2.3 **组合梁连接系**

主梁之间宜采用钢板梁进行横向连接,其钢板厚度不宜小于 10 mm。

主梁横向连接系采用横隔板(梁),是使主梁成为空间整体结构的重要构造,它能增加主梁的抗扭、抗剪刚度,与主梁连成一体增加截面横向刚度,提高整体性能。

对箱形截面,从受力角度分析,中间横隔板对纵向受力和横向弯矩的分布影响很小,可以减少或不设中间横隔板,但为局部加强腹板也可以采用斜撑形式,形成横向刚架。

在主梁的斜拉索锚固区,局部应力集中,受力复杂,为使斜拉索的拉力能较好地传递给主梁,必须设置较大刚度的横向连接系。另外,还需根据主梁的横向刚度和桥面板的跨径及索距大小适当加密布置。

在支座处的横隔板(梁)要承受和分布很大的支承反力,因此横隔板(梁)应有足够的强度和刚度。可采用增加混凝土板厚度、施加预应力或设置加劲板等措施予以加强,横隔板预留孔的顶端角隅处法向应力分布与其内折角有关,内折角做得越平缓转角处的应力就越小,为缓和应力集中现象,须设承托并在斜方向上加强配筋。

施加预应力的横隔板(梁)的厚度,要满足构件端部锚下垫板的最小构造和摊列尺寸,主要由管道的直径、锚箱板及配套千斤顶等张拉锚固体系的构造尺寸决定。

若是有双层交通的桥梁,由于下层桥面的净空要求,横向联结系由横梁和主桁架的中间竖杆(或斜杆)形成的刚架构成。

3.2.3 主梁纵向连接

3.2.3.1 **混凝土梁**

主梁纵向采用分段悬浇时,在分段处主梁纵向预应力筋的连接接头不应超过其总数的50%。为了使待浇梁段的混凝土能与已浇梁段端面很好地结合,应对已成梁端的外端面进行凿毛并做界面胶接处理。主梁纵向采用分段悬拼时,混凝土主梁端面应设计成企口缝形式,并宜设置定位预(埋)制件。主梁接缝应采用胶接缝,构件接触面应平整、密贴并做好防水处理,跨径较大时可增加湿接缝,便于调整线形。

混凝土主梁拉应力较大的部位易开裂,为保证桥梁的耐久性,该部位宜增设防裂钢筋网。

3.2.3.2 **钢梁**

钢箱梁和钢桁架构件应采用工厂焊接方法制作,节段连接方式可采用高强螺栓连接或焊接。钢箱梁顶板应采用焊接连接。钢箱梁纵向隔板宜布置在桥面车道的分界线位置。

螺栓的排列应与构件轴线对称，防止因偏心产生附加应力，要求所有螺栓对齐居中，即打入冲钉旋紧高强螺栓。钢主梁节段间连接采用焊接时，先以栓接匹配方式临时连接，然后实施焊接连接。

3.2.3.3　组合梁

大跨径组合梁斜拉桥主梁节段长度以能布置 1 ~ 2 根斜拉索或 2 ~ 4 根横梁为宜，因一般自重不很大，吊装质量能够轻易解决。

组合梁中的钢梁节段应采用工厂焊接方法制作。节段连接方式可采用高强螺栓连接或焊接。

3.2.3.4　混合梁

混合梁一般由边跨的混凝土梁与主跨的钢梁在纵向加以连接而成，因此各自宜采用合适的截面形式，并应彼此配合以方便纵向连接。不同材料梁的连接处，宜设置在弯矩最小位置，可布置在主跨或边跨内，连接处应设横隔板。

不同材料梁间应连接可靠。两种梁段的重心高度位置宜设置一致。可采用施加预应力、设抗剪栓钉等的直接式连接，并通过加劲肋逐渐变高，以缓解两种梁体刚度的突变，保证力的顺畅传递。典型构造形式如图 3-23 所示。

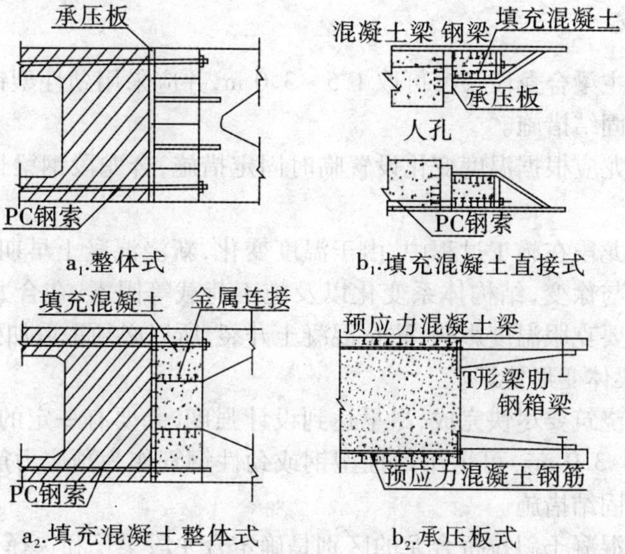

图 3-23　箱形截面混合梁的连接方式

两种不同梁的纵向连接，是混合梁斜拉桥的最重要技术关键。连续点伸入主跨时不少于 20 m；伸入边跨时不宜小于 40 m。

连接构造应保证应力的均匀传递，两种不同的截面重心位置应尽量吻合，以避免重心不一而产生的二次力，并尽量缓解两种梁体刚度的突变，如图 3-24 所示。武汉白沙洲桥也采用混合梁。

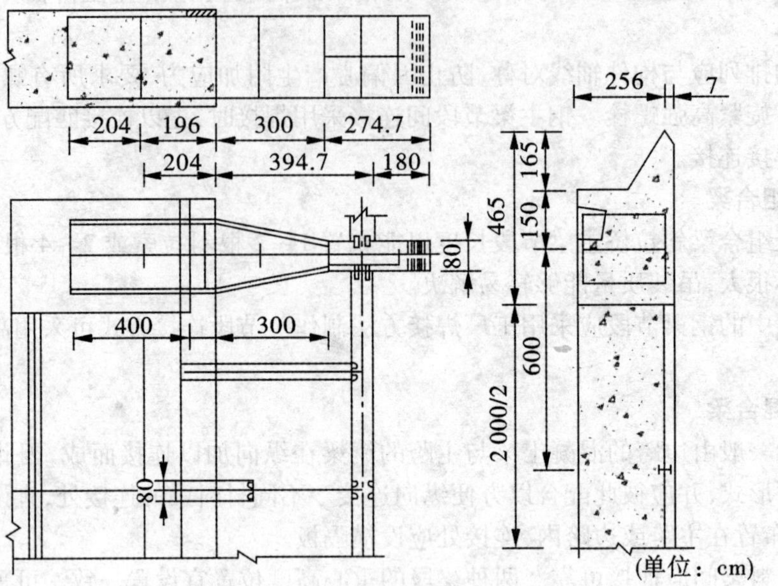

图 3-24　混合梁板梁式截面连接方式示例

3.2.4　合龙段

混凝土斜拉桥主梁合龙段长度可取 1.5 ~ 3.0 m，并应采用劲性型钢骨架或施加预应力等方式作为临时固结措施。

钢梁斜拉桥合龙应根据温度变化设置临时固定措施，合龙段钢梁长度需根据合龙温度予以修正。

混凝土主梁合龙段在施工过程中，由于温度变化，新浇混凝土早期收缩，已完成结构部分的混凝土收缩与徐变，结构体系变化以及施工荷载等因素，在合龙过程中要承受轴力、弯矩和剪力，并要克服温度影响，防止混凝土开裂，所以必须采取加强措施来保证结构的连续，保持两侧梁体变形协调。

合龙段混凝土浇筑要尽快完成，尽早达到设计强度，并要有一定的施工作业面，一般合龙段长度为 1.5 ~ 3.0 m。可采用劲性型钢或劲性钢管作为预应力筋套管并施加预应力等方式作为临时固结措施。

钢主梁合龙与混凝土斜拉桥合龙的区别是确定合龙段梁长和选择一天内最佳的合龙时间，这是由于钢梁具有较大的传热性，很快吸收周围空气中的温度，而且温度变形对合龙长度影响非常敏感，所以，应正确选择合龙温度，及满足钢梁安装就位时高强螺栓定位所需的时间，并应进行温度变形观测，为修正设计合龙温度提供科学依据。

3.3　索塔的构造

索塔用以锚固拉索，并将其索力可靠地直接传递给下部结构，其形状对斜拉桥的景观是至关重要的。索塔施工精度要求很高，其轴线与轮廓尺寸对施工要求严格。索塔内部钢筋密集，预应力束纵横。索塔均绝大部分采用混凝土塔，塔形多种多样。

3.3.1　混凝土塔柱

斜拉桥的混凝土塔柱可分为实体柱与空心柱。无论是实体塔柱或空心塔柱，其截面基本上都采用矩形，并且一般是长边 L 与桥轴线平行，短边 B 与塔轴线平行。

采用实体塔柱时，斜索在塔柱中作交错锚固。因此，塔柱上部的斜索锚固区可在塔轴线两侧布置斜索锚头的部位各挖一槽口，使截面成为 H 形。实体塔柱一般适用于中小跨度的斜拉桥，小跨度时可用等截面，中等跨度时可用变截面。一般情况下仅变化长边尺寸 L，而将短边尺寸 B 维持等值，如图 3-25 所示。

采用空心塔柱时，斜索在塔柱的箱室中锚固，故一般在塔轴线的两侧可以不挖槽口，而是改在箱室内壁增设锚固斜索用的锯齿形凸块，但为了改善外观常在箱形柱体的四周外面增设一些线条。空心箱形塔柱一般用于较大跨度的斜拉桥，且一般采用变截面，并且较多的是只变化长边尺寸 L。

为了增加线条以改善外观，且有利于抗风，塔柱矩形截面的四个角应作成倒角或圆角。因圆形施工不便，常为倒角。

塔柱无论是实体或空心截面，如有必要也可作成非矩形的五角形、六角形或八角形截面，如图 3-26 所示。

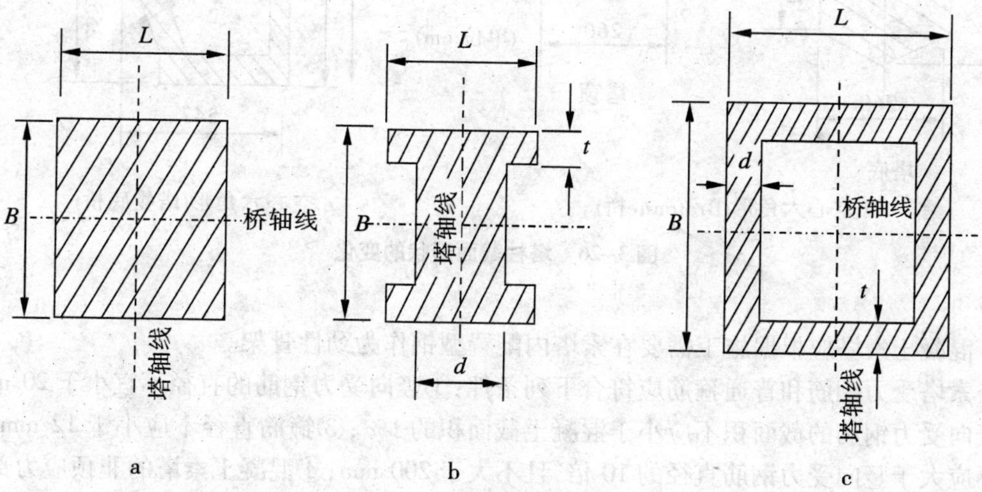

图 3-25　矩形塔柱截面

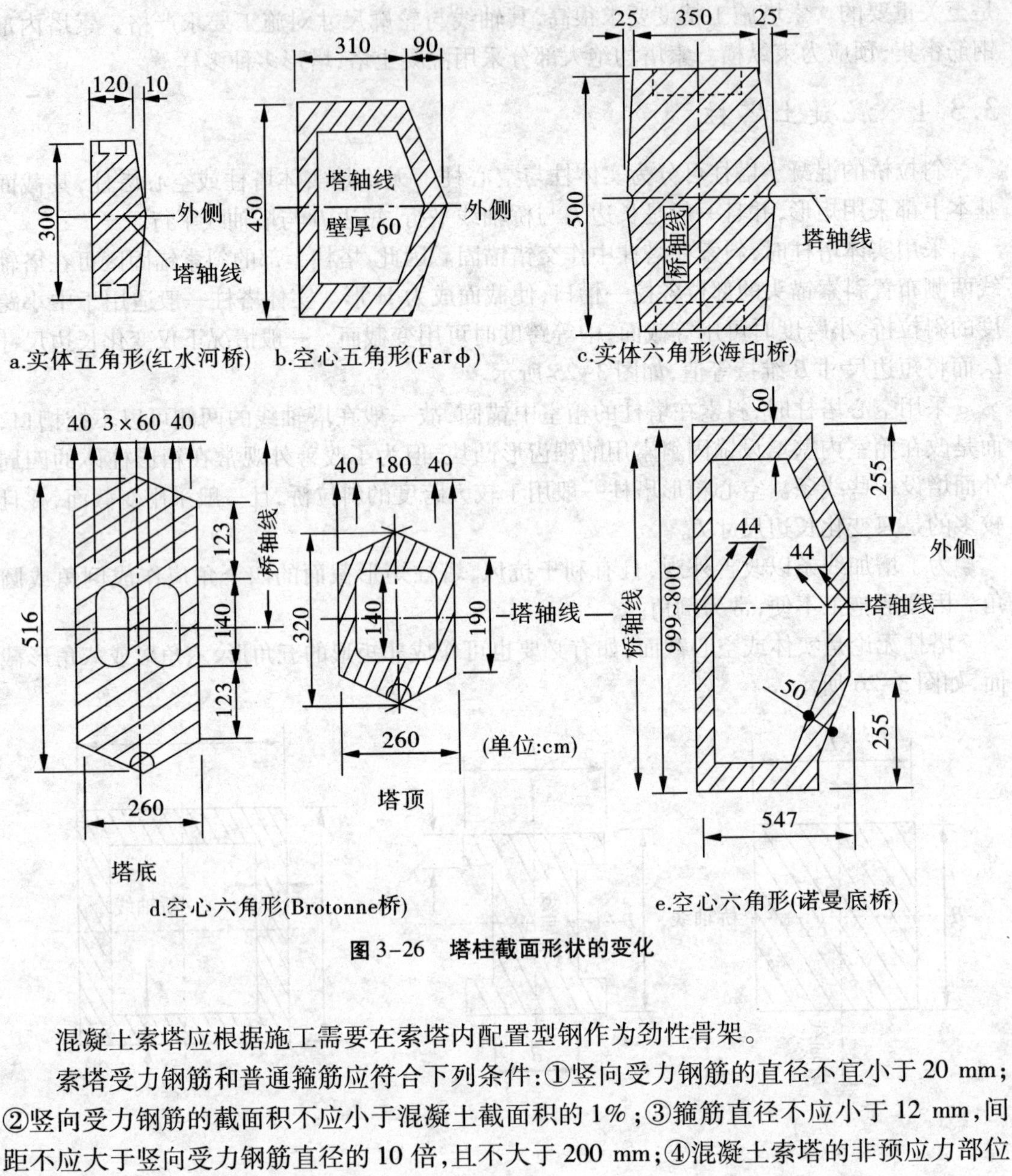

图 3-26　塔柱截面形状的变化

混凝土索塔应根据施工需要在索塔内配置型钢作为劲性骨架。

索塔受力钢筋和普通箍筋应符合下列条件:①竖向受力钢筋的直径不宜小于 20 mm;②竖向受力钢筋的截面积不应小于混凝土截面积的 1%;③箍筋直径不应小于 12 mm,间距不应大于竖向受力钢筋直径的 10 倍,且不大于 200 mm;④混凝土索塔的非预应力部位以及门洞部位宜增设防裂钢筋网。

处于海洋或其他腐蚀环境中的混凝土索塔、主梁,应考虑增大其保护层厚度或增加其他耐久性的措施。

3.3.2　钢塔柱

桥塔采用钢结构的实例以日本最多。大多数钢塔柱的截面作成矩形空心箱式,箱室四周的各主壁板上均布置有竖向加劲肋。箱室内上下相隔一定的距离设有水平横隔板。少数钢塔柱的截面作成 T 形或准十字形的空心箱式。以 h 为塔柱的总高度(从承台顶至塔顶），d 为截面最小横向尺寸或平均尺寸。单柱形桥塔的 h/d 值约为 20，其他的双柱形桥塔约为 35～45，平均 40，也就是单柱形的 2 倍。

钢索塔国内设计较少，但已开始采用。斜拉桥钢索塔纵桥向结构形式，一般可设计成单柱形，在需要将索塔的纵向刚度设计得较大时，也可将其设计成倒 V 形与倒 Y 形，如图 2-13 所示。

单索面斜拉桥钢索塔横桥向结构形式，通常可设计成单柱形、倒 V 形与倒 Y 形，如图 3-27 所示。

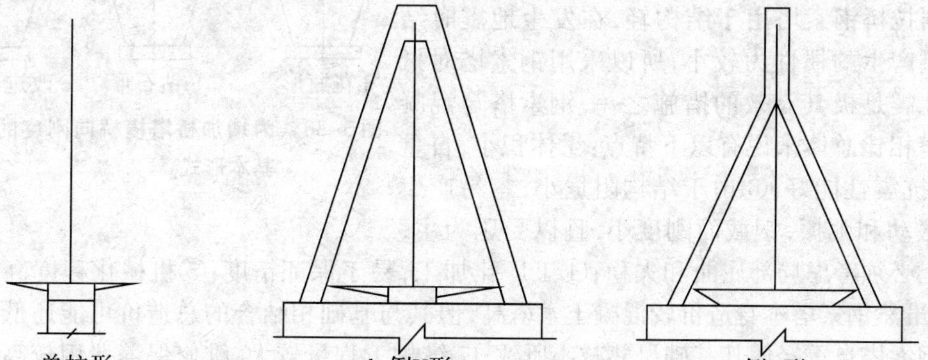

图 3-27　单索面斜拉桥钢索塔横桥向构造的基本形式

双索面斜拉桥钢索塔横桥向结构形式，通常可设计成双柱形、门形、H 形、倒 V 形与倒 Y 形，如图 3-28 所示。

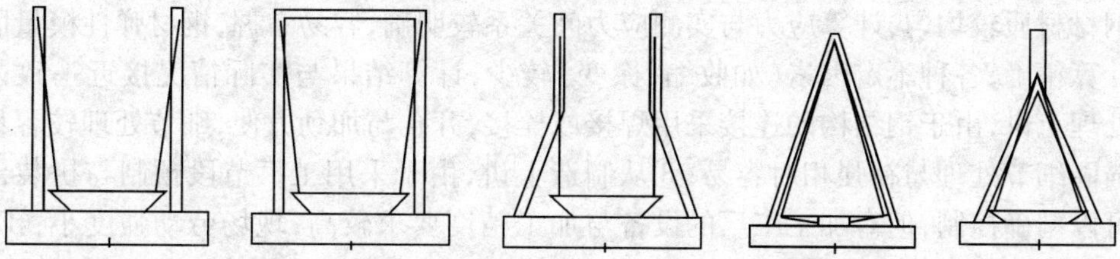

图 3-28　双索面斜拉桥钢索塔横桥向构造的基本形式

在梁体高出塔基较多时，斜拉桥钢索塔所采用的横桥向形式可设计成，如图 3-29 所示。

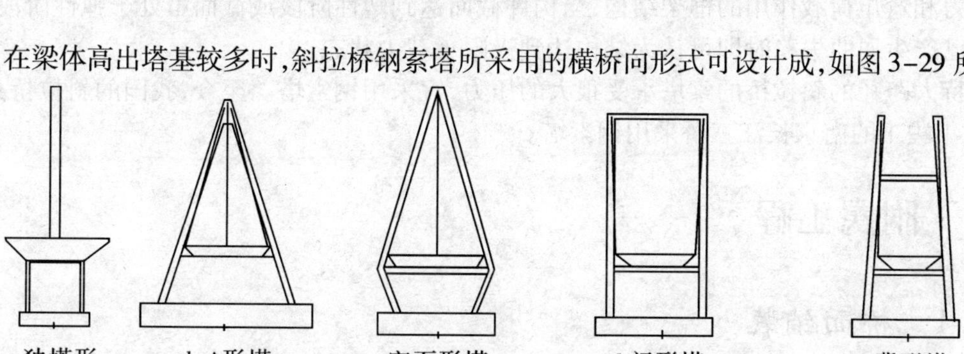

图 3-29　梁体高出塔基较多斜拉桥钢索塔横桥向构造的基本形式

在设计中为了增加索塔的面内刚度，也可采用将索塔横桥向设计成花瓶形、钻石形及改进花瓶形，如图 3-30 所示。

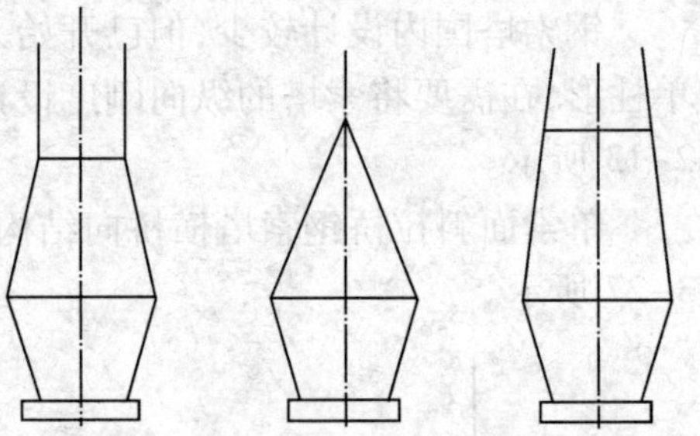

a.花瓶形　b.钻石形　c.改进花瓶形

图 3-30　为增加桥塔横桥向刚度的桥塔基本形式

钢索塔箱室四周各主壁板上应布置竖向加劲肋，箱室内应设置水平横隔板，其间距不宜大于 4 000 mm。钢索塔外壁板及竖向隔板的厚度根据受力需要可沿索塔内分段取用不同的壁板厚度，但不宜小于 20 mm。

斜拉桥钢索塔由于结构轻，在发生地震时结构自重产生的惯性力较小，所以采用钢索塔对抵抗大地震是极其有效的措施之一，钢索塔与混凝土索塔相比总体来说有以下特点：①体积小，自重轻；②抗震性能好；③由于结构阻尼小，容易产生涡激振动和弛振，钢截面刚度小，且以受压为主，设计上必须考虑局部屈曲和失稳；④工厂化加工，易于保证精度；⑤机械化程度高，工期快；⑥虽然钢索塔本身造价较混凝土索塔高，但其与基础相结合的总造价可能还低，这是因为钢索塔自重轻使其基础尺寸减小所致；⑦维护工程量较大，维修保养费用较高，这也是钢索塔不能大量推广的主要原因之一；⑧环保，安装现场不会产生污染，且数百年后材料可以回收利用。

采用钢索塔一方面可减轻索塔的自重，有利于深水地区，采用高桩承台基础，减少深水基础的建造施工难度，另一方面也可改善斜拉索的锚固条件，缩短建设工期，钢索塔同混凝土索塔相比较，从设计构造及施工等方面来说还具有以下特点：①从设计计算上讲，由于钢材材质较均匀，计算应力与实测应力间关系较明确，容易掌握，钢材弹性模量固定，变形计算精确，各种不定因素（如收缩、徐变）较少，计算结果与实际情况接近一致；②从结构处理上讲，由于钢结构的连接采用焊接或栓接，开孔与加劲方便，细节处理较容易，斜拉索锚固细节处理与补强相对容易；③从制造上讲，由于采用工厂节段预制与拼装，尺寸精度可以精确控制，但对加工工厂的设备与加工精度要求较高，现场劳动强度小；④从安装上讲，由于构件较轻，可分段吊装，施工速度快，施工工期短，现场高空作业量较少；⑤从使用上讲，由于结构较轻，对结构抗震有利，可以减少下部结构的规模；⑥斜拉桥的索塔是受轴力和弯矩荷载作用的框架结构，当构件截面达到塑性阶段或截面虽处于弹性阶段，但构件已产生屈曲失稳时即可认为结构达到极限承载力状态。

特大跨径的斜拉桥的索塔承受很大的压力，宜采用钢索塔。至今，我国的斜拉桥只有 2005 年竣工的南京长江三桥采用钢索塔。

3.4　附属工程

3.4.1　桥面铺装

桥面铺装可采用沥青混凝土或水泥混凝土铺装，并应设置防水层。

混凝土梁桥面铺装宜采用普通混凝土、防渗混凝土、纤维混凝土或沥青混凝土铺装。桥面铺装混凝土强度等级应不低于 C40。

钢梁桥面铺装宜采用沥青混凝土铺设。桥面铺装层应与钢梁顶面有效黏结。

桥面铺装采用的沥青混凝土材料易于重新铺筑，当沥青混凝土发生裂缝和产生剥落危及桥面板，须刨挖清理和重新铺筑更换桥面时，沥青混凝土材料较水泥混凝土材料易于施工。此外，沥青混凝土对车辆的剪切、冲击、磨损影响较小，材料强度也较高，如采用改性沥青混凝土或环氧沥青混凝土，则抗裂性优于沥青混凝土，能更好地保护桥面，延长主梁使用寿命。在钢箱梁上设沥青混凝土铺装时，应控制桥面变形和其他技术措施，保证二者的结合。

对于交通量不大，跨径小，桥面较窄或地理位置偏远的人行斜拉桥，在沥青混凝土材料施工有困难时，可采用混凝土铺装。混凝土桥面铺装的强度等级不得低于 C30，铺装下宜设防水层。

3.4.2　支座

斜拉桥应结合支座的设置方式合理选择其支座类型和限位装置。边跨端支点支座或辅助墩承受正负反力的支座应进行特殊设计。支座处应预留支座更换时放置千斤顶的空间，并对该部位加强配筋。

盆式橡胶支座从 20 世纪 70 年代末至今，在我国公路、铁路、市政工程的桥梁建设中得到普遍的应用，支座反力在 1 000 ~ 50 000 kN，横向所能承受的水平力为支座反力的 10% 时都可采用。并应符合《公路桥梁盆式橡胶支座》(JT 391—1999) 的要求。

球形橡胶支座的结构形式与盆式橡胶支座基本相似，与盆式支座相比具有以下优点：①球形支座通过球面传力，不出现力的缩颈现象，作用在混凝土上的反力比较均匀，支座各向转动性能一致；②支座通过球面四氟板的滑动实现转动过程，转动力矩小，而且转动力矩只与支座的球面半径及四氟摩擦系数有关，与支座转角大小无关，因此特别适用于大转角的支座；③支座不用橡胶承压，不存在橡胶老化对支座转动性能的影响，尤其适用低温地区。

悬浮体系的主梁除两端有支承外，其余全部用斜拉索悬吊，不能对主梁提供有效的横向支承，在索塔及两边跨支座处设横向限位的板式支座，可以限制主梁的横向位移，并能使主梁在横向形成较为“柔性”的约束，保持其良好的动力性能。

斜拉桥的边跨或辅助墩承受活载作用，上部构造位移，使支座呈交替的拉、压受力状态，故要求该处支座既能受拉又能承压。

拉索式组合支座由平行钢丝组成拉力悬摆，对其预施应力以致在较高的使用荷载作用下也不出现负反力，在桥梁位移过程中，为了不容许缆索的钢丝在它的端部入口处出现弯曲，其端部支承在球形支承上，使其能各向旋转。

支座需进行定期检查及养护，对外露表面积水、积尘需加以清除，避免污染滑动面，对地脚螺栓逐个松动并再次拧紧，以防锈死，涂刷防锈漆，检查上、下部构造的连接变化等，保持支座处于良好的工作状态。为此，要求设置检查用的防护栏及爬梯等装置。

3.4.3 抽湿系统

斜拉桥主梁、索塔为钢箱结构时,为防止闭口钢箱结构内部发生锈蚀,宜设置内部抽湿系统。

3.4.4 防雷、航空、航道

索塔顶部应设置能覆盖全桥的防雷安全设施,并应符合现行《建筑物防雷设计规范》(GB 50057—1994)的有关规定。

根据航空管理的要求,必要时应考虑设置航空障碍标志灯。根据我国飞行区技术标准的规定,要求在飞行区域内高度超过45 m的独立建筑物,都需设置不能中断照明的夜间航空障碍灯,以确保安全,障碍灯的布设应事先与民用或军用航空管理部门取得协议。从标志灯本身性能要求而言,应具有使用寿命长、维修方便、气候适应性好的特点。

有通航要求时,通航孔处应按航道部门要求设置导航装置,使航行的船舶能及早发现并避开墩台,防止撞击事故发生。

第 4 章　斜拉桥的设计与计算

4.1　斜拉桥的设计

4.1.1　一般规定

斜拉桥总体设计应根据桥梁建设条件、通航要求、建设规模、技术标准、景观环境、交通流量预测以及水利、电力、航空等部门的具体要求，对斜拉桥的结构体系、跨径布置、辅助墩的设置、车道数量等进行综合考虑，合理地布置。

因斜拉桥的各组成构件，墩、塔、梁和索的布置形式多样，斜拉桥的形式丰富多彩。斜拉桥的总体设计，应对其主梁、斜拉索、索塔和基础等主要组成构件的类型及其组合，进行同等深度的多方案比较，以得到最佳设计方案。各个主要构件即主梁、斜拉索、索塔和基础的设计必须统筹考虑，应使各主要构件互相协调，因它们互相关联，相互制约，不可能单独孤立地分别设计。必须对桥的经济性、安全性、设计、施工、材料、机具、时间进度、空间布置等各方面问题，进行深入细致分析。

在斜拉桥设计中，必须确保结构和构件满足强度、刚度、稳定性和耐久性要求。主梁在车道荷载（不计冲击力）作用下的最大竖向挠度：混凝土梁主跨应不大于 $l/500$（l 为主跨跨径，当为不对称的独塔斜拉桥时，为较大侧的跨径）；钢梁、钢组合梁和混合梁在主孔采用钢梁时应不大于 $l/400$。混凝土行车道板在车辆荷载下的最大竖向挠度跨中应不大于 $l_j/600$（l_j 为板的行车方向计算跨径）。

4.1.2　设计总体构思步骤

斜拉桥设计的大致步骤为：①根据经济性和适用性决定斜拉桥主跨大小；②考虑主跨与边跨的比例问题，独塔和双塔的比值是不同的；③按交通量、车列通过量确定了车行道和人行道数目和宽度等，也就确定了桥面总宽；④决定一个、两个或三个索面，以及整个斜拉桥结构的锚固方式，塔的结构形式、高度、断面积会随着斜缆的布置形式差异而大有不同，这时尤其是要认真考虑其刚度的增加对整个桥跨结构变形的影响；⑤主梁的高度不仅与主跨有关，还随着桥宽、主梁截面积、主梁截面形式而变化，同时它在结构上还必须满足风动力稳定的要求；⑥主梁的刚度对主跨的弯矩影响很大，要配合索、塔的刚度进行多层次比选；⑦拉索在塔和主梁上的索距应配合塔和梁的高度、刚度、材料以及整个斜拉桥的桥型综合考虑；⑧梁、塔、墩相互连接形式，主梁是否悬浮，支点如何设置，这一方面要从静、动力分析考虑，另一方面也要考虑结构整体的安全和可靠度；⑨活载等级一般是由设计条件给定的，但也要注意加载长度中等代荷载的情况及其与恒载间的比例；⑩斜拉桥桥型总体设计中，影响因素多，变量参数也复杂，交叉组合的方案更是千变万化，但为了抓住主要矛盾，其总体构思时，首先要考虑跨度划分，主梁结构形式，梁、塔、墩联结形式及斜缆类型。

4.1.3 总体考虑

4.1.3.1 跨径比

一般情况下按恒载平衡的设计原则确定边中跨比例。

(1)双塔三跨斜拉桥　双塔三跨斜拉桥的边跨与主跨跨径比宜为0.33～0.50。其中，钢主梁宜为0.30～0.40；组合梁宜为0.40～0.50；混合梁宜为0.30～0.45；混凝土主梁宜为0.40～0.45。但在特殊的地形条件下，可采用更小的跨径比或采用地锚式斜拉桥。

(2)独塔斜拉桥　独塔斜拉桥的双侧跨径比，考虑地形条件及跨越能力，可取0.50～1.00。

(3)多塔斜拉桥　多塔斜拉桥适用于各种跨径的桥梁结构，边跨与主跨跨径比可参照双塔三跨斜拉桥选用。有条件时尽量设辅助墩。

4.1.3.2 结构体系的选择

前面已介绍了斜拉桥的各种结构体系。

(1)漂浮体系　漂浮体系的优点是塔柱处主梁无负弯矩峰值，受桥塔压缩、温度、收缩和徐变影响小。地震时由于周期长，起消能作用。但其缺点是悬臂施工要进行先临时固结。这类似连续梁与刚构桥在施工时的差别。

(2)塔墩固结、塔梁分离的支承体系　主梁在塔墩上设置竖向支承，成为具有多点弹性支承的三跨连续梁或悬臂梁，后者即在跨中设铰或挂孔。当为连续梁时，可以是一个固定支座，三个活动支座，也可以是四个活动支座，一般均设活动支座，以避免由于不对称约束而导致不均衡的温度变位，水平位移将由斜拉索制约；当为悬臂梁时，主梁在塔柱处用固定支承，边墩处用纵向活动支承。

(3)塔梁固结体系　塔梁固结并支承在墩上，斜拉索为弹性支承，它可用于连续梁或悬臂梁，视地质条件确定。梁的内力与挠度直接同主梁与塔柱的弯曲刚度比值有关。这种体系的连续梁支座之一必须纵向固定，一般是一个塔柱支座固定，而另一个在纵向可以活动。体系的优点是减少塔墩弯矩和主梁中央段的轴向拉力。缺点是中孔满载时，主梁在墩顶处转角位移导致塔柱倾斜，显著增大主梁跨中挠度和边跨负弯矩，上部结构质量和活载反力都需由支座传给桥墩，这就需要设置很大吨位的支座。在中小跨径斜拉桥中，随着大吨位盆式橡胶支座的出现，简化了支座构造，为设计施工提供了很大方便。在大跨径斜拉桥中，这种结构体系可能要设置上万吨级的支座，支座的设计制造及日后的养护、更换均较困难。

(4)刚构体系　梁塔墩互为固结，形成跨度内具有多点弹性支承的刚构。该体系的优点是既免除了大型支座又能满足悬臂施工的稳定要求，结构的整体刚度比较好，主梁挠度小。缺点是主梁固结处负弯矩大，在双塔斜拉桥中，为消除极大温度应力需在主梁跨中设置可以容许水平移动的剪力铰或挂梁,导致行车不通顺,所以较适用于独塔斜拉桥。

在塔墩很高的双塔斜拉桥中,若采用由两片薄壁组成的柔性墩,来适应由于温度、收缩徐变和活载等对结构产生的水平变形,形成连续刚构体系,它能保持刚构体系的优点,并使行车平顺舒适。

4.1.4　桥塔的设计参数

20 世纪 90 年代的大跨度斜拉桥建设有 2 个特点:①大部分出现在中国;②倒 Y 形和钻石形索塔被广泛采用。倒 Y 形和钻石形索塔的广泛使用,既有技术方面的原因,也有审美习惯和技术传统的影响。

桥塔是斜拉桥的主要承重构件之一,应根据地质、环境条件、美观要求和缆索布置要求选择桥塔的类型。桥塔可与基础固接或铰接,固接时塔中弯矩较大,但带来的整体刚度的增加可以补偿桥塔中高弯矩的不利影响。从施工角度看,固接基础容易施工,而且比一个大型铰支座花费更少。

索塔根据不同需要,可布置为独塔、双塔或多塔形式,可采用混凝土索塔、钢索塔或钢-混组合索塔。

双塔、多塔斜拉桥桥面以上索塔的高度与主跨跨径之比宜为 1/4 ~ 1/6;独塔斜拉桥塔高通过外索控制,桥面以上高度与跨径之比宜为 1/2.7 ~ 1/3.7。塔高,结构受力有利,刚度大,索力小。一般控制最外索与水平线的夹角不宜小于 22°。

另外,桥塔设计的重点部位在其与缆索、主梁、基础的连接的细部。因为除自重外,桥塔要承担斜拉索传来的结构总重的大部分,所以桥塔应按承担轴向压力和双向受弯相结合的压弯构件设计。风荷载和地震荷载的影响特别大,顺桥向的刚度与后锚索的位置关系很大。

索塔是斜拉桥的主要承重结构,索力的垂直分力引起塔柱轴向力和水平力对塔柱产生弯矩和剪力,此外温度变化、日照影响、支座沉降、风荷载、地震力、混凝土收缩及徐变等都将对塔柱产生轴向力、水平力、扭矩和顺、横桥向的弯矩,因此塔柱配筋较多,纵向钢筋的直径应取粗些,并提高钢筋含量,按计算面积配筋对于空心截面配筋较多,而实心截面可能较小。

4.1.5　主梁设计参数

斜拉桥主梁结构的特点:①跨越能力大,主梁在恒载下由于斜拉索提供了主动支承恒载内力可设计得很小,在活载作用下,由于斜拉索的支承作用,主梁就像多跨弹性支承连续梁那样工作,使跨度显著减小,斜拉索支承对恒载最有效,活载次之,对风载最差;②主梁的建筑高度小,可以等截面,满足净空和减小引桥长度;③主梁把斜拉索索力的水平分力作为轴力传递,形成自锚体系结构;④借助斜拉索的预拉力,可以对主梁的内力进行调整。

应综合考虑斜拉桥纵横向受力情况,合理选择截面形式和梁宽。

(1)主梁可采用钢梁、混凝土梁、组合梁或混合梁　这个问题主要取决一特定时期,特定地区和特定桥位的有效性、可能性和经济性。

钢主梁的主要优点是跨越力能大,结构较轻,结构可在工厂制作,质量可靠,施工速度快。缺点是价格昂贵,后期养护工作量大及抗风稳定性较差。

混凝土主梁的主要优点是:①造价相对低,因一般轻型的正交各向异性钢梁的质量(400 kg/m^2)约为混凝土上部结构(1 600 kg/m^2)的 1/4,但前者的造价比后者约大 2 ~ 3 倍,对于 200 ~ 500 m 跨度的桥梁而言,这个造价差往往难以抵消由于混凝土自重大而导致钢斜拉索和基础费用的额外增值;②刚度大挠度小,在汽车荷载作用下,产生的主要挠度约为类似钢结构的 60% 左右;③由于混凝土结构具有约两倍于钢结构的振动衰减系数,所以抗风稳定性好;④抗潮湿性能好,后期养护工作比钢桥简单和便宜;⑤斜拉索拉力的水平分力在桥面结构内产生压力,而混凝土抗压性能是最好的,其缺点是跨越能力不如钢结构大,施工安装速度不如钢结构快。我国沙石料资源丰富,劳动力便宜,所以我国是世界上混凝土斜拉桥修建得最多的国家。

钢混凝土组合梁,在钢主梁上用预制混凝土桥面板代替常用的正交异性钢桥面板。它除具有钢主梁相同的优缺点外,能节省钢材用量且其刚度及抗风稳定性均优于钢主梁。组合梁使用在斜拉桥中,未能充分发挥钢和混凝土的材料特性,所以需在构造和施工上采取措施,解决混凝土桥面板开裂问题。

钢混凝土混合式主梁,在中孔大跨采用钢主梁,两侧边跨采用多跨预应力混凝土梁,该结构形式的主要优点是:①由于加大了侧跨主梁的刚度和质量,大大减少了主跨内力及变形;②能减少或避免边跨端支点出现负反力;③P. C 梁容易架设,主跨钢梁也可较容易地从主塔开始用悬伸法连续架设;④减少全桥钢梁长度,节约造价。它特别适合于边跨与主跨比值较小的情况,但采用这种结构形式,必须处理好钢与混凝土连接处的构造细节。

(2)双塔三跨斜拉桥梁高与跨径之比　混凝土主梁宜采用 1/100 ~ 1/220,组合梁宜采用 1/125 ~ 1/200,钢主梁宜采用 1/180 ~ 1/330。主梁高度一般根据施工要求确定,与施工方法有关,拟定时可参考已建成桥资料。

(3)独塔斜拉桥梁高　视主跨长度、索面数、截面形式等变化较大,可略低于同跨径的双塔式梁高。

可根据跨径选择斜拉桥主梁。主跨在 400 m 以下的双塔斜拉桥宜采用混凝土主梁;主跨在 600 ~ 800 m 的斜拉桥宜采用钢主梁或混合梁;主跨在 400 ~ 600 m 的双塔斜拉桥宜进行各种主梁综合比较后选择;主跨处于边界域时,应根据具体情况作综合比较。

4.1.6　斜拉索的总体考虑

根据材料及制作方法的不同,目前斜拉索基本上分为整体安装的斜拉索和分散安装的斜拉索两类,即平行钢丝斜拉索和钢绞线斜拉索。斜拉索的选择应结合起重、运输和安装等条件选用平行钢丝斜拉索或钢绞线斜拉索。采用何种形式应从施工安装和防腐两个主要方面考虑。在运输条件许可的前提下,尽量选择平行钢丝斜拉索。

斜拉索耐久性和安全性与其防护结构体系是否完善可靠有关。斜拉索作为一个独立构件,应有完整可靠的密封防护构造,尤其是索端与锚具的接合部。斜拉索锚具不可封死,斜拉索与主梁、索塔不能固结,以便于张拉和换索。

桥面以上的斜拉索应设置有效防护,其竖向防护高度应不小于 2 m,以防止人为损坏。

大型斜拉桥或在多风多雨特殊地区，斜拉索应考虑其抗振措施。

斜拉索是整个构件中防护最复杂、最薄弱的索体与锚具的连接处，也是防护最容易出问题的地方。在设计制造时，应采取可靠的索端密封防护措施，在安装尤其是长期运营状况下，特别注意保护索端的密封结构不受破坏，这是提高斜拉索的耐久性和安全性，延长使用寿命的很重要的一个措施。设置可靠的防水、防潮措施也很重要，外防护罩、下端锚垫板应设置排水槽等。

振动尤其是过大的振动易导致斜拉索的疲劳和防护结构的破坏，影响其安全使用寿命，因此斜拉索抗风雨振逐渐引起了人们越来越多的关注。一般桥梁预埋管内设内置式减振器就可以起到很好的减振效果，不必采取其他措施。减振阻尼块可采用黏弹性高阻尼材料，这是国内外近年发展的一种减振、降噪、防冲的新型合成橡胶材料，其阻尼值比一般橡胶大 4 ~ 5 倍，将这种材料制作衬套，嵌在斜拉索和钢导管之间构成阻尼支点后，则阻尼衬套因受震动就被挤压吸收能量。但在大型斜拉桥或在多风多雨特殊地区，除预埋管内设内置式减振器外，索表面粗糙处理对抗风雨振也有一定的帮助，如斜拉索外表面处理成螺旋、条形或麻点凸纹，但设置外置式减振器或抑振索，减振效果会更明显有效。抑振索的景观效果不太好，一般选用外置式减振器较多。

斜拉索在使用过程中需要日常维护，使用若干年后可能需要更换，因而斜拉桥构造设计时，应考虑斜拉索维护和更换可行性，预设必要的构造措施。

对斜拉索和其他可更换构件，必须在确保主体结构安全运营的前提下，考虑其检测与更换的可行性与方便性。

斜拉索一般采用扇形密索布置，在主梁与主塔均等间距，斜拉桥主梁采用钢梁或组合梁时斜拉索标准间距宜为 8 ~ 16 m，采用混凝土梁时斜拉索标准间距宜为 6 ~ 12 m。斜拉索在主塔上间距一般 4.5 ~ 6 m。

运营状态斜拉索的安全系数不应小于 2.5，即容许应力 $[\sigma] \leqslant 0.4 f_{pk}$，$f_{pk}$ 为斜拉索的抗拉标准强度；施工状态斜拉索的安全系数不应小于 2.0，即 $[\sigma] \leqslant 0.5 f_{pk}$。斜拉索锚具的安全系数不应小于斜拉索的安全系数。

斜拉索疲劳薄弱位置是在索端部的锚头口处，与锚头构造和安装质量角度有关。为此设计时，在锚圈下设置球形垫圈，可较好地解决安装误差问题。斜拉索疲劳检验时，平行钢丝斜拉索按 GB/T 18365—2001 的要求进行检验，钢绞线斜拉索可参考国际后张预应力协会《斜拉索设计、试验和施工标准》的要求进行检验。

对斜拉索的要求包括：①在静载、动载作用下，应具有足够的强度和尽可能高的弹性模量；②在包括锚固区段的整个缆索长度上，应具有可靠而耐久的防腐保护措施；③斜拉索两端应具有良好的锚固装置，使之在静载和长期反复荷载作用下能处于紧张状态而不致松弛；④便于运输安装和现场张拉。

对混凝土与预应力混凝土斜拉桥，应通过刚度很大的实体构造将锚固点处复杂的空间受力进行分散，获得较小的变形和应力。另外，因为锚固点作用着强大的集中力，在主梁的一定范围内产生局部应力，在锚固区还同时受有弯曲力矩和剪力，应力状况十分复杂，绝不可忽视。宜将锚固区段内的构件截面加大，为斜拉索通过及锚固，设置穿索管道及锚下垫板。

斜拉索在索塔上锚固采用锚固钢横梁的布置可以适应斜拉索的任意角度变化，但必须对局部弯曲和集中力作用进行详细验算。这种锚固横梁是支承于空心塔柱内部的塔壁牛腿上，两端的刚性支承可在顺桥向、横桥向做微小的移动和转动。为此，在两端都须设置顺、横向的限位构造，锚固钢横梁构件承受斜拉索的水平拉力、垂直分力及偏心弯矩，斜拉索的垂直分力传至牛腿，而斜拉索两侧不平衡水平力，通过横梁下支承摩阻力或顺桥向两端的水平限位挡块传至牛腿上，这样塔壁承受的水平力将大为减少，相应地减少了塔柱在平面框架内的局部荷载及剪力、弯矩。由于钢横梁两端可做微小的自由移动和转动，它对温度影响造成的约束力将是很小，这种锚固构造受力明确、内力减少，不会产生水平裂缝，使索塔锚固安全可靠。

在索力作用下，锚箱与混凝土塔壁共同承担水平拉力。由于钢材强度大、弹模高、变形小，适于承拉，但其总面积较小，在索力作用下仍有一定的拉伸变形，混凝土塔壁仍将分担一部分拉力，因此采用钢锚箱作为拉索的锚固方式时，首先要分析钢锚箱与混凝土塔壁拉力的分配比例，并根据分析结果对锚箱刚度与混凝土塔壁厚度作适当调整。从理论上讲，设计应使钢锚箱承担绝大部分水平拉力而尽量减少混凝土塔壁分配的拉力，使塔壁受力合理，防止产生裂缝。对于这样的结构，精确的分析应采用空间有限元的方法，但在拟定钢锚箱具体结构方案时，可先采用平面简化。

4.2 斜拉桥的设计计算方法

4.2.1 概述

斜拉桥是高次超静定问题，能够从早期的疏索体系演变到现代的密索体系，决定性的因素是得益于计算技术的发展。可以说，没有计算机和现代矩阵计算技术，就不会有密索体系的发展。密索体系斜拉桥通过将导入拉索的预应力连续多点地传递给主梁，可显著减小梁中的弯矩，并且易于采用悬臂法进行施工。因此，密束体系斜拉桥的出现加速了斜拉桥跨度，特别是预应力混凝土斜拉桥跨度的迅速增长。

作为柔性结构，斜拉桥的抗风抗震问题比较突出。对大跨度斜拉桥还有非线性的问题。这些方面的计算理论也较复杂，但近年来由于计算理论的研究开发以及计算手段的进步，对斜拉桥的发展创造了一定的有利条件，施工过程的仿真模拟分析，使设计者和施工人员更加清楚地掌握了结构的受力性能和结构的内力分布，使计算分析的结构工作状态与实际工作状态更加一致。

斜拉桥设计在确定成桥状态时，起控制作用的往往是主梁的应力，索塔内力(主要是弯矩)一般可通过限制塔身控制截面的弯矩较容易得到满足。因此，成桥状态的确定应以主梁受力合理为目标，以主梁各截面的上、下缘的最大最小正应力作为控制条件来确定恒载弯矩。如果允许恒载弯矩有一个活动范围，给成桥状态确定以一定的宽容度，则由此确定主梁成桥恒载弯矩称之为“合理值”，其成桥状态称之为“合理成桥状态”。因此，合理成桥状态也就是斜拉桥成桥时结构受力、斜拉索索力、线形等与设计理想状态基本吻合的状态。

成桥受力状态确定可以不考虑施工过程，而以成桥状态的受力体系为分析对象，通过对成桥索力的调整来获得一个合理的成桥状态，合理成桥状态下的索力一般应是变化有序的。

斜拉桥桥面系施工及索力调整完成后的斜拉索实际索力，称为成桥恒载索力。

为达到合理成桥状态，按一定的施工流程和方法控制结构应力、线形误差，使其符合相关规范要求的施工状态，称为合理施工状态。

斜拉桥的计算分析一般都包括静力计算分析、动力计算分析和稳定性分析。斜拉桥的设计计算与一般梁式桥最大的不同在于斜拉桥的恒载内力是可以按设计者的要求进行调整的。

斜拉桥的计算大多是按平面杆系有限单元法进行的。因而，平面杆系有限单元法是计算斜拉桥内力的基础。斜拉桥的结构分析计算，根据跨度大小的不同，采用两种不同的理论。对特大跨径的斜拉桥，由于斜拉索较长，由拉索自重产生的垂度相当大，其变形是一种非线性的。再加上大位移、弯矩与轴向力的相互作用及弯曲引起构件的缩短，造成斜拉桥体系的非线性因素的影响等，因而必须采用有限变形理论。但对中小跨径的斜拉桥，采用微小变形理论，就能获得令人满意的结果。

采用微小变形理论计算分析斜拉桥时，其基本方程推导中的一些假定如下：①把斜拉桥视为平面结构，分析理论基于微小变形理论；②考虑桥梁部件受力后几何尺寸改变所引起的各索内力的重分配；③斜拉索的自重垂度及受力后垂度有变化时，其对变形计算的影响不予考虑，即视钢索几何形状为一直线；④不考虑由于斜拉索拉力在主梁和塔内产生的轴力对变形计算的影响；⑤在斜拉索与主梁重心轴偏心连接的情况下，需考虑斜拉索拉力的水平分力所产生的附加弯矩；⑥若斜拉索是连续通过索鞍滑动支承的情况，不考虑斜拉索与滑动支承间的摩擦力，即支承两侧斜拉索之拉力相等；⑦在斜拉桥跨度不太大的情况下，斜拉索的非线性影响可通过修正弹性模量的办法加以考虑。

斜拉桥静力分析的基本过程大致可以分为 3 步：①确定成桥的理想状态，即成桥状态的索力、梁塔的内力和变形；②按施工过程、方法划分施工阶段，模拟施工阶段的理想状态，进行调整分析；③进行使用阶段的内力计算，与成桥恒载内力组合，进行强度、刚度和稳定性验算。

主梁的计算分析，也就是斜拉桥的计算分析，采用过的方法很多，主要有以下 5 种类型：①力法；②模拟弹性支承连续梁法；③位移和力法的混合法；④传递矩阵法；⑤刚度矩阵法。

结构计算图式分平面结构计算图式和空间结构计算图式。平面结构计算图式主要用于斜拉桥结构方案设计计算、施工过程控制计算和成桥结构荷载效应的计算。空间结构计算图式主要用于斜拉桥结构的空间静力分析、动力分析、稳定分析与地震分析。斜拉桥结构的局部构件计算，可采用平面结构计算图式或空间结构计算图式。局部应力计算应采用空间结构计算图式，计算区域应能确保计算分析点的荷载效应，能体现实际结构的荷载效应。

目前，国内外一般斜拉桥设计分析中多采用平面杆系有限单元法，即上述刚度矩阵法。

4.2.2 作用与作用效应的组合

应根据《公路桥涵设计通用规范》考虑作用的分类与组合，确定结构重要性系数，并根据结构计算状态确定作用效应分项系数和频遇值、准永久值系数。

永久作用计算应按现行《公路桥涵设计通用规范》的规定执行。结构重力计算时，当钢筋混凝土或预应力钢筋混凝土含筋率（含普通钢筋和预应力钢筋）大于1%时，其重度可按单位体积中扣除钢筋体积的混凝土的自重加所含钢筋的自重之和计算。

斜拉索初拉力及调整力应作为永久作用，并参与组合。

汽车荷载、汽车冲击力和制动力、人群荷载均应按现行《公路桥涵设计通用规范》的规定采用。计算汽车冲击力时，结构基频应取现行《公路桥梁抗风设计规范》中双塔斜拉桥的竖向弯曲基频。

作用在桥上的风荷载标准值计算应按现行《公路桥涵设计通用规范》的规定执行。主梁上的静阵风荷载，墩、塔和斜拉索上的风荷载计算应按现行《公路桥梁抗风设计规范》执行。在风速较大的地区，必要时应作专题研究。

温度作用主要是考虑结构中局部温差，斜拉桥中主要是斜拉索与塔及梁的温差，因拉索为钢材，温度较桥塔和主梁变化快，容易与二者温度差别较大。没有实测资料时，可参考以下规定：①斜拉索与混凝土主梁、索塔间的温差可采用±(10～15 ℃)；②斜拉索与钢主梁的温差可采用±10 ℃；③索塔左右侧面温差可采用±5 ℃；④组合梁内钢梁与混凝土桥面板间的温差可采用±(10～15 ℃)；⑤混凝土主梁上下缘温差可采用±5 ℃。

体系温差，钢结构可按当地最高和最低气温确定；混凝土结构可按当地平均最高和最低气温确定。气温变化值应自结构合龙时的温度起算。

地震作用力的计算应符合现行《公路工程抗震设计规范》的要求，对于地震动峰值加速度系数大的地区或重要的斜拉桥，地震作用计算应考虑结构的非线性影响。

需要考虑船舶或汽车撞击作用时，撞击作用的标准值按现行《公路桥涵设计通用规范》的规定确定。

进行施工计算时，必须计入施工中可能出现的施工荷载，包括架设机具和材料、施工人群、桥面堆载、临时配重以及风荷载等，以考虑所设计结构的施工安全性。

作用效应组合应符合现行《公路桥涵设计通用规范》有关效应组合规定。

4.2.3 斜拉桥结构分析中的非线性因素

现代斜拉桥除了它的高次超静定特点外，它的结构是逐步形成的，结构的荷载效应具有历时性，因此，结构计算图式、几何特性、边界条件等的正确描述与结构的计算分析结果的正确与否关系十分密切。现在能对斜拉桥结构进行正确计算分析的有限单元法程序有多种，各程序对结构计算分析要求的结构描述或计算输入数据不尽相同，在进行结构计算分析时，应根据所应用的程序要求拟定结构的计算图式等，但必须与实际结构相一致，才能保证结构计算分析结果的正确性。

斜拉桥在我国建设比较成熟，对于一般跨径的斜拉桥设计已不存在太大的困难，采用经典结构力学或有限单元就能完成。

桥梁结构在经受超载作用时，会出现部分构件应力超过材料弹性极限的现象，这种现象虽然往往是局域性的，但破坏与损伤却由这些区域开始，导致结构失效。应力超过弹性极限后，材料弹性模量 E 成为应力的函数，导致基本控制方程的非线性，即材料非线性问题。研究材料非线性问题，对于分析结构极限承载能力，解决桥梁非线性稳定问题有着十分重要的意义。

对于大跨径是否应考虑或不考虑结构非线性影响，没有明确的界定，应视桥梁的整体刚度而定。一般情况下，钢斜拉桥和结合梁斜拉桥跨径都大，桥梁整体刚度相对较柔，这类桥设计计算时均应考虑结构非线性影响；对于混凝土斜拉桥来说，跨径小于 200 m 时，可以不考虑结构非线性影响，跨径大于 200 m 以及梁很柔时，应考虑结构非线性影响。例如天津永和桥（双塔 260 m 预应力混凝土斜拉桥），非线性分析结果是弯矩增大 5% ~ 10%；武汉长江二桥（双塔 400 m 预应力混凝土斜拉桥）最大差值为 15% ~ 18%，一般为 10% 左右；跨径 425 m 的挪威 Helgeland 混凝土斜拉桥，由于梁很柔，计入非线性影响主梁弯矩增加 50%；上海杨浦大桥结合梁斜拉桥方案设计中，其中一个方案考虑几何非线性时，主塔底弯矩增大 60%，苏通大桥主跨 1 088 m 钢梁斜拉桥方案设计中，考虑非线性综合因素（大位移效应、P-Δ 效应、斜拉索垂度效应）影响，主塔最大弯矩相差 51.7%，主梁控制断面应力增大 71.9%。

4.2.3.1　材料非线性

凡是在本构关系中放弃材料线性关系假定的理论，均属材料非线性范畴。根据试验结果，单轴应力下材料的应力-应变关系如图 4-1 所示。应力在达到比例极限前，材料为线弹性；应力在比例极限和弹性极限之间，材料为非线性弹性。

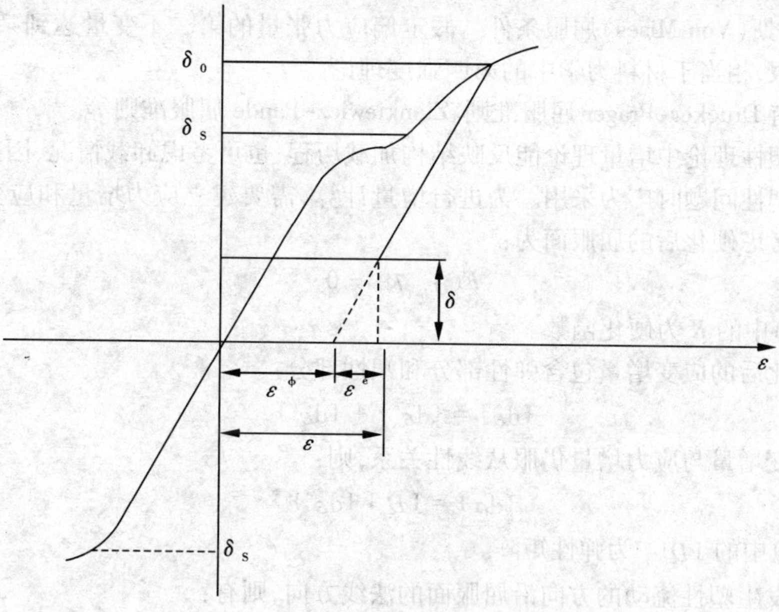

图 4-1　单轴应力下材料的应力-应变关系

应力超过屈服点，材料应变中出现不可恢复的塑性应变，应力和应变间为非线性关系：

$$\sigma = \varphi(\varepsilon) \tag{4-1}$$

应力在某一应力下卸载，则应力增量与应变增量之间存在线性关系，即：

$$d\sigma = E d\varepsilon \tag{4-2}$$

为了判断是加载还是卸载，用如下加载准则：当 $\sigma d\sigma \geqslant 0$ 时为加载，当 $\sigma d\sigma < 0$ 时为卸载。

在 σ_0 卸载后重新加载，则应力增量与应变增量的关系为：

$$\sigma < \sigma_0 \text{ 时}, d\sigma = E d\varepsilon \tag{4-3}$$

σ_0 为卸载前材料曾经受到过的最大应力值。

在空间模型中，非线性材料内存在复杂应力状态，可建立屈服面的方程表示：

$$F(\sigma_{ij}) = 0 \tag{4-4}$$

任意一应力状态在应力空间中对应一个点，此点落在屈服面之内 $F(\sigma_{ij}) < 0$，材料没有屈服，仍在弹性状态；若此点落在屈服面上 $F(\sigma_{ij}) = 0$，表示材料屈服。继续加载，若 $F(\sigma_{ij}) > 0$，材料进入塑性。

对于各向同性材料，因屈服条件与坐标轴的选取无关，可用主应力函数形式表达屈服面：

$$F(\sigma_1, \sigma_2, \sigma_3) = 0 \tag{4-5}$$

常用的屈服条件如下：

(1)屈雷斯卡(Tresca)屈服条件　假定最大剪应力达到某一极限值时，材料开始屈服，相当于材料力学中的第三强度理论。

(2)密赛斯(Von Mises)屈服条件　假定偏应力张量的第二不变量达到某一极限时，材料开始屈服，相当于材料力学中的第四强度理论。

此外还有 Drucker-Prager 屈服准则、Zienkiewicz-Pande 屈服准则等。

由于弹塑性理论中增量理论能反映结构加载历程，也可考虑卸载情况，因此在当前有限元分析弹塑性问题时广为采用。为进行增量计算，需要建立应力增量和应变增量之间的关系式。考虑硬化后的屈服面为：

$$F(\sigma_{ij}, K) = 0 \tag{4-6}$$

式(4-6)中的 K 为硬化函数。

材料硬化后的应变增量包含弹性部分和塑性部分：

$$\{d\varepsilon\} = \{d\varepsilon^e\} + \{d\varepsilon^p\} \tag{4-7}$$

弹性应变增量与应力增量仍服从线性关系，则：

$$\{d\sigma\} = [D_e]\{d\varepsilon^e\} \tag{4-8}$$

式(4-8)中的 $[D]_e$ 为弹性矩阵。

假定在发生塑性流动的方向沿屈服面的法线方向，则有：

$$\{d\varepsilon^p\} = \lambda\left\{\frac{\partial F}{\partial \sigma}\right\} \tag{4-9}$$

将式(4-8)和式(4-9)带入式(4-7),则有:

$$\{d\varepsilon\} = [D_e]^{-1}\{d\sigma\} + \lambda\left\{\frac{\partial F}{\partial \sigma}\right\} \tag{4-10}$$

对屈服面方程全微分:

$$dF = \frac{\partial F}{\partial \sigma_1}d\sigma_1 + \frac{\partial F}{\partial \sigma_2}d\sigma_2 + \cdots + \frac{\partial F}{\partial K}dK = 0 \tag{4-11}$$

引入简写式:

$$A = -\frac{\partial F}{\partial K}dK\frac{1}{\lambda} \tag{4-12}$$

则式(4-11)可简写为:

$$\left\{\frac{\partial F}{\partial \sigma}\right\}^T\{d\sigma\} - \lambda A = 0 \tag{4-13}$$

由式(4-10),则有:

$$\left\{\frac{\partial F}{\partial \sigma}\right\}^T[D_e]\{d\varepsilon\} = \left\{\frac{\partial F}{\partial \sigma}\right\}^T\{d\sigma\} + \lambda\left\{\frac{\partial F}{\partial \sigma}\right\}^T[D_e]\left\{\frac{\partial F}{\partial \sigma}\right\} \tag{4-14}$$

利用式(4-13)消去应力增量矢量,则有:

$$\left\{\frac{\partial F}{\partial \sigma}\right\}^T[D_e]\{d\varepsilon\} = \lambda\left(A + \left\{\frac{\partial F}{\partial \sigma}\right\}^T[D_e]\left\{\frac{\partial F}{\partial \sigma}\right\}\right) \tag{4-15}$$

由式(4-15)推出,则有:

$$\lambda = \frac{\left\{\frac{\partial F}{\partial \sigma}\right\}^T[D_e]}{A + \left\{\frac{\partial F}{\partial \sigma}\right\}^T[D_e]\left\{\frac{\partial F}{\partial \sigma}\right\}}\{d\varepsilon\} \tag{4-16}$$

由式(4-10),则有:

$$\{d\sigma\} = [D_e]\{d\varepsilon\} - \lambda[D_e]\left\{\frac{\partial F}{\partial \sigma}\right\} \tag{4-17}$$

将式(4-16)代入式(4-17),则有:

$$\{d\sigma\} = \left[[D_e] - \frac{[D_e]\left\{\frac{\partial F}{\partial \sigma}\right\}\left\{\frac{\partial F}{\partial \sigma}\right\}^T[D_e]}{A + \left\{\frac{\partial F}{\partial \sigma}\right\}^T[D_e]\left\{\frac{\partial F}{\partial \sigma}\right\}}\right]\{d\varepsilon\} = ([D_e] - [D_p])\{d\varepsilon\} = [D_{ep}]\{d\varepsilon\} \tag{4-18}$$

式(4-18)中的 $[D_{ep}]$ 为弹塑性矩阵,即:

$$[D_{ep}] = \left[[D_e] - \frac{[D_e]\left\{\frac{\partial F}{\partial \sigma}\right\}\left\{\frac{\partial F}{\partial \sigma}\right\}^T[D_e]}{A + \left\{\frac{\partial F}{\partial \sigma}\right\}^T[D_e]\left\{\frac{\partial F}{\partial \sigma}\right\}}\right] \tag{4-19}$$

由此可见,材料非线性的计算要首先确定屈服条件、硬化法则和流动法则。

4.2.3.2　几何非线性

几何非线性是由于结构几何形状改变引起的位移与荷载之间的非线性关系。线性分析中平衡方程是建立在变形后的几何形状上的,对应的情况是结构的刚度很大或作用力很小,变形前后结构的形状改变很小。对大跨度斜拉桥,结构的刚度较小,在外力作用下结构变形很大,几何形状的改变不能忽略。

斜拉桥中的几何非线性来自拉索的几何非线性,以及塔和主梁受压弯作用时的 $P-\Delta$ 效应。

拉索的几何非线性是因斜拉索在重力及端部拉力作用下,索并不处于直线状态,而是有垂度的。拉索的端部力的增量与端部位移的增量之间不再保持线性关系,表现为垂度对拉索的纵向张拉刚度有折减作用。精确的方法是根据拉索的状态方程,推导拉索端部力增量与位移增量的刚度矩阵,建立拉索单元。在进行结构有限单元分析时,用精确的拉索单元模拟斜拉索。近似分析中可仍用杆单元模拟拉索,根据其内力状态对其刚度进行折减。折减采用 Emst 公式给出的斜拉索换算弹性模量计算,见式(4-20):

$$E=\frac{E_0}{1+\frac{(\gamma S\cos\alpha)^2}{12\sigma^3}E_0} \tag{4-20}$$

式中 E——考虑垂度影响的确定工况斜拉索换算弹性模量,kPa;

E_0——斜拉索钢材弹性模量,kPa;

γ——斜拉索单位体积重力,kN/m^3,由每米斜拉索及防护结构材料重力除以斜拉索截面积;

S——斜拉索长度,m;

α——斜拉索与水平线的夹角,°;

σ——确定工况斜拉索应力,kPa。

从斜拉索换算弹性模量公式(Emst 公式)中可看出,修正值与拉索的应力有关。因此,在设计时对斜拉索的使用应力不能选得过低,以降低该项非线性因素的影响。

将 $\gamma=7.85\ \text{t/m}^3$ 及 $E_0=2\times10^7\ \text{t/m}^3$ 代入式(4-20),可得如图 4-2 的(E_1/E_0)与 σ 的一组关系曲线。此时水平投影长度 $l=S\cos\alpha$ 为参数。从图 4-2 可知,当 $\sigma=30\ \text{kg/mm}^2$ 及 $l=200$ m 时,(E_1/E_0)值约为 0.87,也就是 E_1 较 E_0 小约 13%,或斜索的弹性模量损失约 13%。

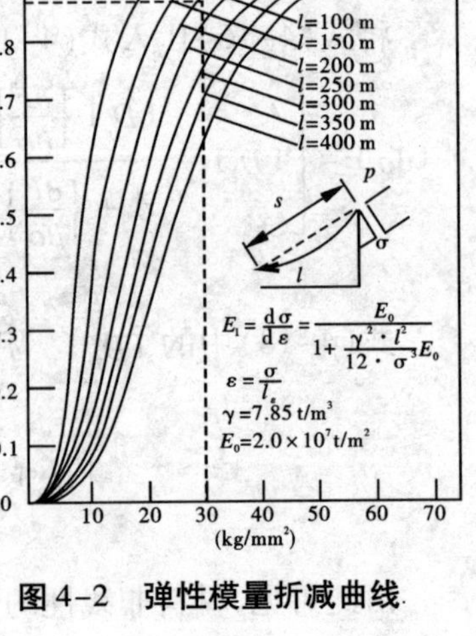

图 4-2 弹性模量折减曲线

梁柱的 $P-\Delta$ 效应是指在轴向力的作用下,轴力和弯矩相互影响,使相应的刚度矩阵发生改变。

4.2.4 斜拉桥的稳定性分析

失稳是指结构在外力增加到某一量值时,稳定性平衡状态开始丧失,稍有扰动,结构变形迅速增大,使结构失去正常工作能力的现象。在桥梁结构中,总是要求其保持稳定平衡,也即沿各个方向都是稳定的。

稳定问题是力学中一个重要分支,是桥梁工程中经常遇到的问题,与强度问题有着同等重要的意义。随着桥梁跨径的不断增大,桥塔高耸化、箱梁薄壁化以及高强材料的应用,结构整体和局部的刚度下降,使得稳定问题显得比以往更为重要。

桥梁结构的失稳现象表现为结构的整体失稳或局部失稳。局部失稳是指部分子结构的失稳或个别构件的失稳,局部失稳常常导致整个结构体系的失稳。

早在 1744 年,欧拉(L. Eular)就提出了压杆稳定的著名公式。瓦格纳(H. Wagner,1929)及符拉索夫等人关于薄壁杆件的弯扭失稳理论,证明其临界荷载值大大低于欧拉理论的临界值,同时又不能用分支点的概念来解释。因而引入了极值点失稳的观点以及跳跃现象的稳定理论。

随着科学技术的发展,稳定理论与非线性理论的联系越来越密不可分。研究表明,只有通过对结构几何非线性关系以及材料非线性本构关系的研究,才能深入揭示复杂稳定问题的实质。

研究稳定可以从小范围内观察,即在邻近原始状态的微小区域内进行研究,是以小位移理论为基础的。为揭示失稳的真谛,也可从大范围内进行研究,即建立在大位移非线性理论的基础上。

结构稳定问题的两种形式:第一类分支点失稳问题和第二类极值点失稳问题。实际工程中的稳定问题一般都表现为第二类失稳,这主要是因为实际的结构构件都是有缺陷的,且外荷载并非理想地沿轴向或中心面,在荷载作用下,构件逐渐发生挠曲并发生极值点破坏。但是,由于第一类稳定问题是特征值问题,求解方便,在许多情况下两类问题的临界值又相差不大,因此研究第一类稳定问题仍有着重要的工程意义。

由于桥梁结构的复杂性,不可能单靠上述方法来解决其稳定问题。大量使用的是稳定问题的近似求解方法,归结起来主要有两种类型:一类是从微分方程出发,通过数学上的各种近似方法求解,如逐次渐近法;另一类是基于能量变分原理的近似法,如 Ritz 法,有限单元方法可以看成是 Ritz 法的特殊形式。当今非线性力学将有限单元与计算机结合,得以将稳定问题当做非线性力学的特殊问题,用计算机程序实现求解,取得了巨大的成功。

在方案设计和初步设计阶段,可用常规的稳定分析方法估算索塔和主梁的面内稳定和面外稳定;在技术设计和施工图设计阶段,应根据不同的桥型结构和不同的工况状态,详细计算整体稳定和局部稳定。

桥塔作为压弯构件,应验算其应力和压屈稳定。在分析桥塔的压屈稳定时,如何考虑其有效压屈长度尚存在一些问题。有效压屈长度与荷载条件有关,特别是密索斜拉桥,塔柱结构为变截面,其多点受有轴压力,稳定分析时合理计算模型的选择比较困难。最精确的方法就是采用非线性有限元法,进行极限承载力分析,从而得到结构的稳定系数。

斜拉桥结构体系第一类稳定,即弹性屈曲的结构稳定安全系数应不小于 4;第二类稳定,即计入材料非线性影响的弹塑性强度稳定的安全系数,混凝土主梁应不小于 2.50,钢主梁应不小于 1.75。

应对钢梁、钢索塔受压板件进行局部稳定应力分析,屈曲应力验算应符合现行《公路桥涵钢结构及木结构设计规范》及现行《钢结构设计规范》的要求。

组合梁斜拉桥稳定分析中,主梁混凝土桥面板稳定应力验算时应计入桥面板局部荷载引起的应力。

4.3 斜拉桥的静力计算

4.3.1 概述

对于一般跨径的混凝土斜拉桥结构计算,可按经典结构力学或有限单元方法计算。

对于跨径较大的斜拉桥计算应计入结构的几何非线性影响,必要时计入材料非线性对结构的影响。考虑斜拉索垂度对索刚度的影响时,可采用斜拉索换算弹性模量的方法计入或采用柔索单元直接模拟斜拉索垂度对结构的非线性影响。

采用平面结构计算图式进行结构静力分析时,应计算荷载横向分布对结构的影响。将空间斜拉索简化为平面结构计算时,应考虑索力变化的影响。

在组合梁斜拉桥结构计算中,必须考虑主梁上下两种材料的不一致而引起的结构内力重分配。

在斜拉桥结构计算中,应考虑基础变位对结构的影响。主梁为箱形结构时,应考虑扭转翘曲影响。

在斜拉桥结构计算中,至少应确保一根斜拉索脱落或断索后,主梁最大应力增加不应超过相应设计应力的10%。

除对结构进行总体荷载效应分析外,尚应对一些特殊部位进行局部分析,尤其是锚下应力区、组合梁剪力键、混合梁的钢混结合部及塔墩梁固结等部位的分析等;在局部分析中应计入结构总体荷载效应的非线性影响。

斜拉桥设计计算时应首先确定合理成桥状态。确定合理成桥状态时,预应力混凝土梁斜拉桥,应计入主梁预应力效应和汽车荷载效应;组合梁斜拉桥,应计入主梁桥面板预应力效应和汽车荷载效应;钢箱梁斜拉桥,应计入汽车荷载效应。

斜拉桥合理成桥状态是指成桥时(混凝土斜拉桥是指混凝土收缩徐变基本完成时)主梁和塔的线形符合设计状态,而且各计算截面弯矩较小,斜拉索受力相对均匀,各斜拉索应力水平大致相同,且斜拉索规格品种数量尽量减少。

斜拉桥的恒载可以通过调整斜拉索的成桥张力来实现,而斜拉索的施工过程如同体外预应力索的张拉一样,考虑结构弹性变形的影响,后张的索对先张的索力和结构变形产生影响,因此如果按施工过程来直接模拟计算恒载状态,计算工作将大幅度增加。一般的设计计算是按拟定的恒载状态(或确定索力的方法),首先确定恒载索力。

斜拉桥的恒载状态,与桥梁结构形式、结构自重、桥面铺装、各斜拉索内初始拉力的大小、施工方法、施工荷载、施工程序、混凝土收缩徐变等因素有关,这些因素都对斜拉桥的恒载内力产生重要的影响。一般说来,斜拉桥的恒载计算,要比一般的桥梁复杂得多。

4.3.2 斜拉桥恒载内力的计算方法

确定合理成桥状态已有很多实用方法,有简支梁法、刚性支承连续梁法、最小弯曲能量原理法、影响弯矩法、考虑活载效应的分步计算法、内力(或应力)平衡法、最小弯矩法、零位移法及用索量最小法。

其中有些方法例如刚性支承连续梁法、最小弯曲能量法不能考虑活载效应,此时可与其他方法结合起来,确定合理成桥状态。

4.3.2.1　简支梁法

当斜拉桥采用逐段悬臂拼装法施工,且在各节段间设有临时铰相连接时。斜拉索的恒载拉力只与相邻两节段的荷载有关。这时斜拉索拉力的垂直分力,等于相邻两节支段在该节点的支点反力之和,即使用调整斜拉索长短的方法来调整桥面标高,也不影响斜拉索的恒载力大小。

4.3.2.2　刚性支承连续梁法

斜拉桥的主梁用顶推法施工,或是在膺架上一次浇成,然后将各斜拉索同时张拉至设计的初始拉力。若主梁梁高较低,刚度较小,斜拉索分担荷载比率较大时,可视为刚性支承的连续梁内力图考虑。将斜拉索用竖向支承条件代替,形成多跨刚性支承连续梁,合理索力可以非常容易地根据连续梁的支承反力换算后得到,如图 4-3 所示。

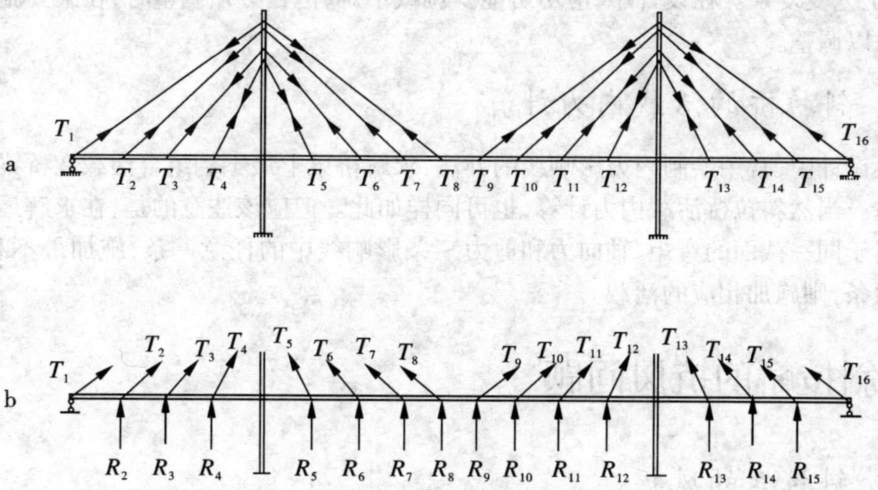

图 4-3　刚性支承连续梁法

4.3.2.3　内力平衡法

所谓内力平衡法就是将选择的恒载内力,控制在一定的变动幅度内,使它与活载和附加荷载内力组合后,在各断面中产生的内力达到最佳数值,同时与断面的承载能力相适应。这个恒载内力是由选择斜拉索最佳初始张拉力得到的。所以,确定斜拉索的最佳初始张拉力是计算恒载内力的首要任务。一个断面的内力由轴向力、弯矩、剪力三个部分组成,断面最大应力,以最大弯矩及其相应的轴向力所控制。

4.3.2.4　零位移法

基本原理是通过索力调整,使成桥状态下主梁与斜拉索交点的竖向位移为零。从定义的状态可见,其结果与刚性支承连续梁是一致的。

零位移法、刚性支承连续梁法对于两跨对称的单塔斜拉桥最容易实现,对主跨与边跨几乎对称的三塔斜拉桥接近可以实现,对边中跨不对称的桥,由于桥塔弯矩不平衡,桥塔将产生变形,引起索力的改变(或者桥塔恒载弯矩过大,而不得不调整索力)。

4.3.2.5 无应力状态控制法

如果结构是材料线性的，则对斜拉桥解体后可计算出构件的初始状态（无应力状态），然后按此状态加工构件，进行组装后结构的状态就是需要的状态。

混凝土斜拉桥受徐变、松弛和混凝土收缩等影响，因此对实际结构要采用迭代计算的办法来确定无应力状态。

斜拉索的初拉力不仅与合理成桥状态有关，还与合理施工状态有关。以合理成桥状态为基础，可通过常用的方法，求得施工阶段斜拉索的初拉力。所确定的斜拉索初拉力应保证合理成桥状态和合理施工状态的耦合。必要时，可在施工的一定阶段施加斜拉索的调整力。

这些方法有倒拆法、正装迭代法、正装-倒拆迭代法、无应力状态控制法等，一般要经过多次试算才能得到较满意的结果。

斜拉桥的索力可以进行调整，以实现合理成桥状态，但过多的调整会使施工工期延长，旋工工艺变复杂。在设计中，应尽可能少调或不调，但在必须调整时，在某一施工阶段对索力加以调整。

4.3.3 斜拉桥的活载内力计算

桥梁设计中，常用绘制内力影响线的办法，求解桥梁上最不利组合活载在桥梁中所产生的内力。当然斜拉桥活载内力计算，也可同样如此。但应该注意的是，在求解最大内力时应对属于同一截面的弯矩、轴向力和剪力三条影响线中的任意一条，施加最不利活载，其余的两条，则施加相应的活载。

4.4 斜拉桥的抗风问题

4.4.1 斜拉索的风振

由于斜拉索的柔性较大、质量较小和阻尼较低使斜拉索对支座及风雨导致的振动极为敏感，常常引发大幅振动。拉索的振动容易引起锚固端的疲劳，甚至损坏拉索端部的腐蚀保护系统，降低拉索的使用寿命。

4.4.1.1 斜拉索涡激共振

风流经斜拉索时会发生漩涡脱落，当漩涡脱落频率接近或等于斜拉索的自振频率时，由周期性涡激力所激发出的斜拉索共振现象，如图 4-4 所示。涡激共振发生在特定风速范围，且振动是限幅振动。发生涡激共振的风速一般较低，主要易引起疲劳问题。可通过安装拉索的减振支架等措施减振。

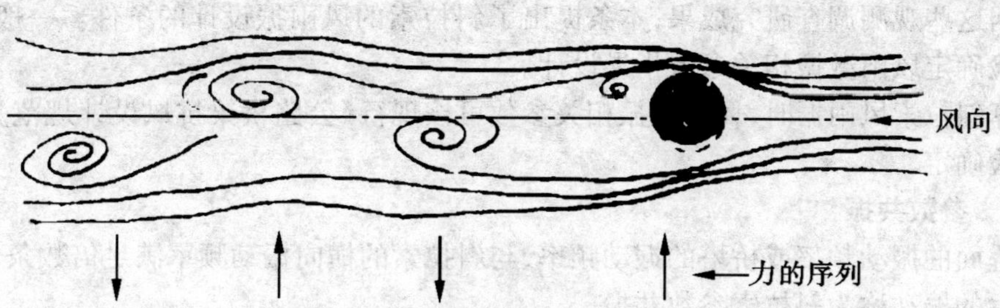

图 4-4　气流经过圆柱体后的涡街

4.4.1.2　斜拉索尾流驰振

当采用双排索布置时，后排斜拉索处在前排斜拉索尾流不稳定的驰振区内而发生的风致振动。驰振是一种挠曲振动，细长的索体发生的波浪形向前传动的振动。

斜拉索由两根以上平行索组成，且风向上下游索距在 6 D ~ 40 D（D 为上游索直径）范围之内，下游索距尾流中心距离在 2 D ~ 4 D 时，应考虑下游索的尾流驰振。

4.4.1.3　斜拉索风雨振

在一定的临界风速下，雨水沿斜拉索流动引起的斜拉索的驰振，如图 4-5 所示。在风的作用下，雨水沿索表面从高处往低处流动过程中，形成上下两个水道，改变了风的流动，满足了一定的条件，从而发生振动。

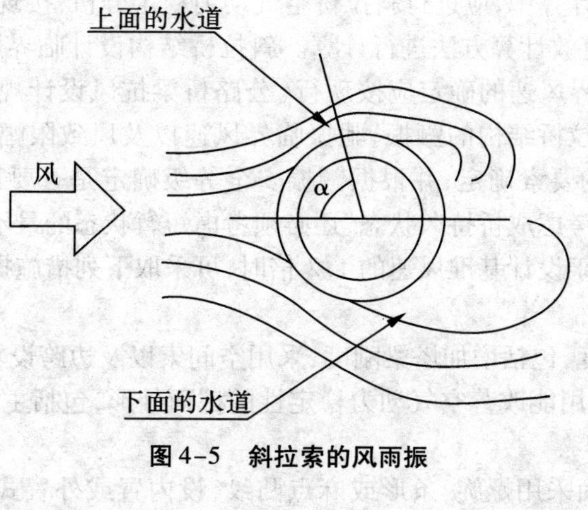

图 4-5　斜拉索的风雨振

斜拉索的风雨振是斜拉索的风致振动中最强烈的一种振动。该振动现象由日本学者 Hikami 发现并于 1988 年首次报道以来，在国内外均发现了类似的斜拉索风雨振动，上海杨浦大桥尾索在风雨作用下也发生过强烈振动，振幅超过 1 m。因此，在斜拉桥的设计中必须考虑斜拉索的风雨振动。如上所述，由于斜拉索的风雨振原因复杂，至今斜拉索风雨振的机制并未清楚，仍在探讨之中。在斜拉索风雨振观测调查研究中，发生风雨振的前提条件主要有：风雨共同作用，当水线出现后，斜拉索振动变得不稳定；产生风雨振的风速范围为 6 ~ 20 m/s；斜拉索振动频率为 0.6 ~ 3.0 Hz。

根据这些观测调查研究成果，本条提出了斜拉索的风雨振设计的条件。一般应根据风洞试验确定风雨激振相关参数指导设计。

计算斜拉索风雨振时，风雨激振相关参数可按现行《公路桥梁抗风设计规范》取用或风洞试验确定。

4.4.1.4 **参数共振**

当桥面的振动频率或桥塔的振动频率，与斜拉索的横向振动频率满足倍数条件时，斜拉索发生的振动称为斜拉索参数共振。

4.4.2 提高斜拉桥空气动力稳定的措施

斜拉索的风致振动，在斜拉桥中是普遍现象，国内外均有记载。斜拉索的风致振动虽然不会使斜拉索直接破坏，但会使索在索锚接合处引起疲劳破坏，由于斜拉索疲劳破坏而使全桥换索的报道已有多起，因此，在斜拉桥的设计中必须考虑斜拉索的风致振动。在斜拉索的风致振动方面，国内外有较多的研究，但多在振动机制和起因方面研究，再就是通过风洞试验提出减振措施。

在目前的研究中，斜拉索的风致振动主要有涡激共振、尾流驰振、风雨振和参数共振等几类。由于斜拉索风振的复杂性，在这些研究报告中，对斜拉索风振现象的认识有共性，但对斜拉索风振的致因本质的认识不尽相同，因此，在斜拉索的抗风设计中，参照《公路桥梁抗风设计规范》有关条款进行，必要时通过风洞试验确定。

在斜拉桥的设计计算中，应进行斜拉桥空气动力稳定分析，按现行《公路桥梁抗风设计规范》或采用其他有效计算方法进行计算。斜拉桥结构设计临界风速应不小于设计基准风速的1.2倍。临界风速的确定应按现行《公路桥梁抗风设计规范》规定的颤振稳定性验算要求执行。斜拉桥结构的颤振、驰振临界风速以及风致限幅振动应按现行《公路桥梁抗风设计规范》的要素确定，并根据颤振安全等级确定是否要进行风洞试验。分析计算和试验时不仅要考虑成桥持久状态，还必须考虑短暂状态的最不利阶段。

计算临界风速小于设计基准风速的1.2倍时，可采取下列措施提高临界风速，加强结构空气动力稳定性。

(1)提高结构刚度，包括增加塔梁刚度，采用空间索以及边跨设辅助墩与背索等。

(2)索塔、主梁采用能改善空气动力稳定性的截面外形，包括主梁采用带风嘴的流线型，主塔进行倒角等。

(3)斜拉索外表面采用螺旋、条形或麻点凸纹，设内置或外置式阻尼器，长索间设抑振索连接等。

(4)桥宽与跨径之比不小于1/30，桥宽与梁高之比不小于8。

(5)施工阶段在主梁上设下拉临时索等。

4.5 可养护检修设计

在斜拉桥施工图设计中应考虑运营期间的养护检修需求，并应提出后期养护重点。

过去一些斜拉桥施工图设计中，曾经对养护检查要求考虑不周，包括以下几方面：

①缺乏检查设备,检查梁困难;②无法上塔顶检查斜拉索锚固是否锈蚀,有的桥不得不采用热气球登塔;③斜拉索的聚乙烯防护开裂无法检查;④更换支座时无安置千斤顶的位置。

因此,在设计中考虑为满足检查、养护要求而在设计上应考虑的问题。设计计算中必须计入养护荷载,例如检查车、检查设施和养护检查人员等荷载,也要考虑后期养护时增铺桥面、车辆在半幅行驶、另半幅有筑路机械等荷载变化情况。

斜拉桥钢结构中的钢铁,处在自然界的大气环境中,受空气中的水分、氧气和腐蚀介质(如雨水中的杂质、烟尘、表面沉积物等联合作用)的化学和电化学作用引起钢铁(金属)锈蚀,影响桥梁的使用寿命或使桥梁发生破坏(如英国伦敦塔桥因主塔底下钢梁腐蚀生锈无法支撑大桥自重,被迫关闭重建新桥)。因此,必须对斜拉桥的钢结构内外表面进行防腐蚀涂装。其表面涂装系统的选用应综合考虑桥梁所处的腐蚀环境、期望涂层年限、涂层的维修性能等来确定。具体选用时,参考《铁路钢桥保护涂装》、日本《钢质公路桥涂装便览》(1991 年)及英国公路局《涂装规格书 1900 系列草案—第 8 版》等来选定。

公路斜拉桥建设应建立完善的健康档案,包括设计资料、施工资料、施工监控资料以及成桥荷载试验资料等,便于养护及检修。

应依据不同的主梁结构形式及跨越障碍的环境条件,设置沿主梁可移动的检修车,以方便养护检修人员进行定期养护作业。

索塔采用空心塔时,养护及检修等用的电梯、爬梯与简易停歇台等宜在索塔内设置,并配有照明及防火设备。设计中应对各种检修通道提出明确的防护要求。

索塔上应预留用于布设斜拉索检修、更换相应设施的预埋件。设计时应设置防雷系统、导航灯标、航空障碍标志灯的检修通道和工作平台。在需要到达的部位以及通道应设检修爬梯及护栏。

由于环境或荷载的影响,斜拉桥的斜拉索、支座及伸缩缝会因多次反复变形或老化而破坏,其使用寿命显著低于主梁和索塔等,这些构件和设施对于桥梁结构的正常运营是极为重要的,桥梁设计中应将其设计成更换方便的构件和设施,而且应预留可供修复人员进入、有足够工作的空间。斜拉索设计中宜提出换索的原则和程序。

4.6　斜拉索的精确设计计算

前面介绍了 Ernst 公式,利用它可计算拉索的弹性模量,从而用直杆单元模拟拉索,进行结构有限元分析。对跨度不大的斜拉桥,利用 Ernst 公式进行成桥状态分析误差不大。但在施工过程中,拉索在初次张拉力作用下,垂度较大,此时利用 Ernst 公式修正弹性模量,进行施工监控的话误差就会较大。另外,这样分析不能为索导管的定位提供端部的倾角修正信息。若想利用杆单元较精确模拟拉索,每根拉索就要用多个单元,那样就会极大地增加建模的工作量。对于大跨度斜拉桥,应采用更精确的弹性悬链线单元建立结构的有限元模型,进行精确的分析,根据结果可得到精确的拉索端部倾角,便于精确安装索导管。

假定拉索为柔性,不考虑其截面本身的抗弯刚度,拉索的物理性质已知,还假定拉索两端点的位置固定，即高差 h 和水平距离 l 已知，如图4-6所示。其中 H、V 分别为张力的水平及竖向分量，L_0 为索的原长，W 为索段的质量。

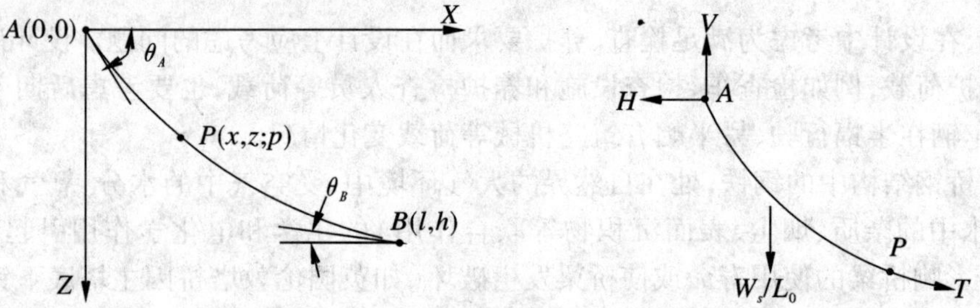

图4-6 拉索

建立索段的平衡方程，则有：

$$\begin{aligned}\sum X = 0 \quad & T\mathrm{d}x/\mathrm{d}p = H \\ \sum Z = 0 \quad & T\mathrm{d}z/\mathrm{d}p = V - W_s/L_0\end{aligned} \tag{4-21}$$

其中 s 为任一点的拉格朗日坐标，即在不变形的状态下，从 A 点量起的长度。在自重 W 作用下，这一点在变形曲线上移到了笛卡尔坐标 (x,z) 处，此时拉氏坐标为 p，即从 A 点量起的长度变为 p。而整个索在变形后长度为 L。H 为 A 端索力的水平分量，在整个索长范围内，它是不变的，V 为索力的竖向分量。本构关系采用 Hooke 定律表示为：

$$T = EA(\mathrm{d}p/\mathrm{d}s - 1) \tag{4-22}$$

其中 E 为杨氏模量，A_0 为变形前索的横截面面积。边界条件可分别表示为：

$$\begin{aligned}&x=0,\quad z=0,\quad p=0 \qquad && \text{在 } s=0 \\ &x=l,\quad z=h,\quad p=L && \text{在 } s=L_0\end{aligned}$$

于是得到了假定原索长已知情况下，以 s 为参量的解析解答：

$$\begin{aligned}x(s) &= \frac{Hs}{EA_0} + \frac{HL_0}{W}\left[\sinh^{-1}\left(\frac{V}{H}\right) - \sinh^{-1}\left(\frac{V - W_s/L_0}{H}\right)\right] \\ z(s) &= \frac{W_s}{EA_0}\left(\frac{V}{W} - \frac{s}{2L_0}\right) + \frac{L_0}{W}\left[\sqrt{H^2 + V^2} - \sqrt{H^2 + (V - W_s/L_0)^2}\right]\end{aligned} \tag{4-23}$$

考虑端点条件，则有：

$$\begin{aligned}l &= \frac{HL_0}{EA_0} + \frac{HL_0}{W}\left[\sinh^{-1}\left(\frac{V}{H}\right) - \sinh^{-1}\left(\frac{V - W}{H}\right)\right] \\ h &= \frac{WL_0}{EA_0}\left(\frac{V}{W} - \frac{1}{2}\right) + \frac{L_0}{W}\left[\sqrt{H^2 + V^2} - \sqrt{H^2 + (V - W)^2}\right]\end{aligned} \tag{4-24}$$

简记为：

$$\begin{aligned}l &= f(H,V) \\ h &= g(H,V)\end{aligned} \tag{4-25}$$

而由式(4-25)可得：

$$\begin{bmatrix} \mathrm{d}l \\ \mathrm{d}h \end{bmatrix} = F\begin{bmatrix} \mathrm{d}H \\ \mathrm{d}V \end{bmatrix} \tag{4-26}$$

其中：

$$F = \begin{bmatrix} \dfrac{\partial f}{\partial H} & \dfrac{\partial f}{\partial V} \\ \dfrac{\partial g}{\partial H} & \dfrac{\partial g}{\partial V} \end{bmatrix} = \begin{bmatrix} f_{11} & f_{12} \\ f_{21} & f_{22} \end{bmatrix} \tag{4-27}$$

F 为柔度阵，由推导可得到其各元素。则：

$$f_{11} = \frac{\partial f}{\partial H} = \frac{L_0}{EA_0} + \frac{L_0}{W}\left[\sinh^{-1}\left(\frac{V}{H}\right) - \sinh^{-1}\left(\frac{V-W}{H}\right)\right] + \frac{L_0}{W}\left[\frac{V-W}{\sqrt{H^2+(V-W)^2}} - \frac{V}{\sqrt{H^2+V^2}}\right]$$

$$f_{12} = \frac{\partial f}{\partial V} = \frac{HL_0}{W}\left[\frac{1}{\sqrt{H^2+V^2}} - \frac{1}{\sqrt{H^2+(V-W)^2}}\right] \tag{4-28}$$

$$f_{21} = \frac{\partial g}{\partial H} = f_{12}$$

$$f_{22} = \frac{\partial g}{\partial V} = \frac{L_0}{EA_0} + \frac{L_0}{W}\left[\frac{V}{\sqrt{H^2+V^2}} - \frac{V-W}{\sqrt{H^2+(V-W)^2}}\right]$$

拉索的刚度阵。由 $K=F^{-1}$，则：

$$K = \begin{bmatrix} k_{11} & k_{12} \\ k_{21} & k_{22} \end{bmatrix} = \begin{bmatrix} f_{22} & -f_{21} \\ -f_{12} & f_{11} \end{bmatrix}\frac{1}{\det F} \tag{4-29}$$

其中：

$$\det F = f_{11}f_{22} - f_{12}f_{21}$$

有了拉索端部的刚度，就可整理得到常规坐标下弹性悬链线单元（图 4-7）的刚度矩阵。

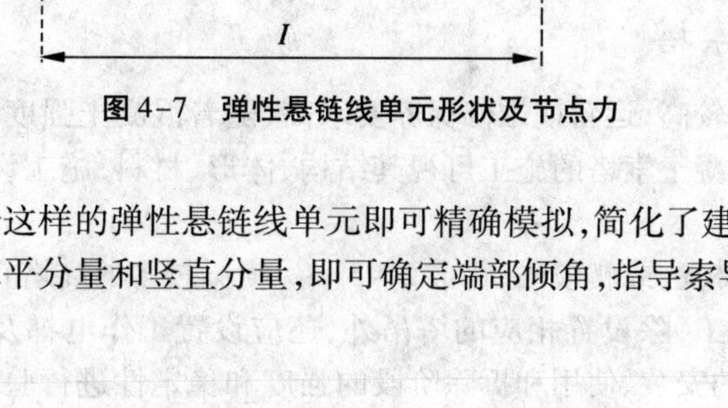

图 4-7　弹性悬链线单元形状及节点力

每根拉索用一个这样的弹性悬链线单元即可精确模拟，简化了建模，根据最终得到的单元端部节点力的水平分量和竖直分量，即可确定端部倾角，指导索导管的安装。

第 5 章 斜拉桥的施工

斜拉桥各施工阶段结构的受力状态,必须满足两方面的要求:一方面为施工过程中受力安全;另一方面为成桥后满足合理成桥状态要求。斜拉桥是设计与施工高度耦合的结构,其施工方法及流程不但影响施工时的结构应力,而且将决定结构成桥时的应力状态,一旦施工工序确定好后,合理施工状态在理论上是唯一的,因此确定合理施工状态必须以合理成桥状态为依据。

根据合理成桥状态,利用倒装法或经验正装法计算得到每个施工阶段的斜拉索的初始张拉力。

斜拉桥由桥塔、主梁和斜拉索三大部分组成。各部分的结构可采用的材料和形式多种多样,因此其施工的方法也有许多种。斜拉桥的施工可以采用传统的施工方法,如支架法,还能借助斜拉索的联合作用采用悬臂法和顶推法来简化和减轻施工机具,特殊条件下跨线施工可采用平转法。大跨度斜拉桥比较适用的是悬臂法,有时也辅以支架法。

斜拉桥主梁施工方法,除要考虑施工技术设备和现场环境条件等因素外,还与桥梁结构特点如结构体系、索型、索距和主梁断面型式等密切相关。不同的施工方法,在各施工阶段的内力是不同的,有时结构设计往往由施工内力所控制,所以结构设计必须考虑施工方法、施工内力与变形,而施工方法的选择应符合设计要求。新颖的设计构思能推动施工技术的进步;而先进合理的施工技术和经验,也能推动设计理论的发展。

施工前应做好施工组织设计,主要内容应包括:①基础、墩塔和主梁的施工方法、工艺;②塔、梁施工控制及施工测量方法;③拉索制作、安装、张拉及锚固工艺;④施工质量保证、安全保证、环境保护等措施。

5.1 主塔的施工

5.1.1 混凝土索塔

钢桥塔建设成本较高,运营期维修保养要求高,随着混凝土强度的提高,越来越多地采用混凝土索塔。混凝土索塔的施工可视其结构、体形、材料、施工设备和设计综合考虑选用合适的方法。

裸塔施工宜用翻模法或爬模法,每节 2 ~ 5 m。横梁较多的高塔宜用劲性骨架挂模提升法。混凝土索塔施工,除设置相应的塔吊外,还应设置工作电梯及安全通道。应对塔吊、支架等施工设备的安装、使用和拆除阶段的强度和稳定性进行验算,并加强施工过程中的检查。

索塔混凝土现浇应根据索塔高度及混凝土供应能力选用适宜的输送泵，超过一台泵的工作高度时，可接力泵送。在满足第二台泵工作能力的前提下，应尽量降低接力站台的高度。国内厂家的混凝土输送泵已成功应用于苏通大桥主塔施工，泵送高度达到三百米，但对混凝土的配制提出了很高的要求。

索塔施工时应避免塔梁交叉施工作业。必须交叉施工时应根据设计要求和施工方法采取保证塔梁质量和施工安全的措施。

混凝土塔座施工，应控制好模板的平面位置和倾斜度，并应采取温控措施加强养护。

索塔横梁施工时，根据其结构、质量及支撑高度，应设置可靠的模板和支撑系统，其强度、刚度和稳定性必须满足要求，支撑系统的弹性和非弹性变形、基础不均匀沉降、日照温差等因素对支撑的影响应控制在容许范围以内，必要时应设支承千斤顶调控。体积过大的横梁可分次浇筑。

倾斜塔柱施工时，必须对各施工阶段塔柱的强度和变形进行验算，应分高度设置主动横撑，使其线形、内力、倾斜度满足设计要求并保证施工期结构的安全。必要时塔柱内需设置施工临时预应力。

宜在索塔施工中设置劲性钢骨架，以保证钢筋架立和索管空间定位的精度，成桥后斜拉索从管道中心穿过，保证管道口减震块的准确安装。

上塔柱钢锚箱施工时，宜先进行钢锚箱安装，后浇混凝土，钢锚箱安装前应根据钢锚箱结构特点，确定吊装方法及吊具，并验算安全性。首节钢锚箱安装轴线允许偏差为±5 mm，倾斜度误差≤1/3 000。当总体倾斜度误差不能满足要求时应分段设置调整垫片。

上塔柱环形预应力施工时，预应力管道埋设应线形圆顺，过渡平滑，坐标误差≤10 mm，并用定位筋固定，采取措施防止漏浆，严禁混凝土直接冲击、振捣棒碰撞波纹管。施加预应力时宜两端同时张拉，以减少预应力损失。应采取措施防止预应力钢绞线受力不均匀造成的断丝现象。环形预应力管道压浆宜采用真空辅助压浆工艺。拉索预埋导管安装测量时，宜控制进出口中心坐标，并应复核施工图是否已进行拉索的垂度修正。

钢筋混凝土索塔质量控制标准如表 5-1 所示。

表 5-1　钢筋混凝土索塔质量控制标准

项目	规定值或允许偏差/mm
混凝土强度	在合格标准内
塔座底轴线偏位	10
倾斜度	塔高的 1/3 000，且不大于 30 mm 或设计要求
塔顶高程偏差	10
断面尺寸偏差	20
锚固点高程	±10

续表 5-1

项目	规定值或允许偏差/mm
横梁高程	±10
索管孔道位置	10,且两端同向

5.1.2 钢索塔

21 世纪初开工建设的南京长江三桥是一座主孔跨径 648 m 的双塔双索面五跨连续钢箱梁斜拉桥,是中国第一座采用钢结构桥塔的桥梁。215 m 高的桥塔的下塔柱(高 35 m)及下横梁为钢筋混凝土结构,以上 180 m 塔柱与三道短横梁为钢结构。"人"字形钢塔具有曲线外形,成功实现 21 节段的加工制作,解决了大型中厚板箱型曲线焊接变形控制。北南两塔分别用 90 d 和 58 d 的时间就完成了吊装架设。钢塔柱单节段质量多为 110~160 t,最大起吊高度超过 200 m。塔柱间采取高强螺栓连接。塔高累积误差只有 6 mm,塔柱扭转误差最大只有 0.95 mm,塔身倾斜度小于 1/4 000,实现了大型高精度复杂钢结构技术的跨越式进步。

钢塔柱与混凝土下柱之间设钢混结合段,通过锚固箱及底座的壁板及腹板上开有直径 60 mm 圆孔,穿直径 25 mm Ⅱ级钢筋与进入该孔的混凝土形成 PBL 剪力键,将钢塔柱传递下来的荷载分配到混凝土中。钢混结合段中的钢结构由锚固箱(质量 118 t)、底座及底座定位件 3 部分组成。

由 30 根 3 m 直径钻孔灌注桩组成的桥塔基础,水深接近 50 m,桩基施工采用由钢套箱与桩基钢护筒组合而成的刚构平台,这为在一个枯水季中完成主桥深水基础施工创造了有利条件,这是继双壁钢围堰施工平台之后,我国群桩基础施工工法的又一进步。

钢索塔与钢混结合段或基础的连接采用螺栓锚固时,承压板与混凝土之间必须保持密切接触,混凝土表面应抛光磨平并对承压板进行机械加工切削。采用埋入式锚固时,必须保证底座的安装精度。轴线偏差≤3 mm,顶面标高容许误差≤1.5 mm,垂直度偏差≤1/4 500。

塔柱节段和横梁吊装前应进行稳定性验算,对必要部位应进行临时加固,并应进行试吊,确认无误后方可起吊安装。

倾斜索塔架设时,应验算索塔内力、控制成塔线形,分段设置水平横撑。

对钢索塔架设过程及施工完成状态,应分阶段采取抑振措施,以保证索塔、塔吊的结构安全性以及施工的舒适性。

钢索塔架设的质量控制标准如表 5-2 所示。

表 5-2　钢索塔架设质量控制标准

项目		允许误差/mm
顶面高程		±2.0×n;≤20
总体垂直度偏差	桥轴向	H/4 000
	垂直于桥轴向	H/4 000
对接口板错边量		δ≤2
塔柱中心距(接头部位)		±4.0
节段轴线相对塔柱轴线的偏差	桥轴向	2h/1 000
	垂直于桥轴向	
两塔柱横梁中心处标高的相对差		4
端面金属接触率	壁板	≥50%
	腹板	≥40%
	加劲板	≥25%
斜拉索锚固点高程偏差		10

注:n 代表节段总数;H 代表索塔总高度;h 代表节段高度。

5.2　主梁的施工

5.2.1　混凝土主梁施工

混凝土主梁施工应根据设计要求、地形环境、施工设备、施工成本等进行综合考虑选用安全、经济、合理的施工方案。在选用施工方案时应采取有效措施防止施工荷载超过设计允许的临时荷载,以免造成主梁线形、内力以及斜拉索力偏差过大。斜拉桥主梁施工方法与梁式桥基本相同,大体上可以分为以下四种。

5.2.1.1　支架法

有在支架上现浇、在临时支墩间设托架或劲性骨架现浇(图 5-1)、在临时支墩上架设预制梁段等几种施工方法。其优点是施工最简单方便,能确保结构满足设计线形,但仅适用于桥下净空低、搭设支架不影响桥下交通的情况。我国的天津永和桥是在临时支墩上拼装主梁,昆明市圆通大桥是一座跨径为 70.5 m+70.5 m,全宽 24 m 的独塔单索面斜拉桥,采用支架法现浇。

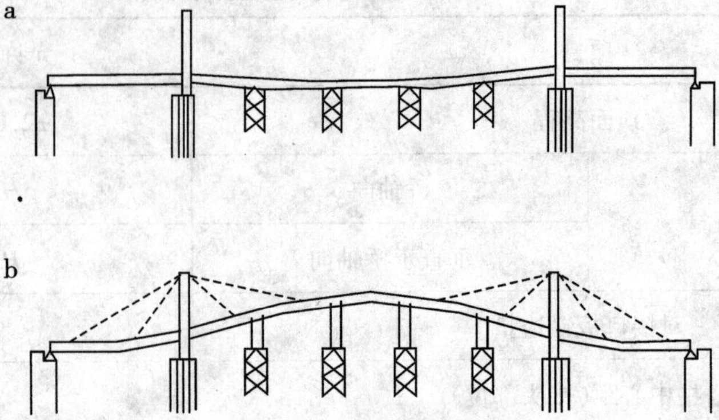

图 5-1　支架法施工示意图

5.2.1.2　顶推法

顶推法的特点是施工时需在跨间设置若干临时支墩,顶推过程中主梁要反复承受正、负弯矩。该法较适用于桥下净空较低、修建临时支墩造价不大、支墩不影响桥下交通、抗压与抗拉能力相同能承受反复弯矩的钢斜拉桥主梁的施工。对混凝土斜拉桥主梁而言,由于拉索水平分力能对主梁提供免费预应力,如在拉索张拉前顶推主梁,临时支墩间距又超过主梁负担自重弯矩能力时,为满足施工需要,要设置临时预应力束,在经济上不合算。

5.2.1.3　平转法

将上部构造分别在两岸或一岸顺河流方向的矮支架上现浇,并在岸上完成所有的安装工序(落架、张拉、调索等),然后以墩、塔为圆心,整体旋转到桥位合龙。平转法适用于桥址地形平坦,墩身较矮和结构体系适合整体转动的中小跨径斜拉桥。我国四川马尔康地区的金川桥是一座跨径为 68 m+37 m,采用塔、梁、墩固结体系的钢筋混凝土独塔斜拉桥。塔高 25 m,中跨为空心箱梁,边跨是实心箱梁。该桥是采用平转法施工的。近年来的许多跨铁路线斜拉桥,一般采用转体施工法。

图 5-2 为石家庄市环城公路跨石太铁路转体斜拉桥施工图片。该斜拉桥为世界最大跨铁路转体斜拉桥。转体斜拉桥转体质量 16 500 t,转体角度达 75.74°,两项指标均居世界同类桥梁之最。转体部分长 142 m(即此段先与铁路平行修建,后采用技术手段转体与两侧桥体部分平衡对接),采用墩、塔、梁固结体系,塔为单索面曲梁倒"Y"字形结构,塔顶距地面 53 m,距桥面 38.6 m,桥面宽 33 m,底板宽 21 m。转体施工可以最大限度地减少对行车密集的石太铁路既有线的行车影响。安置在反力座上的液压千斤顶缓缓加压用力,拉动缠绕在墩底上的钢绞束呈螺旋状慢慢旋转,带动安装在桥墩与主桥之间的球铰以 0.8°/min 的速度匀速转动,进而推动质量达 16 500 t 的桥体旋转,从与铁路平行的位置旋转到与铁路线形成 75.74°夹角位置时,主桥跨越铁路线与两端预制的桥身平衡对接。

图5-2　石太铁路转体斜拉桥成功转体

5.2.1.4　**混凝土主梁施工的悬臂法**

可以是在支架上修建边跨，然后中跨采用悬臂施工的单悬臂法，也可以是对称平衡施工的自由悬臂法，示意图如图5-3所示。采用自由悬臂法来架桥，就可完全避免临时墩。悬臂施工法一般分为悬臂浇筑法和悬臂拼装法两种。

（1）悬臂浇筑法　斜拉桥与其他梁桥相比，主梁高跨比很小，梁体十分纤细，抗弯能力差。当采用悬臂施工时，如果仍采用应用于梁式桥的传统的挂篮施工方法，由于挂篮质量大，梁、塔和拉索将由施工内力控制设计，很不经济，有时还很难过关。所以考虑施工方法，必须充分利用斜拉桥结构本身特点，在施工阶段就充分发挥斜拉索的效用，尽量减轻施工荷载，使结构在施工阶段和运营阶段的受力状态基本一致。如利用斜拉索作施工索或利用塔张拉施工临时索，利用边主梁的形式分块施工等。

对于单索面斜拉桥，一般都需采用箱形断面。如全断面一次浇筑，为减少浇筑质量，要在一个索距内纵向分块，并需额外配置承受施工荷载的预应力束。所以，一般做法是将横断面适当地分解为三部分，即中箱、边箱和悬臂板。先完成包含主梁锚固系统的中箱，张拉斜拉索，形成独立稳定结构，然后以中箱和已浇节段的边箱为依托，浇筑两侧边箱，最后用悬挑小挂篮浇筑悬臂板，使整体箱梁按品字形向前推进。悬臂浇筑法采用挂篮施工，利用了自锚式斜拉桥的结构特点，也可利用对应节段的斜拉索作为前支点，简化挂蓝的构造。一般主梁零号段及其两旁的梁段，在支架和塔下托架上浇筑，应消除温度、弹性和非弹性变形及支承等因素对变形和施工质量的不良影响。

挂篮的悬臂梁及挂篮全部构件制作后均应进行检验和试拼，合格后再于现场整体组装检验，并按设计荷载及技术要求进行预压，同时测定悬臂梁和挂篮的弹性挠度、调整高程性能及其他技术性能。

挂篮设计和主梁浇筑时应考虑抗风振的刚度要求。某混凝土斜拉桥的悬臂施工图片如图5-4所示。

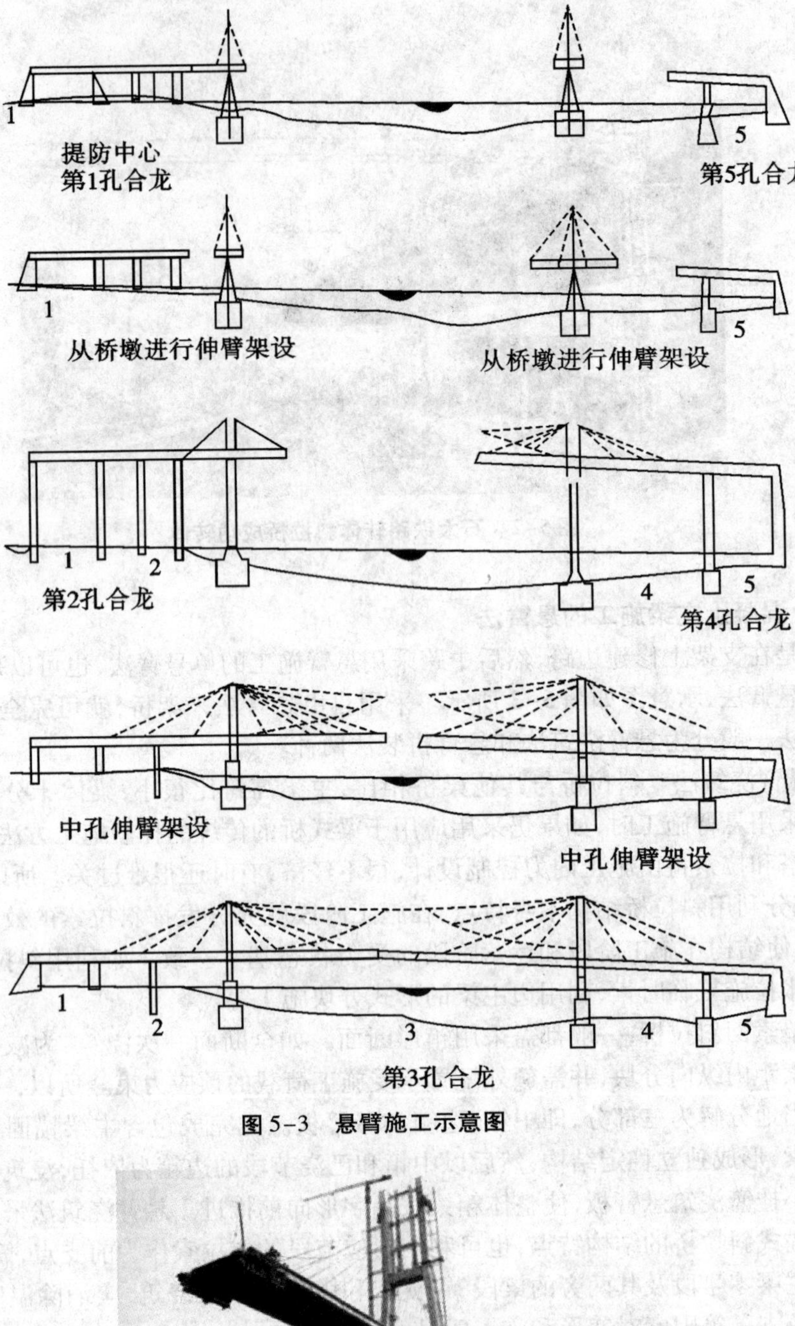

图 5-3　悬臂施工示意图

图 5-4　悬臂浇筑施工

合龙梁段施工时,应采用以下措施改善合龙段的受力状况:①观测合龙前连续 2 ~3 d 的昼夜温度场变化与合龙口梁段高程及长度变化的关系,选定一天中温度最低、变化幅度最小的时段作为合龙时间;②合龙两端高程在设计允许范围内时,可视情况进行适当压重;③在选定的温度稳定时段,锁定梁上下底板或两肋端部的预埋临时连接钢构件,控制合龙口长度及其轴线与高程的变化,对悬臂拼装可设置临时纵向连接预应力索,或用千斤顶调节合龙口的应力和合龙口长度;④合龙施工宜采用无应力合龙工艺;⑤合龙梁段浇筑完成后至纵向预应力束张拉前应禁止施工荷载的超平衡变化;⑥预应力孔道压浆宜采用真空辅助压浆工艺;⑦大跨径主梁施工时应尽量缩短长悬臂持续时间,以减少风振的不利影响,必要时应采取临时抗风措施。

混凝土主梁施工质量控制标准如表 5-3 所示。

表 5-3　悬臂浇筑混凝土梁质量控制标准

项目		规定值或允许偏差
混凝土强度/MPa		在合格标准内
轴线偏位/mm	$L\leqslant100$ m	10
	$L>100$ m	$L/10\ 000$, ≤30
斜拉索索力/kN	符合设计和施工控制要求	
断面尺寸/mm	高	+5, -10
	顶高	±30
	板厚	+10, 0
梁锚固点高程/mm	$L\leqslant100$ m	±20
	$L>100$ m	$\pm L/5\ 000$
锚具轴线与孔位轴线偏位/mm		5

注:L 为跨径。

(2)悬臂拼装法　一般是先在塔柱区现浇一段放置起吊设备的起始梁段,然后用各种起吊设备从塔柱两侧依次对称安装节段,使悬臂不断伸长直至合龙。

混凝土主梁接缝黏合料材料应满足有关规定,配比和拌和工艺应通过试验确定。湿接缝拼合面应进行表面凿毛和清洗,干接缝应保持结合面清洁,黏合料应涂刷均匀,不出现缺胶现象,厚度宜为 1 ~1.5 mm,挤压后为 0.5 ~1.0 mm。黏合料应在不小于 0.3 MPa 的压力下凝固。采用垫片调整梁段拼装线形时,每次调整的高程不应大于 20 mm。

主梁拼装时,0 号梁及其相邻的梁段,纵横向轴线和标高误差应≤5 mm。其他梁段按设计线形控制各块末端的底和顶面标高及桥轴向位置。

悬臂拼装混凝土梁的施工要求如表 5-4 所示。

表 5-4 悬臂拼装混凝土梁的施工要求

<table>
<tr><th colspan="2">项目</th><th>规定值或允许偏差</th></tr>
<tr><td colspan="2">合龙段混凝土强度/MPa</td><td>在合格标准内</td></tr>
<tr><td rowspan="2">轴线偏位/mm</td><td>$L\leqslant100$ m</td><td>10</td></tr>
<tr><td>$L>100$ m</td><td>$L/10\ 000$；$\leqslant30$</td></tr>
<tr><td colspan="2">斜拉索索力/kN</td><td>符合设计和施工控制要求</td></tr>
<tr><td colspan="2">锚具轴线与孔道轴线偏位/mm</td><td>5</td></tr>
<tr><td rowspan="2">梁锚固点高程/mm</td><td>$L\leqslant100$ m</td><td>±20</td></tr>
<tr><td>$L>100$ m</td><td>$\pm L/5\ 000$</td></tr>
</table>

注：L 为跨径。

5.2.2 钢主梁的施工方法

1936 年德国采用正交异性板作为主梁的上翼缘和桥面系，但当时还未解决焊接的翘曲问题，后来由于焊接技术的进步，最主要的是自动焊接的进步，使正交异性板获得了成功。经过长期研究之后，现在正交异性板的设计计算及制造方法都达到了相当高的水平，给钢斜拉桥的发展创造了条件。因为正交异性板不但能作为主梁及横梁的上翼缘，而且能作为承受风力的横向杆件。这种使用正交异性板的桥梁比以往具有纵向联结系的结构具有更高的横向刚性。即使对长大的斜拉桥，为了平衡钢索的水平分力，也不需要额外增加钢料。

钢主梁包括钢箱梁和钢桁梁。图 5-5 为南京长江三桥的钢箱梁悬拼施工图片。

图 5-5 南京长江三桥的钢箱梁悬拼施工

钢箱梁架设安装时应按下列规定执行。

(1) 钢箱梁制作的材料和焊接工艺应符合设计要求。焊接材料的选用、焊接要求、加工成品、涂装等项的标准和检验内容，并编制相应工艺操作规程。

(2)应制定钢箱梁吊装和节间连接工艺标准及焊接和栓接工艺检验标准。

(3)塔下无索区梁段施工，采用托架支撑时，应在托架与梁体间预留一定高度，以便于安装梁体的精确定位。

(4)应采取措施消除钢箱梁接缝高差，控制在±2 mm以内。

(5)合龙段施工前应严格控制施工荷载引起的标高和索力变化，对全部梁段的标高、中线、塔顶变位和索力应进行复测，以了解合龙前后，塔、梁的变化情况，为施工监控提供合龙计算依据。

(6)对合龙口梁段的连日温度变形应持续观测48 h，每隔2 h对合龙口两侧梁端标高和中线以及合龙口宽度进行观测。确定适宜的合龙温度及施工程序，并应满足钢梁安装就位时高强螺栓定位所需的时间。

钢桁梁安装架设施工应按以下规定执行。

(1)钢桁梁施工应编制实施性施工组织设计、施工工艺设计。

(2)钢桁梁杆件预拼图应根据钢桁梁设计图和钢桁梁拼装顺序绘制，应标明预拼杆件位置编号、节点板位置编号。

(3)高强螺栓连接副施拧使用的扳手，使用前后必须标定，扭矩偏差不应大于使用扭矩值的±5%。

(4)杆件拼装前，必须对工厂随梁发送的栓接板面抗滑移系数试件进行检验，抗滑移系数符合设计要求才能安装。

(5)高强度螺栓副的规格质量、扭矩系数必须符合设计要求和相关标准的规定。

(6)由板厚小于32 mm板组成的板束，其板层缝隙必须满足0.3 mm插片深入缝隙深度不大于20 mm。其他板束必须符合设计要求。

(7)磨光顶紧节点预拼时，必须按工厂的编号组拼，不得调换、调边或反面拼装，磨光顶紧处缝隙不大于0.2 mm的密贴面积应不大于75%。

钢主梁施工质量控制标准见表5-5。钢主梁在合龙时的合龙节段可以根据现场实测的尺寸来开孔连接，也可用按设计图制造好的合龙段，在合龙时采用平衡重等方法来消除误差，进行强制性合龙。当跨度特别大时，有时必须将合龙段再次切割。进行强制性合龙时结构应作成能够向后退移，并采用移动吊机位置的方法来调整主梁的变形。

表5-5　钢主梁施工质量控制标准

检查项目	允许偏差/mm		
	0号梁	悬臂拼装梁	合龙段
轴线偏位	2	10	10
线形标高	±3	+20，-10	±10
桥面四角水平高差	6	6	6
梁段上3点相对里程差	±3	—	—
梁段顶面上下游高差	2	—	—
索力差	—	±2.5%	±2.5%

5.2.3 钢-混凝土组合梁的施工

钢-混凝土组合梁包括钢桁架与混凝土桥面板组成的组合梁和钢箱梁与混凝土桥面板组成的组合梁。

桥面板宜采用预制,并在良好的条件下养护较长的时间,应存放6个月以上才可使用,对跨径不大的组合梁,也可采用现浇桥面板。

桥面板安装前,必须将钢梁与桥面板的接合面及剪力连接装置表面清理干净,剪力连接装置应无锈蚀和损害等缺陷;应符合桥面板的尺寸、型号,符合设计要求;应验算吊点的局部应力,避免混凝土开裂。

预制桥面板在钢梁上的安装顺序及接缝方式,钢梁与混凝土桥面板之间缝隙的处理,桥面板预留剪力装置窗孔浇筑混凝土的方法及材料质量等必须符合设计要求。

组合梁拼装工艺应根据试验确定,最大限度地克服面板混凝土施工和预应力张拉对钢结构的影响。

组合梁整体预制时,钢结构制造和混凝土面板施工应分别在钢结构胎架和混凝土胎架上进行流水作业。混凝土胎架地基基础应进行加固,严格控制沉降变形。钢结构上混凝土胎架后,应调整好轴线和标高,随后分段浇筑面板混凝土。

桥面板与钢构架分开预制时,桥面板底面平整度要求高,应选择理想的施工台座并控制其平整度误差,宜采用混凝土水磨石台座。钢构架按拼装顺序在厂内预制并进行试拼装,每次试拼应不少于3个节段,应经过验收并签发产品合格证后,才能运往工地安装。

主梁的安装与斜拉索的张拉宜同步进行,所有梁段拼接点的定位标高、转角和索力都必须严格进行控制,以满足设计线形要求。

各桥面板单元之间的接缝混凝土应选择微膨胀低收缩混凝土,配合比应尽量控制水泥用量,以减少混凝土的收缩徐变。横向预应力张拉宜在混凝土龄期达14 d后进行。

钢-混凝土组合梁质量控制标准见表5-6。

表5-6 组合梁质量控制检验标准

项目		规定值或允许偏差
轴线偏位/mm	$L\leqslant200$ m	10
	$L>200$ m	$L/20\,000$;≤20
混凝土强度/MPa		在合格标准内
混凝土板断面尺寸/mm	厚	+10,-0
	宽	±30
桥面板中心线与钢梁中心线		10
斜拉索索力/kN		符合设计和施工控制要求
梁锚固点顶面高程/mm	$L\leqslant200$ m	±20
	$L>200$ m	$\pm L/10\,000$
钢梁防护		涂装符合设计要求

注:L为跨径。

5.2.4 钢-混凝土混合梁的施工

混合梁施工时,分钢主梁和混凝土主梁两部分,分别按各自的有关规定执行。

钢主梁和混凝土主梁结合段施工应按以下规定执行:①结合段应在工厂预制,检验合格运至现场安装后再浇筑填充混凝土;②填充混凝土的配合比应通过试验确定,宜选择微膨胀低收缩混凝土,配合比应尽量控制水泥用量,浇筑时充分振捣,保证密实性;③处理结合面时不能降低其黏结性能;④应对称张拉钢-混连接预应力筋。

5.3 斜拉索的施工

由于伸臂架设法的开发和进步,斜拉桥可利用斜索来进行伸臂施工,索梁同时并进,甚至塔、索、梁同时并进,还可利用斜索对主梁施加预应力来调整弯矩。架设后的最终状态可与成桥后所要求的线形基本吻合。

随着预应力工艺技术的进步,现代预应力张拉工艺已成功地运用在斜索的张拉作业中。

大型吊装设备的发展,为斜拉桥长大整体梁段的预制、整体锚固结构的预制和安装提供了可靠的手段,因而使新型的结构和设计细节不断涌现。

斜拉索的架设包括设置锚固部件、架设斜拉索、斜拉索张拉和调整以及斜拉索防护等施工工序。斜拉索两端的锚固件应按设计要求精确定位。一般将桥塔一侧的锚固部件先在钢塔柱上安装就位,如为混凝土塔柱时则先在地面用钢构架作临时固定后再整体或分批起吊就位。位于主梁一侧的锚固部件,如主梁为钢结构,则在工厂内事先安装就位,可利用移动式挂篮的构架,或利用模板作支点来予以固定。

5.3.1 平行钢丝拉索

5.3.1.1 拉索的安装

宜根据塔高、布索方式、索长、索径、索的刚柔程度、起重设备和施工现场状况等综合选择安装方法。

(1)由塔顶吊机直接引架法　一般是使用塔顶吊机将在主梁桥面上展开的斜拉索通过导向滑轮及引拉装置等直接引拉就位。当斜拉索被吊拉到桥塔锚固点附近时,即利用设在塔上的引拉装置将斜拉索锚头引拉到锚固构件上(图 5-6)。

(2)由临时索及滑轮吊索引架　此法为在塔顶与主梁前端之间设置临时钢索,然后用若干根滑轮吊索来引拉预先已展开好的斜索。滑轮吊索的下端将斜索吊起,上端则有滑轮可沿临时钢索向上滑行。此法的缺点是临时钢索要随着主梁地伸出经常变换位置,架设效率稍低。但与上一种方法相比时它可架设大截面的斜索(图 5-7)。

(3)由临时索及垂直索引架　先设置临时钢索。临时钢索上设置若干根带有滑车组的垂直吊索,依靠这些吊索将在梁上已展开的斜索垂直地起吊就位并引入塔内锚固。此法的缺点与上一种方法相同,临时钢索的位置要随着主梁地伸出而变化。如果斜索可以按从上到下的次序逐根安装时,则也可利用上面已安装好的斜索来代替安装下一根斜索所需的临时钢索(图 5-8)。

(4)在工作猫道上引架　此法将若干个滑轮安装在工作猫道上,然后将展开的斜索放在这些滑轮上向上引拉就位,此法常与第二种方法一起使用,即塔方向的斜索锚头同时由临时钢索的吊索来吊拉(图 5-9)。

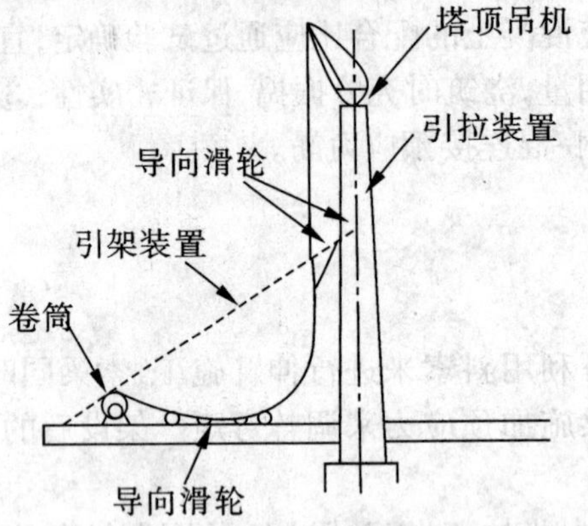

图 5-6　斜拉索的塔顶吊装

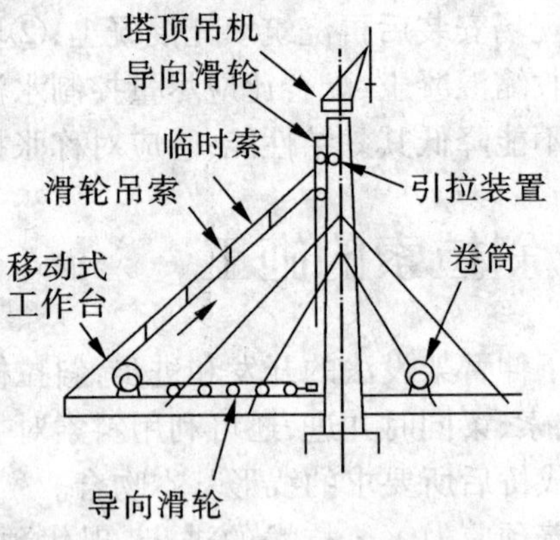

图 5-7　由临时索及滑轮吊索引架

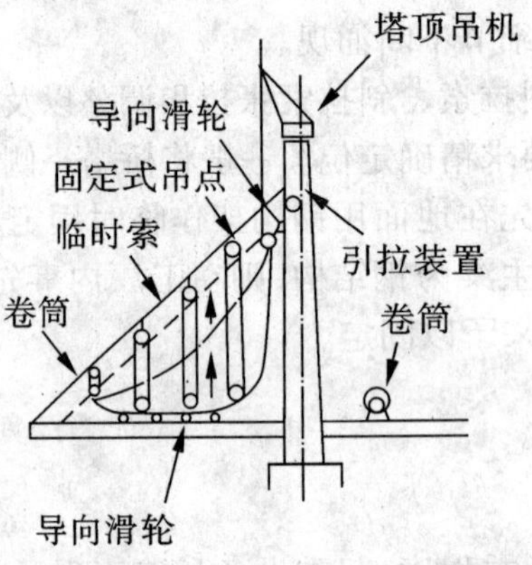

图 5-8　由临时索及垂直索引架

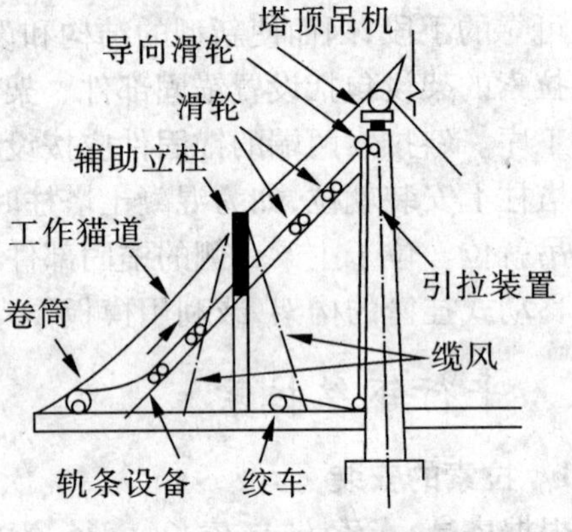

图 5-9　在工作猫道上引架

拉索的一些参数,如南京长江二桥的拉索粗细共有 5 个规格,直径分别为 112 mm、120 mm、130 mm、141 mm 和 150 mm,最大的斜拉索长 336.7 m,相应质量达 27.02 t。张拉最大吨位为 460 t,对应斜拉索张拉时采用 600 t 千斤顶。

安装前应考虑索长、索重、斜度和风力等因素,计算其安装过程中锚头距索管口不同距离以及锚头带锚环时的牵引力,以综合选择架设方案和设备。

施工中不得损伤索体保护层和索端锚头及螺纹,不得堆压弯折索体。

不得用起重钩或容易对索体产生集中应力的吊具直接挂扣拉索,宜用带胶垫的管形夹具尼龙吊带或设置多吊点起吊。

放索时索体应在柔软的滚轮或皮带输送机上拖拉,并应控制索盘的转速,防止转速突变或倾覆。

应在管口处设置对中控制的力点或限位器调控,以防止锚头和索体穿入塔、梁索管时的偏位和损伤。

安装过程中锚头螺纹应包裹,及时清除拉索的包护物。拉索防护层和锚头损伤应及时修补并记入有关表格存档以便跟踪维护。

施工中,拉索抗振的约束环和减振器未安装前,必须确保索管(特别是梁上索管)和锚端的防水、防腐和防污染。施工过程中应设置临时减振设施。

5.3.1.2 拉索的张拉

张拉施工的设备和方法应根据设计的索型、锚具、布索方式,塔和梁的构造确定。

拉索张拉的顺序、级次数和量值应按设计规定执行。应以振动频率计测定的索力或油压表量值为准,以延伸值作校核,并应视拉索防振圈以及弯曲刚度的状况对测值予以修正。

拉索张拉可于塔端或梁端单端进行,也可顶升索鞍支座进行。平行钢丝拉索宜采用整体张拉。

索塔顺桥向两侧的拉索(组)和横桥向对称的拉索(组)必须对称同步张拉;同步张拉时不同步索力的相差值不得超出设计规定;两侧不对称的或设计拉力不同的拉索,应按设计规定的索力分级同步张拉,各千斤顶同步之差不得大于油表读数的最小分格,索力终值误差小于±2%。

拉索锚固时不宜在锚环与承压板间加垫,需要加垫时,其垫圈材料和强度应符合承压要求,并应设成两个密贴带扣的半圆。

拉索张拉完成后,悬臂施工跨中合龙前后,当梁体内预应力钢筋全部张拉完且桥面及附属设备安装完时,应采用传感器或振动频率测力计检测各拉索索力值,同时应视防振圈及索的弯曲刚度等状况对测值予以修正。每组及每索的拉力误差超过设计规定时应进行调整,调整时可从超过设计索力最大或最小的拉索开始(放或拉),直调至设计索力。调索时应对塔和相应梁段进行位移检测,并作出存档记录。

5.3.2 钢绞线拉索

5.3.2.1 拉索的现场制作

钢绞线拉索材料包括环氧涂层钢绞线拉索、镀锌钢绞线拉索、光面钢绞线拉索三种类型。环氧涂层钢绞线的各项性能应满足《环氧涂层七丝预应力钢绞线》的要求,镀锌钢绞线其各项性能应满足《桥梁缆索用热镀锌钢丝》的要求,光面钢绞线其各项性能应满足《预应力混凝土用钢绞线》的要求。HDPE 外套管材料其各项性能应满足相关的要求,壁厚应足以承受起吊及施工荷载,管外径与最小壁厚之比可参照给水用 HDPE 管材 GB/T 13663—98 中承压 0.4 ~ 0.6 MPa 之相应规定。单根索外护套管的长度应通过连续挤压或由标准的管段经熔融焊接而成。

5.3.2.2 拉索的防腐

无黏结拉索锚头部分应进行有效防腐并予以密封,防腐或经定期保养后的防腐效果应保证其使用寿命大于或等于拉索的设计使用寿命。

有黏结拉索应将锚板、支撑筒、延长筒部分灌注抗老化性能好、强度大于 50 MPa 的固结混合物,灌浆应保证浆体的密实性和均匀性。

部分斜拉桥有黏结拉索应将抗滑锚筒、拉索、塔侧挡板间灌注抗老化性能好的、强度大于 50 MPa 的固结混合物,灌浆应保证浆体的密实性和均匀性。

灌浆后要在锚具上安装保护罩,并在保护罩内灌注油脂对裸露的钢绞线、夹片和锚板进行防腐。

5.3.2.3 拉索的安装

挂索施工前,需在桥面适当位置安装钢绞线放线架,导向轮、切割工作平台以及切割和镦头的相关设备;在塔柱外索鞍两侧附近安装工作平台和起吊设备。

HDPE 外套管起吊时,不准在未加支垫保护的桥面上拖拽,与其有连接关系或承套关系的所有部件均需与其临时固定。HDPE 管临时固定时,应保证其两端距梁上预埋管口和塔上锚垫板各留出 1 m 左右的空间。

拉索的安装可根据塔高、索长、索重、起重设备和施工现场状况等综合选择架设方法。

施工中不得损伤索体保护层和锚具外螺纹,应保护拉索不被腐蚀、加热、磨损和其他不利影响。

锚具与钢绞线组成无黏结斜拉索,要保证能对钢绞线实行单根更换,否则被视为不合格。

5.3.2.4 拉索的张拉

钢绞线拉索宜采用单根钢绞线安装、单根张拉,最后再整体张拉的施工方案。单根张拉应按“分级”、“等值”的原则进行。调索以控制所有钢绞线延伸量相同为原则。

为保证钢绞线拉索内各根钢绞线张拉力的均匀性,应采用等张力法控制。首先,为穿挂张拉的第一根钢绞线安装力传感器,由配套的索力显示仪显示张拉力的大小。因拉索的塔上和梁上的锚固点之间存在一定的刚度,后张拉的钢绞线会引起先张拉钢绞线张拉力的减小,因此,为使该拉索所有钢绞线穿挂结束后整索的拉力接近设计索力,第一根钢绞线的张拉力一定大于设计索力除以该索内钢绞线的根数得到的平均值 F_0,具体提高系数 k 可根据两锚固点间的刚度计算得到。第一根钢绞线按 kF_0 张拉后临时锚固,张拉第二根钢绞线时随着张拉力的增加,索力显示仪显示的索力会有一定的减小,当张拉设备油表对应的力值与显示仪中力值相等时,锚固第二根钢绞线。依次安装随后各钢绞线,每根钢绞线张拉力都与当时第一根的张拉力相等。这样就保证了该拉索内各钢绞线拉力的均匀性。因提高系数 k 是经过仔细计算的,最终整索的拉力就应等于设计索力,可避免该施工阶段的对该拉索的整索张拉作业。若油表的精度偏低,也可在千斤顶上安装同类型的索力测试装置。

张拉宜以索力值为准,以延伸值作校核。索力值以力传感器、数显或数控智能张拉设备、油压表量值为准,根据设备与施工状况对测量值予以修正。

当一根拉索张拉完毕后,至少 20% 的钢绞线需要进行索力测试,如果单根钢绞线的索力与平均索力的差值大于 3%,所有的钢绞线需重新张拉,如果实际总索力超出或少于设计索力 1%,所有的钢绞线需重新张拉。

每根拉索同级的索力允许误差为±1%。

拉索张拉完成后,应对各个锚固单元进行顶压,并安装防松装置。

拉索张拉完毕后，必须对斜拉索进行最后组装，对拉索进行抗震防护与防腐处理。无黏结拉索防腐填料不允许灌注环氧树脂、水泥浆等固结材料。

部分预应力斜拉桥每张拉完一根钢绞线，必须对索鞍两侧管口进行封堵，保证雨水与杂物不进入管内。

拉索施工应进行专门的施工控制。施工过程应做永久记录。对桥梁的梁体、塔柱、拉索相互之间的线形与受力变化进行调整与控制，对环境因素与施工因素所出现的偏差进行预测与控制。

5.4　施工控制

5.4.1　概述

斜拉桥的特点之一是设计和施工的高度耦合，施工方法的不同，不但影响安装时的结构应力，而且对建成后的桥梁的最终应力状态和几何线形也有很大影响。为确保桥梁设计的"合理成桥状态"在桥梁施工中顺利实现，必须进行施工控制。

施工控制的基本要求，包括以下两个主要方面。

(1)斜拉桥施工完成后，线形符合设计要求　这是指二期恒载施加后，斜拉桥竖向线形符合设计要求。但并不意味着与图纸标高完全一致，应该还稍高于设计图纸标高，也即有个预留拱度，以补偿混凝土收缩徐变及松弛等因素引起的下挠。若施工设计中已给出了二期恒载施加后的标高数据，则可直接使用。

"成桥预拱度"不宜小于主梁的混凝土收缩徐变、斜拉索松弛产生的竖向挠度及 1/2 汽车荷载产生的竖向挠度之和，并拟合成平顺曲线。

"主梁预拱度"是指主梁合龙标高与主梁设计标高之差，即合龙后高程的预留值，主要是补偿二期恒载、混凝土收缩徐变、斜拉索松弛以及 1/2 汽车荷载引起主梁的下挠。

预拱度按通常规定设置，但由于斜拉桥一般具有较大的跨径，桥轴纵平面设计不仅影响桥梁外形美观，而且对使用功能也有较大的影响。经验表明，如果已建成的斜拉桥存在因施工控制不当而形成的凹形纵面，要进行纠正是十分困难的。设计合理的桥轴纵面曲线是很重要的，在实桥具体条件允许的前提下，将桥轴线设计成有一定坡度的凸形曲线，可避免因施工控制不当而形成的凹形纵面。

(2)索力及其他控制构件的应力满足设计要求　施工中严格控制实际施工时的结构几何尺寸、重度、收缩徐变、弹性模量、预加应力、斜拉索张拉力，并及时采集各类计算参数，按照实际参数进行跟踪计算分析，以结构总体设计确定的标准温度为参考目标，根据实际施工过程中的主梁线形、索塔变位、截面应力和斜拉索索力，对计算参数进行调整，确定下一阶段所需拉索索力和施工节段的立模高程。

施工控制的工作包括以下几方面。

(1)建立一套施工过程控制系统　施工控制流程、误差分析方法、测试系统、判断分析系统等。

(2)发出的施工过程监控指令数据　斜拉索初拉力、斜拉索调整力、主梁节段立模或拼装高程。包括施工过程中索力、应力和线形的实际值与理论值的偏差超过允许偏差时，进行的调整。

(3)记录施工步骤　包括主梁节段浇注或安装及结构体系转换。其中的体系转换包括:①施工过程中的临时支座(墩)安装和拆卸;②悬臂施工挂篮和合龙施工挂篮的安装和拆卸;③临时斜拉索转为永久斜拉索;④采用满堂支架施工工艺初次张拉斜拉索;⑤边跨合龙、中跨合龙。

(4)施工过程需要监测的数据　各分步施工前后,主梁立面线形、索塔的变位以及控制截面应力、斜拉索索力,以及此时的温度场等。

(5)保存的目标数据——成桥恒载状态数据　主梁立面线形、索塔的变位以及控制截面应力、成桥恒载斜拉索索力等。

因此,施工监控的主要工作是利用计算机分析软件,跟踪、模拟斜拉桥的实际施工过程,确定影响斜拉桥施工状态的各种因素(如结构自重、混凝土弹性模量等),及时修正控制的相关参数,并通过调整索力或立模高程,使实测的结果和理论分析趋于一致。

5.4.2　施工监测所要测定的一些参数

主梁变形测试是在斜拉桥每一施工阶段中测定关键工况如移动挂篮、浇筑混凝土、张拉斜拉索、张拉预应力等前后主梁的变形,可根据每一工况前后的标高来确定。

索塔变形测试主要是测定某些关键工况前后索塔沿桥轴线方向的位移。对于采用空间索的斜拉桥,必要时还需测定横向水平位移。

应力测试主要是测定某些工况前后主梁或索塔内若干控制截面的应力变化。

日照温差的影响显著,但是如果要将日照温差所引起的结构变形从挠度实测值中分离出来则是相当困难的,一般采用在一天中日照温差对结构变形影响最小的时候即清晨日出之前进行测量。

斜拉桥温度测试包括索、塔、梁三个部分,塔梁温度测试截面及测点布置同应力测试。由于索的温度场变化与梁不同,索表面温度与索内芯温度不一样,应当先制作1~2根约3 m长的测温试验索。在其内部和表面均布置感温元件,测出其表面温度和内部温度以及平均温度的关系曲线,在实桥斜拉索表面测量其表面温度,利用试验段的标定结果换算索的内部温度及平均温度。测试方法一般采用预埋测温元件,用数字万用表测试。

关于施工过程中因温度变化而对结构产生的影响问题,设计计算中不予考虑,而由施工控制在施工过程中考虑。原因是因为施工过程工期较长,设计计算时不可能预测每个施工阶段将发生的温度变化,每个施工阶段产生的温度变化对结构产生的影响实际还得由施工控制在施工过程中考虑。这里所述的施工过程中因温度变化而对结构产生的影响问题,是指结构合龙前各悬臂施工阶段的温度变化而对结构产生的影响问题。对悬臂拼装施工的桥梁,在进行施工工期安排时尽量将悬臂施工阶段安排在接近合龙温度且温度变化不大的季节里进行,可以减少温度变化对悬臂施工的影响。

5.4.3　施工控制的方法

目前大跨度斜拉桥施工控制的方法主要有3种:①纠偏终点控制法,即在施工过程中，对产生主梁线形偏差的因素跟踪控制，即时纠偏，最终达到理想线形，主要包括卡尔曼滤波法和灰色预测理论等，这种方法工作量大，有时控制效果不一定理想；②应用现代控制理论中的自适应控制法，即对施工过程中的标高和内力的实测值与预计值进行比较，对桥梁结构的主要基本设计参数进行识别，找出产生实测值与预计值偏差的原因，从而对参数进行修正，这种方法的重点在于对影响结构变形和内力的主要设计参数进行识别，而一般只要及时对产生偏差的主要参数进行修正，则实测值与预计值拟合得就很理想，这是我国在大跨度桥梁施工控制中常采用的方法；③误差的容许值法，即在设计时直接给予主梁标高和内力最大的宽容度，在施工过程中只要主梁标高和内力的偏差没有超过规定限值就继续施工，这种做法减少了控制的难度。

结构的基本设计参数主要包括以下几个方面。

(1)结构构件截面尺寸　任何施工都可能存在截面尺寸误差，验收规范中也允许出现不超过限值的误差，而这种误差将直接导致截面特性误差，从而直接影响结构内力、变形等的分析结果。所以控制过程中要对结构尺寸进行动态取值和误差分析。

(2)结构材料弹性模量　结构材料弹性模量和结构变形有直接关系。对通常遇到的超静定结构来讲，弹性模量对结构分析结果影响更大，但施工成品构件的弹性模量(主要是混凝土结构)总与设计采用值有一定差别。所以，在施工过程中要根据施工进度做经常性的现场抽样试验。特别要注意混凝土强度波动较大的情况，随时在控制分析中对弹性模量的取值进行修正。

(3)材料容重　材料容重是产生结构在施工过程中的内力与变形的主要因素，控制中必须要计入实际容重与设计取值间可能存在的误差，特别是混凝土材料，不同的集料与不同的钢筋含量都会对容重产生影响。施工控制中必须对其进行准确识别。

(4)材料热膨胀系数　热膨胀系数的准确与否也将对控制产生影响，尤其是钢结构要特别注意。

(5)施工荷载　在所有自架设体系中，都存在施工荷载，这部分临时荷载对受力与变形的影响在控制分析中是不能忽略的，一定要根据实际进行取值。

(6)预加应力或索力　预加应力是预应力混凝土结构内力与变形控制考虑的重要结构参数，但预加应力值的大小受很多因素的影响，包括张拉设备、管道摩阻、预应力钢筋断面尺寸、弹性模量等。控制中要对其取值误差作出合理估计。斜拉桥索力直接影响结构变形与受力，真实了解各阶段索力是非常必要的。所以预加索力是斜拉桥施工控制中要考虑的重要因素。

斜拉桥施工时，在主梁悬臂浇筑或悬臂拼装过程中，确保主梁线形和顺、正确是第一位的，施工中以标高控制为主。二期恒载施工时，为了保证结构的内力和变形处于理想状态，拉索再次张拉时以索力控制为主。这只是一般情况，具体到每座斜拉桥，施工控制中应根据结构本身的特性和施工方法的不同，采取相应的控制策略。如果主梁刚度较小，斜拉索索力的微小变化将引起悬臂端挠度较大的变化，斜拉索张拉时应以高程测量进行控制。如果主梁刚度较大或主梁与桥墩联结后结构刚度大为增加，斜拉索索力改变很多而悬臂端挠度的变化却非常有限，施工中应以斜拉索张拉吨位进行控制，然后根据标高的实测情况对索力作适当的调整。此时标高、线形的控制主要是通过混凝土浇筑前放样标高的调整(采用悬臂浇筑施工方法时)或预制块件间接缝转角的调整(采用悬臂拼装施工方法时)来加以实现。

5.4.4 施工过程控制的精度要求

结构在施工过程的变位最终误差应符合现行《公路桥涵施工技术规范》和《公路工程质量检验评定标准》的要求,且相邻节段相对高程误差应不大于节段长度的±0.3%,混凝土已浇梁段及成桥后主梁高程误差应不大于±L/5 000,钢梁应不大于±L/10 000,其中 L 为跨径。

索塔的倾斜度应控制在 H/3 000 以内,且不大于 30 mm 或设计文件规定值,H 为承台以上塔高。施工节段的挂篮空载立模高程与预设值允许误差不大于±5 mm。斜拉索索力与设计的允许误差需满足设计要求,且不宜大于 5%。钢绞线斜拉索索内各绞线索力误差宜控制在 2%~8%。现浇混凝土主梁,节段质量误差不应大于 2%。

以下列出一些斜拉桥施工时对各构件施工精度的具体规定,供参考。

(1)南京长江二桥　索塔混凝土塔柱倾斜度为 H/3 000,塔柱节段轴线容许偏差±10 mm,断面尺寸容许偏差±20 mm,斜拉索锚点高程容许偏差±10 mm,斜拉索锚具轴线偏位±5 mm。

(2)岳阳洞庭湖大桥　施工立模标高容许误差±5 mm,索张力容许误差±5%,已浇梁段的标高容许误差±40 mm,索力容许误差±3%。

(3)荆州长江公路大桥　施工立模标高容许误差±5 mm,控制索力张拉最大容许误差±2%,中间索力容许误差±5%,已浇梁段标高误差±30 mm,索力容许误差±5%。

(4)安庆长江公路大桥　施工立模标高容许误差±5 mm,已浇梁段标高误差±30 mm。

第 6 章　斜拉桥桥例——苏通大桥

6.1　工程概况

苏通长江公路大桥（简称“苏通大桥”）位于江苏省东南部长江口南通河段，连接苏州、南通两市。上游距江阴长江公路大桥约 82 km，下游距长江入海口约 108 km。

整个路线全长 32.4 km，由跨江大桥、南岸接线、北岸接线等 3 部分组成。其中跨江大桥全长 8 146 m。2008 年 6 月 30 日建成通车，主跨为 1 088 m，目前为世界上跨径最长的斜拉桥，创造了最大主跨（1 088 m）、最深塔基（或最大规模深水群桩基础）、最高桥塔（300.4 m）、最长拉索（577 m 或对应的 540 m 大悬臂）4 项桥梁世界纪录。建成当年，荣获国际桥梁大会乔治·理查德森大奖，这是我国桥梁工程获得的最高国际奖项。

苏通大桥主桥全长 2 088 m，采用跨径为 100 m+100 m+300 m+1 088 m+300 m+100 m+100 m 的 7 跨连续钢箱梁双塔双索面斜拉桥，主桥总体布置见图 6-1。

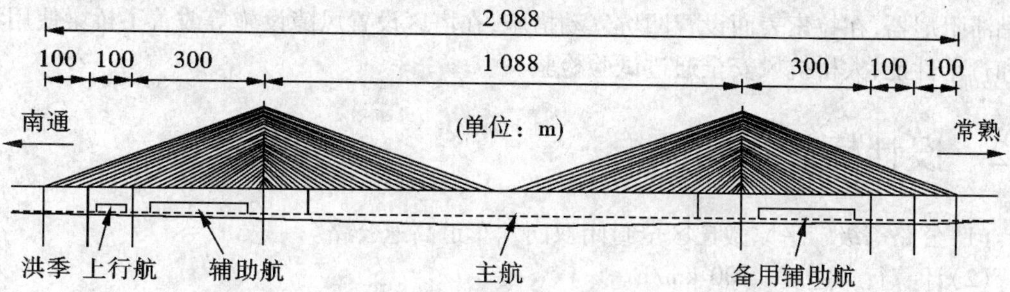

图 6-1　主桥桥跨布置

苏通大桥在建设条件方面具有气象条件差、水文条件复杂、基岩埋藏深、通航标准高等四大特点，其中通航要求即对主跨跨径的要求是控制苏通大桥主桥桥型方案的重要因素，而通航净空宽度、主墩绕流作用、结构要求、技术经济的合理性是控制主跨跨径的主要因素。经分析，主跨跨径考虑通航净宽要求不小于 891 m、主塔基础及防撞设施尺寸约 90 m，主塔基础侧面水流的绕流区影响范围约 100 m，主跨跨径要求不小于 891 m+90 m+100 m=1 081 m；另外结合斜拉桥主、边跨合理比值，斜拉索布置及钢梁构造等结构设计特点，主航道可能摆动等因素，确定的斜拉桥主跨跨径为 1 088 m。

苏通大桥工可阶段专门对满足苏通大桥要求的斜拉桥、悬索桥和斜拉-悬索协作体系方案进行了比较研究。经研究，主跨 1 088 m 的双塔钢箱梁斜拉桥方案为工可推荐方案，主跨 650 m 的三塔斜拉桥方案和主跨 1 510 m 的双塔三跨悬索桥方案为比选方案，主跨 1 510 m 的斜拉-悬索协作体系方案在技术上虽可行,但目前国内外跨径超过 500 m 以上尚无工程实例,其受力较复杂,可借鉴的设计与施工经验少,技术不成熟,舍弃。因此,能够满足苏通大桥建设条件要求的桥型方案只有大跨径斜拉桥和悬索桥两种。

初步设计以工可桥梁关键技术研究成果为基础,对主跨 1 088 m 双塔斜拉桥、主跨 1 510 m悬索桥和主跨 2 010 m 悬索桥桥型方案进行了研究,并重点对桥梁总体布置、结构方案进行研究和计算分析。选择斜拉桥方案的一个重要原因是其造价相对较低。

斜拉桥方案跨径大,结构自身刚度小、阻尼比低。一方面,结构在静风、温度等静力作用下纵向变位很大,飘浮体系下梁端水平位移可达+2. 15 ~ -2. 21 m,塔顶水平位移可达+2. 21 ~ -2. 26 m,结构受力较为不利(塔梁固结体系由温度引起的塔底弯矩很大,飘浮体系由纵向风荷载等产生的塔底弯矩很大);另一方面,结构难以依靠构件自身的强度、弹性、变形甚至局部塑性来消耗强大的地震、风致振动等动力反应能量。为克服上述缺陷,改善结构静动力内力和位移反应,减小伸缩缝、支座等装置的位移量和动力磨损,苏通大桥主桥提出了在漂浮体系的塔梁间附加约束装置的设计构思,确定了塔梁间横向设置抗风支座、纵向设置额定行程限位的黏滞阻尼器、主梁与墩顶之间设置纵向滑动、横向限位支座的结构体系。

苏通大桥作为世界最大跨径的斜拉桥,桥位处于台风高发地区,施工和运营期的结构风致响应问题较为突出。大桥主塔选型上作出比较,最终采用倒 Y 形混凝土塔柱;优化后的塔柱断面风阻力系数较小;扁平流线型钢箱梁设计更有利于空气绕流;钢箱梁检查车轨道位置也经过了反复优化比较,并在轨道两侧设置了导流板;通过在塔梁和索梁之间设置黏滞阻尼器,在拉索表面设置凹坑气动措施,在塔区设置风障设施等改善了桥梁使用状况和行车性能,大桥抗风安全通过试验检验。

6.2 设计标准

(1)公路等级　平原微丘区全封闭双向六车道高速公路。

(2)计算行车速度　100 km/h。

(3)桥梁结构设计基准期　主桥 100 年,副桥和引桥 60 年。

(4)车辆荷载等级　汽车-超 20 级,挂车-120。

(5)桥面净空及标准横断面　桥梁标准宽度 34 m。

(6)纵坡　≤3%。

(7)横坡　≤2%。

(8)抗震设防标准　桥位区地震基本烈度Ⅵ度,采用 100 年 10%,100 年 4% 两种水平抗震设防标准。主桥正常使用极限状态的抗震设计重现期为 950 年,承载能力极限状态的抗震设计重现期为 2 450 年。

(9)抗风设计标准　运营阶段设计重现期为 100 年,施工阶段设计重现期为 30 年。桥位处 10 m 高处 100 年一遇基本风速为 38. 9 m/s,30 年一遇基本风速为 35. 4 m/s;与汽车荷载组合的风力按桥面风速 25 m/s 计算,超过 25 m/s 不与汽车荷载组合。

(10)设计洪水频率　1/300。

(11)设计水位　300 年一遇设计洪水位 5.29 m(85 国家高程系统)。

(12)通航标准　经专题研究,主通航孔的通航类型为单孔双航道,净宽 891 m,净高 62 m。

(13)船舶撞击力标准　经船舶撞击力标准专题研究,主桥索塔基础采用的船舶撞击力标准为横桥向约 130 MN,纵桥向约为 65 MN。

6.3　基础与承台

苏通大桥主墩位于长江河口感潮河段,水深流急,受潮汐的影响流速流向多变。桥位区为第四系地层分布,厚度达 270 m 以上。主桥深水基础持力层深度为 70～90 m。

苏通大桥主桥基础是流速较大条件下的深水基础,设计阶段进行过沉井、桩基础等方案比选。沉井基础具有刚度大、整体性好的特点,但考虑到沉井规模庞大,可能发生不均匀沉降,下沉、封底风险较大,施工难度相对较大;而桩基础适应地层的能力强、稳定性好,承台施工采用钢吊箱围堰技术,国内具有相对比较成熟的经验。所以苏通大桥主桥基础采用钻孔灌注桩群桩基础方案。

设计充分考虑了桩-土相互作用和群桩效应的影响,通过理论分析和试验研究,对桩的布置形式、桩基承载效率、承台结构形式等重大关键技术问题进行了研究比较和优化设计。考虑到风暴潮、河床冲刷及船舶撞击等影响,索塔基础采用 131 根直径 2.8/25 m 钻孔灌注桩基础(钢护筒内径 2.8 m),梅花形布置。按照摩擦桩设计,考虑钢护筒与桩基础共同受力。北、南塔基桩长分别为 117 m 和 114 m。两塔柱下承台之间由系梁连接成哑铃型,平面尺寸 113.75 m×48.1 m,由塔柱下面的 2 个承台及连接梁组成。每个塔柱下承台平面尺寸为 50.55 m×48.1 m,其厚度由边缘的 5 m 变化到最厚处的 13.324 m;两承台之间采用 12.65 m×27.1 m 系梁相连,系梁的厚度为 6 m。每个承台混凝土方量为 42 271 m^3,钢筋总质量 6 500 t,采用分区、分层方法进行浇注。为有效地发挥桩底承载能力,减少基础沉降,采用了桩底压浆方法。实测表明有效地提高了桩基的承载力 20% 以上。该桥的基础为世界最大规模的深水群桩基础,主塔墩采用高桩承台钻孔灌注桩基础。

主塔墩基础施工首次采用永久钢护筒支承钻孔施工平台,有效地解决了施工水域水深 35 m、流速 4.01 m/s、局部冲刷深度 28 m 下,常规钢管桩平台难以实施的难题,保证了平台的顺利搭设和使用安全,节约了 6 000 t 临时结构用钢。

由于基础规模较大,承台和桩基自重占荷载很大比例,因此在基础设计时,本着尽量减轻结构自重、改善结构受力的理念和原则,优化桩基布置和承台形式,并采取桩底注浆和冲刷防护等有效措施提高桩基承载力,减少基础沉降量和不均匀沉降。

钢护筒采用打桩船和振动打桩机两种方式施工。为满足定位精度要求,施工过程中采用了增大抛锚质量稳定打桩船、设置专用定位导向架构造、选择每天 2 次的平潮期进行下沉、利用先进测量手段监测等综合措施,施工完成后实测最大平面偏差为 9 cm,最大倾斜度为 4‰。采用 PHP 优质泥浆集中制浆和循环净化措施,针对各种不同的地层采用不同的钻孔方法,保证了主桥全部 410 根钻孔灌注桩在松软地质条件下的成桩质量。实现桩底沉渣基本控制在 5 cm 以内,所有桩基全部达到 I 类桩。

为减小施工平台搭设的难度，降低施工风险，施工中采用大直径、入土深的钢管桩作为平台支承结构，满足了深水大波浪条件下平台及单桩的稳定性要求。施工时首先在钻孔平台上游侧搭建一个刚度较大的起始平台，利用起始平台及锚固在平台上的悬臂定位导向架导向沉放钢管桩，钢管桩自上游向下游逐排下沉到位后利用平联与起始平台及周围的钢管桩连接成整体，逐步形成钻孔桩施工平台。平台搭设完成后，开始大直径钻孔灌注桩的施工。为了提高施工工效，钢筋笼预先在其余钢管桩内接长，浇注混凝土前由龙门吊吊装下放。总结的“桥梁工程超长、超大直径钻孔灌注桩施工工法”目前已发布为国家级工法。

通过131根钻孔灌注桩将承台、索塔以及通过索塔传下来的上部结构荷载共约20万t传到地基上。钢管桩直径2.85 m，作为永久结构与钻孔桩基础共同受力。承台大体积混凝土施工过程中的钢吊箱局部保留作为基础防撞设施。为降低河床局部冲刷对基础造成的风险，采用袋装沙、级配碎石和块石对主塔墩基础实施了永久性冲刷防护工程，南、北主塔墩防护面积达21万m^2，防护工程共计109万m^3。

主墩承台施工采用钢吊箱围堰技术。钢吊箱平面面积5 500 m^2，重6 180 t，施工采用计算机控制、液压千斤顶同步下放技术，成功实施了40台250 t和350 t千斤顶的联动，下放位移同步性控制在1 cm以内，在国内外首次实现水上超大钢吊箱使用液压千斤顶在复杂工况条件下的安全下放。钢吊箱定位后平面最大高差48 mm，横桥向、顺桥向倾斜度分别为1/3 240和1/1 860。

苏通大桥主4#、主5#墩钢吊箱质量分别为5 316 t和5 087 t，平面尺寸117.95 m×52.3 m。2个主塔墩钢吊箱均设计为双壁有底自浮式钢结构，包括底板、壁体、内撑、拉压杆和定位系统5大部分，采用工厂分块预制、现场拼装、计算机控制下沉的施工方法。其中主4#墩钢吊箱分3次接高下沉，主5#墩钢吊箱采用1次拼装完成后整体下沉。主5#墩钢吊箱拼装完成后，利用40台千斤顶系统同步将钢吊箱整体上提60 cm左右，割除下平联拼装平台，第1次先将钢吊箱下放至涨潮位以上，在落潮前下放至低潮位处。再次涨潮时根据潮位往壁板内加水，待2次退潮时继续下放。按此步骤直至钢吊箱下放到位，整个下放距离12 m。主5#墩钢吊箱的沉放成功实施了多台千斤顶联动、位移同步性控制在1 cm以内，在国内外首次实现了水上超大钢吊箱使用液压千斤顶在复杂工况条件下的安全沉放。“超大型钢吊箱水上整体拼装下放施工工法”现已发布为国家级工法。

通过成功试配高流动、自流平、自密实、缓凝型混凝土，实现了封底混凝土一次性浇筑成功。承台底层和顶层斜坡面为高配筋，配筋率达400 kg/m^3，混凝土采用分块分层浇筑方案，底层降低分层高度，顶层斜坡面采用压模施工。除采用常规混凝土“双掺”技术、冷却降温措施、混凝土浇筑振捣、养生等综合技术手段外，采用计算机实时温度跟踪控制技术，有效解决了高配筋、4.2万m^3的大体积混凝土承台施工质量控制难题，保证了承台混凝土的内在品质和表观质量。

6.4 索塔

大桥主塔采用倒Y形，由上塔柱、中塔柱、下塔柱横梁和交汇段组成的，见图6-2。每座主塔耗用混凝土 2.8 万 m^3，钢材 9 000 多吨，承受约 10 万的荷载。

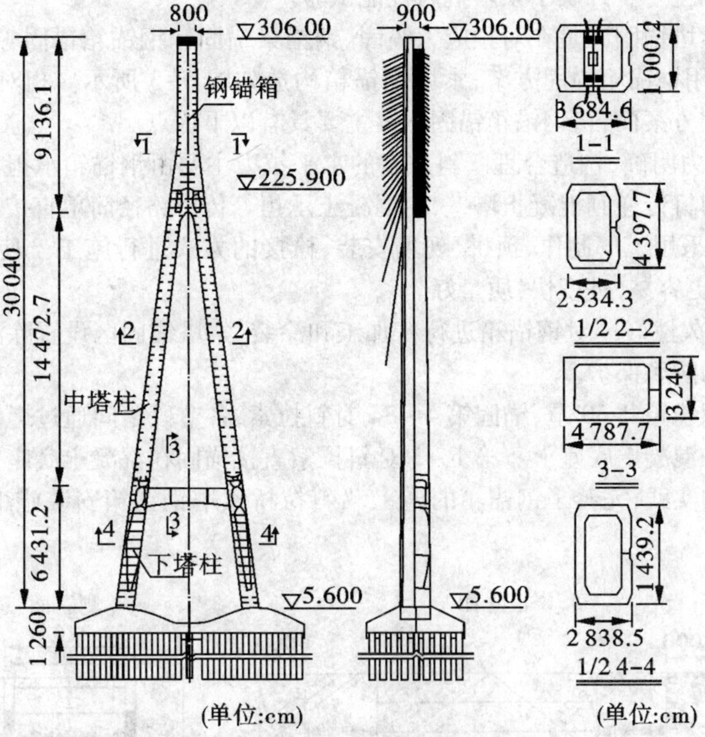

图 6-2　索塔结构图及施工节段划分图

塔高为 300.4 m，其中上塔柱高 91.4 m，中塔柱高 155.8 m，下塔柱高 53.2 m，塔底面塔肢中心间距 62.0 m，塔柱采用变截面空心箱形断面，塔柱底部设实心段。索塔在 64.3 m处设置横梁，采用箱形变高结构。索塔锚固区采用钢混结构，钢锚箱共 30 节，总高度 73.6 m，自上而下分为 A、B、C 三种类型，其中 A 类和 C 类钢锚箱各 1 节，B 类钢锚箱 28 节，标准节段高 2.3 ~2.9 m，底节钢锚箱高 3.6 m。

索塔的施工，经多种工艺比选，采用目前国内外工艺最先进、自动化程度最高、结构最可靠的液压爬模施工技术施工。索塔施工最初 12 d 完成一个节段，经过一段时间后，标准节段施工平均 7 d 1 节。索塔采用 DOKASKE 自动液压爬模系统进行施工，共划分为 68 个节段，标准段高度 4.5 m。塔柱施工到第 18 节段后，采用 15 根 1 400 mm×14 mm 钢管支架支撑进行下横梁现浇施工。索塔施工塔吊采用 POTAIN-MD3600 塔吊，最大吊装高度 315 m。钢锚箱每次吊装 2 节，精确测量定位后，进行塔柱钢筋绑扎和混凝土浇筑。运用这套国际最先进的液压爬模施工塔柱，创出 3 d 爬升 4.5 m 的极限速度。

300 m 桥塔混凝土质量优良，塔顶偏差仅 7 mm，垂直度偏差小于 1/40 000。总结的“桥梁高塔(墩)液压爬模施工工法”现已成为国家级工法。

在同济大学风洞试验室进行了 1/185 索塔自立状态缩尺模型风洞试验，结果表明，在均匀流场和紊流场中没有发现明显的涡振现象，也未观察到驰振现象。但紊流场中的抖振振幅较大，施工中需要采取有效措施进行抑振。施工单位根据施工方案，结合塔吊等施工设备在施工期进一步开展了索塔抗风性能试验。

苏通大桥索塔锚固区是在对预应力锚固、钢锚梁锚固和钢锚箱锚固等多方案比选的基础上，确定采用钢锚箱锚固方案，索塔钢锚箱构造如图 6-3 所示。相对于国内用得较多的预应力锚固方案而言，钢锚箱锚固方案主要具有以下优点。

（1）结构受力明确，构造合理　斜拉索的水平拉力主要由钢锚箱承担，竖向力主要通过钢锚箱的剪力钉传递到混凝土塔壁，由混凝土承担。传力路径简单直接，受力均匀。

（2）钢锚箱采用工厂制作、预拼、现场安装、栓接的方式进行施工　使结构施工更方便，检查和维护更容易，进度快，质量好。

（3）结构耐久性好　对钢锚箱进行精加工和涂装，索塔锚固区设置除湿系统，加强对锚固区钢结构的防腐保护。

每个索塔钢锚箱共 30 节，锚固第 4 ~ 34 对斜拉索，各节段之间通过螺栓连接，底节钢锚箱直接支撑在混凝土底座上。第 1 ~3 对斜拉索直接锚固在混凝土底座上。

通过本桥的实践，完善了钢锚箱的施工，“斜拉桥索塔钢锚箱安装施工工法”已成为国家级工法。

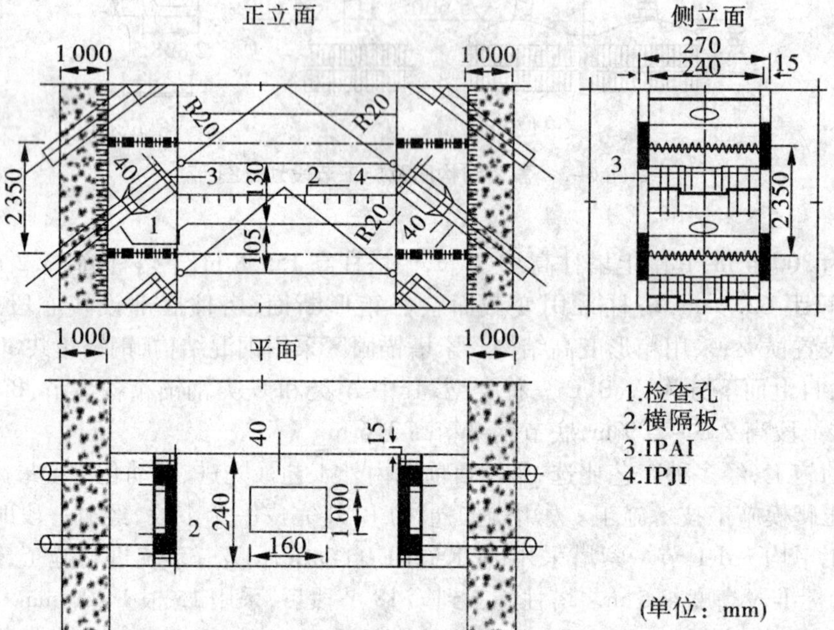

图 6-3　索塔钢锚箱构造

6.5　斜拉索

斜拉索采用平行钢丝拉索体系，采用的是自主开发的直径 7 mm、强度等级为

1 770 MPa的国产高强度、低松弛钢丝。这是宝钢生产的高强度镀锌钢丝，也是国内首次在大跨径斜拉桥上使用7 mm、1 770 MPa 规格高强度镀锌钢丝，它的成功使用打破了国外厂家的技术垄断并填补国内空白。全桥共 4×34×2＝272 根斜拉索，最长 577 m，最大规格为 PES7-313，单根最大质量为 59 t。

斜拉索设计寿命为 50 年，并考虑了可更换性。主要通过下列措施提供斜拉索的耐久性能。

(1)索体　采用耐久性极好的氟化膜(PVF)胶带，索体的防护体系为钢丝镀锌+氟化膜胶带+双层热挤聚乙烯护套。

(2)针对螺母承压式锚具　开发了新型锚具防腐涂层技术，使锚具外表面锌层达 80～120 μm。

(3)为了确保索体护套与锚具之间的密封性能，采用了新型密封技术。

(4)进行了严格的水密性试验和拉弯疲劳试验研究。

苏通大桥的斜拉索创造了 4 个世界第一：单根最长 577 m；单根最大质量为 59 t；斜拉索寿命为 50 年；无应力条件下长度偏差 $\Delta L \leqslant 1/20\ 000\ L$。272 根斜拉索由江苏法尔胜新日制铁缆索有限公司制作。该项“超高强度平行钢丝耐久型拉索体系”技术，对斜拉索索体采用多层防腐结构，选取高分子材料对包括锚头在内的拉索进行全长多层隔离或防护，完全隔绝水分以及其他有害物质进入索体，可以保证斜拉索 50 年至 60 年的使用寿命。该技术目前在世界桥梁建设领域内遥遥领先，运用了该技术的香港昂船洲大桥斜拉索试验索已经通过了符合法国 CIP 规范的弯曲疲劳试验和模拟实桥荷载及温度变化的动态水密性试验。272 根斜拉索制造精度全部达到 1/20 000 的标准，疲劳试验达 400 万次以上，可靠耐久。

苏通大桥采用平行钢丝扭绞型斜拉索，梁上基本索距 16 m，边跨尾索距为 12 m；塔上索距为 2.3～3.55 m，长度为 153～577 m。苏通大桥整体结构和拉索构件较柔，固有振动频率分布广，在环境激励下斜拉索极易发生涡激振动、风雨激振以及参数振动和内部线性共振，需加以控制。斜拉索减震的目标是将拉索振动的幅度控制在可接受的范围之内。从满足拉索的二次弯曲强度、疲劳强度和使用者的视觉安全 3 个方面考虑，确定本桥拉索振动的允许幅值控制在其长度的 1/1 700 以内。

为使拉索的风雨激振和涡激振动得到抑制，大桥通过试验确定了采用气动措施、阻尼器(3% 附加阻尼)，同时预留辅助索的综合减振方案，合理有效地控制了拉索风致振动，提高了拉索结构的安全性和服务水平。斜拉索表面采用气动措施后，设计风速下的风阻系数满足 $C_d \leqslant 0.8$ 要求。苏通大桥阻尼器安装示意图见图 6-4。

斜拉索张挂施工主要包括索上桥面、展索、挂设及张拉等工序。根据斜拉索的质量，锚固牵引力的大小以及张拉施工空间要求，1#～6#、7#～20#、21#～34#索分别采用不同的方法进行施工，主要区别在于索的牵引和张拉工艺的选用：1#～6#索采用塔端硬牵引、塔端张拉的方法；7#～20#索采用梁端软牵引、塔端张拉的方法；21#～34#索采用梁端软硬组合牵引、梁端张拉的方法。

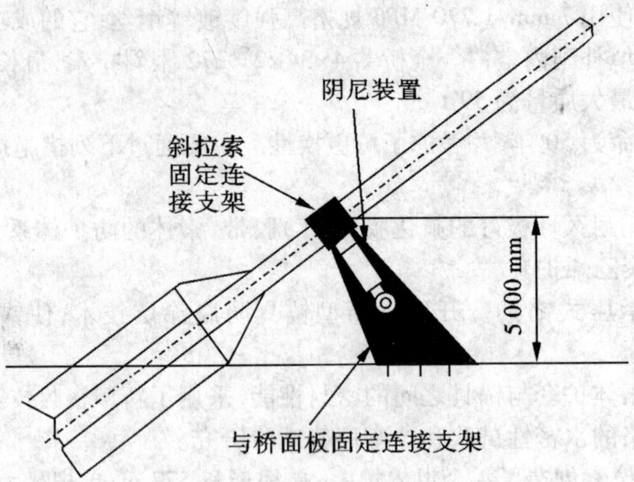

图 6-4　苏通大桥阻尼器安装

6.6 钢箱梁

经过多座大桥的实践证明，流线型扁平钢箱梁具有抗扭刚度大、空气动力稳定性好的特点，且全封闭结构利于防腐，便于养护。因此采用了传统的全封闭扁平箱形结构，断面形式如图 6-5 所示。

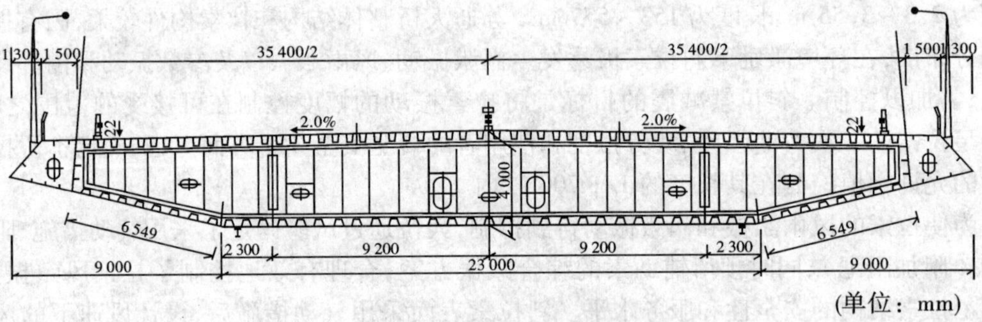

图 6-5　主梁标准横断面

钢箱梁钢板厚度较大和关键受力区段构件，采用 Q370qD 钢种，其他部位采用 Q345qD 钢种。所设计的钢箱梁在以下方面进行了改进。

(1) 针对目前钢箱梁顶板和桥面铺装病害，将加劲肋适当加高加厚，有利于提高桥面板刚度和抗疲劳性能，更好地应对重交通荷载带来的不利因素，减少桥面铺装病害的发生。

(2)为保证其具有足够的抗压屈能力,设置了两道 300 mm×36 mm(外腹板厚 36 mm)、300 mm×30 mm(外腹板厚 30 mm)平板加劲肋。拉索锚固附近增设两道 220 mm×20 mm 平板加劲肋,以增大外腹板刚度。

(3)为改善横隔板的受力性能,考虑工艺可能性,设计采用对接式横隔板。加工时,考虑设备能力,采用整体式横隔板。

(4)钢箱梁内设置两道纵隔板,竖向支承区、压重区和索塔附近采用实腹板式,其他部位采用桁架式;桁架式纵隔板由 T 形钢和角钢组成,实腹板式纵隔板采用整体式。

(5)为减小主梁的涡激振动,在梁底检查车轨道的两侧设置了导流板。导流板标准段长 3.9 m,设两道纵向加劲肋,板厚 4 mm。导流板不参与桥梁受力,节段间设有 100 mm 断缝。

钢箱梁采用全焊扁平流线型结构,分为标准梁段和大块梁段,共 17 种类型,141 个节段,全宽 41 m、高 4 m,最重的一块钢箱梁超过了 1 200 t,标准梁段钢箱梁质量为 450 t,合龙段和 0#块钢箱梁质量为 120 t。梁段采用工厂制造,水运至现场吊装的施工方法。大块梁段采用大型浮吊吊装,标准梁段采用桥面吊机吊装。

提升系统有两种选择:①卷扬机提升系统,代表工程有日本多多罗大桥;②钢绞线提升系统,代表工程有南京二桥、南京三桥。两种提升系统比较见表 6-1。综合考虑,桥面吊机采用了钢绞线千斤顶提升系统。液压提升桥面吊机主要由主体桁架结构、液压提升机构、钢箱梁纵、横向调整机构、行走机构、扁担梁吊具(含重心、纵坡调整装置)、集中联动控制系统组成。

表 6-1　提升系统对比

项目	卷扬机提升系统	钢绞线千斤顶提升系统
起吊重量、高度	无限制	无限制
提升速度	可达 100 m/h,随吊装重量增加,钢丝绳走线数增加而降低	可达 30 m/h,与液压系统性能有关,基本恒定
吊机结构自重	较重	较轻
吊装控制	电脑控制	电脑控制
调位精度	较低	1 mm
系统安全性	系统安全的关键在于钢丝绳和卷扬机刹车性能,钢丝绳损坏将导致整个系统崩溃	系统安全的关键在于钢绞线的锚固性。单根钢绞线的磨损不影响吊装安全性,可在下一节吊装前更换

钢箱梁标准梁段共80节，最大起吊质量近450 t，最大起吊高度约70 m，采用特制的桥面双吊机吊装，节段调整精度为±1 mm。

钢箱梁板件在工厂加工，通过水上运输到近江进行组拼、试拼装、涂装，然后运输到桥位。钢箱梁架设从主塔开始，对称架梁至边跨合龙，边跨桥面吊机停止作业，然后中跨桥面吊机继续施工至中跨合龙。架设过程如图6-6所示。

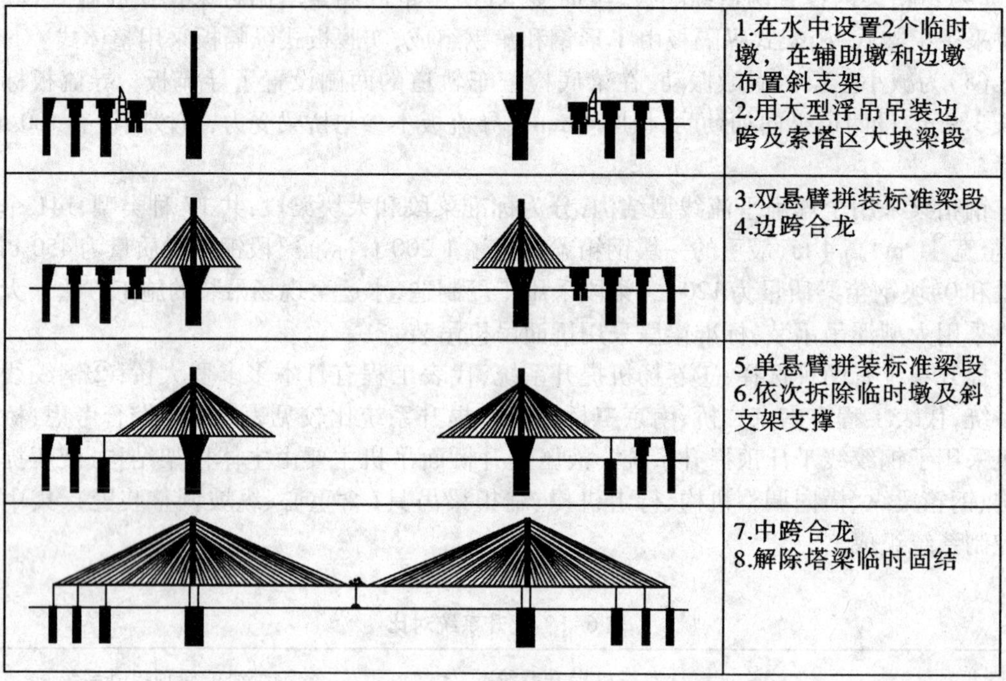

图6-6　施工过程

中跨合龙施工前，单悬臂达到最大的540.8 m，受合龙时机及其自然条件的影响，合龙时的环境和结构温度均将与基准温度存在差异。通过计算分析，提出了顶推辅助合龙的方案。中跨合龙前将箱梁悬臂端向岸侧顶推，吊装就位后箱梁悬臂端回移与合龙段焊接。其要点包括：调整合龙口两侧梁段→安装劲性骨架→释放塔梁临时固结竖向索的部分索力将合龙口两侧钢箱梁整体向岸侧拉移（改变合龙口长度）→采用桥面吊机抬吊合龙梁段（基准温度下的长度）→在同一比较稳定的温度时段内（无日照）整体回移合龙口两侧钢箱梁→同步焊接两条接缝并解除塔梁临时固接。

合龙施工选择在温度稳定的夜间进行，其环境温度变幅小，所要求的顶推量小。梁段顶推采用穿心千斤顶张拉塔梁临时固结的纵向索同时放松竖向索实施，顶推量根据合龙时的温度计算确定。

苏通大桥上部结构钢箱梁架设在多功能双桥面吊机研发、大节段3向调位工艺、中跨顶推合龙施工工艺和控制方法等方面取得了创新性成果，其中"钢箱梁双吊机吊装施工工法"已发布为国家级工法。

为了确保施工期的抗风安全，除合理安排工期力争边跨早日合龙、避开台风期进行大悬臂施工外,施工阶段还采用调质阻尼器、临时抗风缆等抗风措施。

苏通大桥索塔与主梁间横向设置抗风支座、纵向设置额定行程功能的阻尼器,不设竖向支座。额定行程功能的阻尼器具有如下功效:①动力荷载作用时,装置阻尼耗能,有效地减少了索塔动力荷载反应,同时将主梁纵向位移控制在额定行程内;②静力荷载作用时,主梁纵向位移不容许超出额定值,在额定行程内,装置不约束主梁纵向位移。

6.7 施工控制

为满足结构体系要求,并方便实施,钢箱梁安装和斜拉索张挂分为 5 部分进行,即辅助跨、边跨大块梁段安装,索塔区梁段安装及斜拉索张挂,标准梁段安装及斜拉索张挂,边跨合龙,以及中跨合龙。总体施工程序为辅助跨、边跨大块梁段吊装→索塔区梁吊装、斜拉索张挂及桥面吊机安装→双悬臂段标准梁段安装及斜拉索张挂→边跨合龙→单悬臂段标准梁段安装及两侧斜拉索张挂→中跨合龙。

苏通大桥主桥跨度大,悬臂长,非线性影响明显,施工阶段受施工荷载和风荷载影响较大,存在超长斜拉索挂设压锚、超大悬臂架设及抗风安全等施工难题,对施工控制提出了极高的要求。

施工控制是一个误差处理和优化调整的过程,对于保证桥梁施工安全以及施工质量发挥着极为重要的作用。由于苏通大桥处于开阔江面,气象条件极其复杂,且结构长柔,构件数量多,因此施工控制存在许多不确定性因素,面临巨大挑战。为此本桥采用了有别于传统施工控制方法的控制策略,即采用了全过程自适应几何控制法,简称几何控制法。几何控制法是指通过全过程精确控制结构构件的无应力尺寸与形状,以及实现控制对象和被控制对象自适应来达到控制桥梁结构最终线形和内力的一类控制方法。传统的施工控制方法一般仅对安装阶段进行控制,对于苏通大桥千米级斜拉桥结构以及复杂的环境条件,仅在现场安装控制存在安全和管理风险,因此将施工控制阶段进一步拓展至制造及安装的全过程,从制造"源头"控制结构尺寸误差和掌握结构参数的误差分布规律,为现场安装误差调整提供了可靠数据,通过对结构参数的识别和已完成安装结构的误差评估,对未完成阶段的构件的无应力尺寸进行了修正。由于大部分误差在制造阶段进行控制,降低了安装现场出现过大误差的可能性,从而减少了进行误差调整的次数,减少施工控制对施工工序衔接的影响,加快了施工进度,提高了施工质量,有效地规避了施工风险。

实施主要分成 3 个阶段,计划阶段、制造阶段和安装阶段。

在计划阶段,通过建立三维有限元模型对全桥结构进行计算分析,得到各构件的无应力尺寸以及线形,如自立状态索塔锚固点坐标,主梁梁长以及线形,斜拉索的制作长度。通过计算分析,还可以得到各梁段安装时的位置从而得到安装的目标线形。进行针对成桥状态的参数敏感性分析,确定主要的控制参数为钢箱梁制作梁长、梁重、斜拉索弹模、斜拉索无应力索长、索塔锚固点高程等 5 大误差因素。

在制造阶段,将精度控制的概念带入构件的制造阶段,包括索塔制造的施工控制、梁段匹配制造,以及斜拉索的精确制造。钢箱梁节段在工厂采用长线匹配法制造,最大限度地减小制造误差,其制造分成多个批次,后一批次的梁段线形要考虑前一批次梁段制造的累积误差，对其进行控制和补偿，节段钢箱梁进行称重，斜拉索制作时逐根进行弹性模量测试和无应力索长测定，分批次进行索重集度测量。对制造阶段的各构件误差进行统计，建立误差数据库。将制造阶段的误差，包括几何尺寸的误差以及材料特性的误差引入计算模型，对模型参数进行更新，从而确定新的斜拉索无应力长度以及梁段的安装目标线形。

在安装阶段，遵从“采用钢箱梁制造线形控制主梁局部线形，采用斜拉索无应力长度控制总体线形”的原则。采用高精度的对接设备和调节设备进行梁段的匹配对接，确保实际安装钢箱梁无应力线形能与理论无应力线形的线形一致；采用先进的监测手段对包括索塔线形，主梁线形以及梁长等结构几何构形进行测量，并同步监测结构的应力；同步全程监测环境因素，包括温度、风等，并根据测试结果进行温度和风的修正。对比修正后的线形与理想目标线形，判断误差是否超出可控范围，若不超出，进行下一节段施工；若超出，进行误差因素分析后调整计算模型，计算后续索长调整量，从而达到控制的目标。

苏通大桥成桥状态梁段控制点标高误差为-16.6～+168.5 mm，桥轴线误差为-22.9～+22.5 mm，且主梁线形平顺，具有良好的成桥线形状态。成桥状态各斜拉索索力误差为-9.4%～+9.1%，斜拉索索力误差小于5%的数量达到86%，运营状态下索力安全系数均在2.5以上。成桥状态索塔线形偏差绝对值为17～44 mm，索塔线形匀顺。

第二篇 悬索桥

第 7 章　悬索桥概述

7.1　悬索桥的结构特点

7.1.1　常规的悬索桥

悬索桥正如其名称，具有从桥的一端悬挂到另一端的强大缆索。缆索“悬挂”在塔的顶部，两头由锚碇“锚固”。常规的悬索桥利用主缆及吊索组成的悬挂体系，将荷载作用传递到桥塔、锚碇。桥的组成如图 7-1 所示，其主要组成包括加劲梁、吊杆（索）、主缆、桥塔和锚碇。

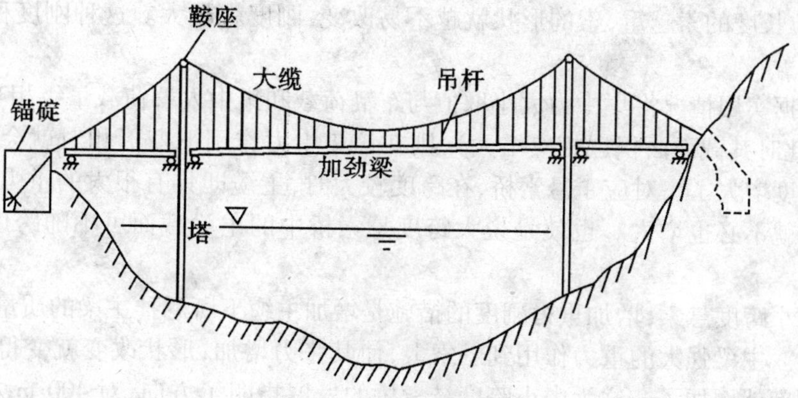

图 7-1　悬索桥的组成

加劲梁提供桥面，直接承受荷载；吊索（或称吊杆）连接主缆与加劲梁，将荷载传递给主缆；主缆（或称大缆）以桥塔及支墩为支承，两端锚固于锚碇，将吊索传递来的荷载传递给桥塔和锚碇；桥塔支承主缆并将荷载通过基础传递给地基；锚碇锚固主缆索股，承受主缆拉力，支承于地基上，或嵌固于岩体中，分别称为重力式锚碇和隧道式锚碇。

悬索桥的传力途径简洁，结构构造简单，受力明确，跨径越大，材料耗费越少，桥的造价越低。主要承载构件主缆由高强度的钢丝组成，承受拉力，材料利用效率最高。主塔主要承受压力，以及量值不大的弯矩，材料利用效率也较高。加劲梁的主要作用就是承担车辆和行人荷载，将它们传递给相邻的吊杆，因此对其刚度要求不高，可以做得相对较柔，能完成分配荷载的作用即可。一般采用竖直吊杆，加劲梁不像斜拉桥的主梁那样还要承担很大的轴向压力，因此其对悬索桥向更大跨度发展不产生制约。桥塔只有相应跨径斜拉桥桥塔高度的一半,因此稳定性更高。锚碇的大小可根据需要增加,只是工程量方面的增加,没有任何技术上的难度和制约因素。因此,悬索桥向更大跨度发展的制约因素主要是主缆材料的抗拉强度。目前悬索桥的最大跨度达到了1 991 m,墨西拿海峡大桥的设计跨度为3 000 m,再大的跨度就需要采用抗拉强度更高的材料了。

悬索桥是所有桥型中跨度最大的,目前世界最大跨度的斜拉桥跨度为1 088 m,在此跨度之上,悬索桥是唯一的选择。而跨度为600 ~1 088 m时,斜拉桥可在技术经济方面与其相比较。

悬索桥一跨过江或跨过大的峡谷,中间不需要修建桥墩支承,气势豪迈壮观。其主缆形似项链自然下垂的形状,是所有桥型中最优美的,因此深受人们喜爱。大跨径的悬索桥常成为所在地的一大旅游景点,人们欣赏着美观的大桥,为人类征服自然实现大跨度跨越感到惊叹和自豪。

7.1.2 悬索桥主缆的重力刚度

单独的一根柔索,在重力作用下呈悬链线形,在其上作用一竖向集中力,悬索就会产生变形。这就是说,本身截面刚度可以忽略不计的柔索具有一定抵抗变形的能力,即具有一定的刚度。因柔索自身截面刚度忽略不计,这种刚度是它在重力场中,靠形状的改变而产生的,单位长度的索越重,索的形状就越不易改变,刚度就越大。这种刚度称为索的重力刚度。

一般根据实用情况将集中力大小取值与车辆荷载和集中人群荷载量级相当。若索的跨度增大(此时其截面面积也相应增大),则在该集中力作用下变形相对就会减小,相当于其重力刚度增大了。对应于悬索桥,在跨度较大时,主缆即具有很大的重力刚度,于是主梁的刚度就不必也增大。也就是说大跨度悬索桥中的主梁截面可不随跨度的增加而改变。

对于较小跨度悬索,增加重力刚度的措施是增加主缆下所悬挂主梁的质量,比如采用混凝土主梁。主梁强大的重力作用到悬索上,使其张力增加,形状改变就变得不容易,主缆的重力刚度就增加了。这为中小跨度悬索桥的发展指明了方向,对400 m左右的悬索桥,可以采用混凝土主梁。

另外一种增加重力刚度的措施是为主索设置较小的垂跨比,悬挂主梁后,主缆就会张得更紧,其中的拉力就相应较大,形状改变也变得不太容易,就增大了重力刚度。这种措施会降低主缆的安全系数,因此应通过比较后采取合适的垂跨比。目前,悬索桥的垂跨比为1/10左右。

在跨度较小的且主梁刚度也较小时(相当于早期的悬索桥),主梁上受到局部的车辆荷载和人行荷载后,主梁不能将荷载向较大范围的传递,只有紧邻的吊杆受到较大的拉力。因主缆的索较柔,在局部吊杆拉力的作用下就容易发生变形。这也是早期悬索桥容易发生疲劳破坏和它磨损破坏的一个原因。

7.1.3 自锚式悬索桥

悬索桥结构受力性能好、跨越能力大,轻型美观、抗震能力强,结构的总体布局变化形式多,对地形的适应能力好,在许多跨越大江大河、高山峡谷、海湾港口等交通障碍物时,往往作为首选的桥型。但一般常规式的地锚悬索桥,常需要体积庞大的锚碇来锚固主缆,在地质条件差的地方,锚碇结构的基础工程量非常大,往往是工程的难点。地锚式悬索桥锚碇和锚碇基础占工程造价相当可观部分,成为影响悬索桥结构经济性的重要方面。在城市地区或旅游区,修建体积庞大的锚碇,对环境美观也会产生负面影响,因此在一些跨度要求不是太大的地方,自锚式悬索桥方案由于结构新颖美观而成为有竞争力的桥形方案。

自锚式悬索桥与地锚式悬索桥不同的是它的主缆直接锚固在加劲梁的两端,由加劲梁直接承受主缆的水平拉力和锚固点主缆的竖向力,在加劲梁的水平方向形成自平衡体系,如图7-2所示。

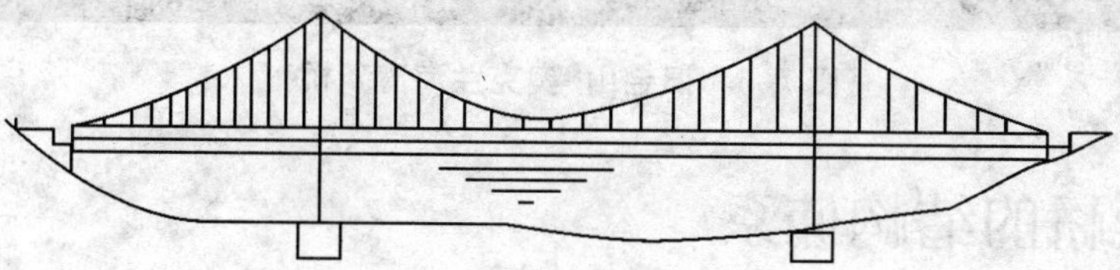

图7-2 自锚式悬索桥

与地锚式悬索桥相比,自锚式悬索桥有以下几方面的优点:①不需要修建大体积的锚碇,所以适用于地质条件较差及不宜修建锚碇的城市地区;②受地形限制较小,可结合地形灵活布置,既可修成双塔三跨悬索桥,也可修成单塔双跨悬索桥或单塔单跨悬索桥;③保留了传统悬索桥的外形,以满足人们对桥梁美观性的追求;④如果采用混凝土材料制作加劲梁,主缆提供的轴向力可减少预应力材料的用量。自锚式悬索桥在中小跨径桥梁中很有竞争力,对于250~400 m跨径,自锚式悬索桥也是一种很有竞争力的方案。在60~300 m跨径范围,自锚式悬索桥的造价可与同等跨径的预应力混凝土桥、斜拉桥和拱桥等比较。

自锚式悬索桥的构思出现在19世纪后半叶,到1915年,德国设计师在科隆的莱茵河上建造了第一座大型自锚式悬索桥——科隆-迪兹桥,该桥主跨185 m,用木脚手架支承钢梁直到主缆安装就位。从那以后,美国、日本、德国又分别修建了多座自锚式悬索桥,已建成的最大跨度是315 m。在建的美国旧金山-奥克兰海湾新桥是一座独塔独柱自锚式两跨悬索桥(图7-3),跨度构成为180 m+385 m。

国内近几年设计和修建了多座自锚式悬索桥,形成了一个设计和修建自锚式悬索桥的高峰期。郑州桃花峪黄河大桥为双塔三跨自锚式悬索桥,跨径布置为160 m+406 m+160 m=726 m,在同类型桥梁中排名世界第一。自锚式悬索桥一般要先架设加劲梁,再架设主缆,不便跨越河流和峡谷,受压加劲梁的稳定性也较差,这就限制了其跨度增加和适用范围。

图 7-3　旧金山-奥克兰海湾新桥

7.2　悬索桥的结构体系

7.2.1　双链式悬索桥

对于小跨径悬索桥,主缆重力刚度较小,容易发生较大变形。特别是当非对称荷载用在 1/4 跨时,主缆发生很大变形才能稳定下来。基于常规单链悬索桥的这种变形特性人们开发了双链式悬索桥,每侧主缆用两根,安装后的形状各自对应两个 1/4 跨受荷载稳定下来的形状,如图 7-4 所示。其中的 A 型每根链在全跨范围内均匀布置有吊索,我国重庆的朝阳桥,吊索也可只与所在半跨垂度较大的一根连接。该形式悬索桥可减非对称的半跨活载作用下的 S 形变形,从而提高了全桥的刚度。

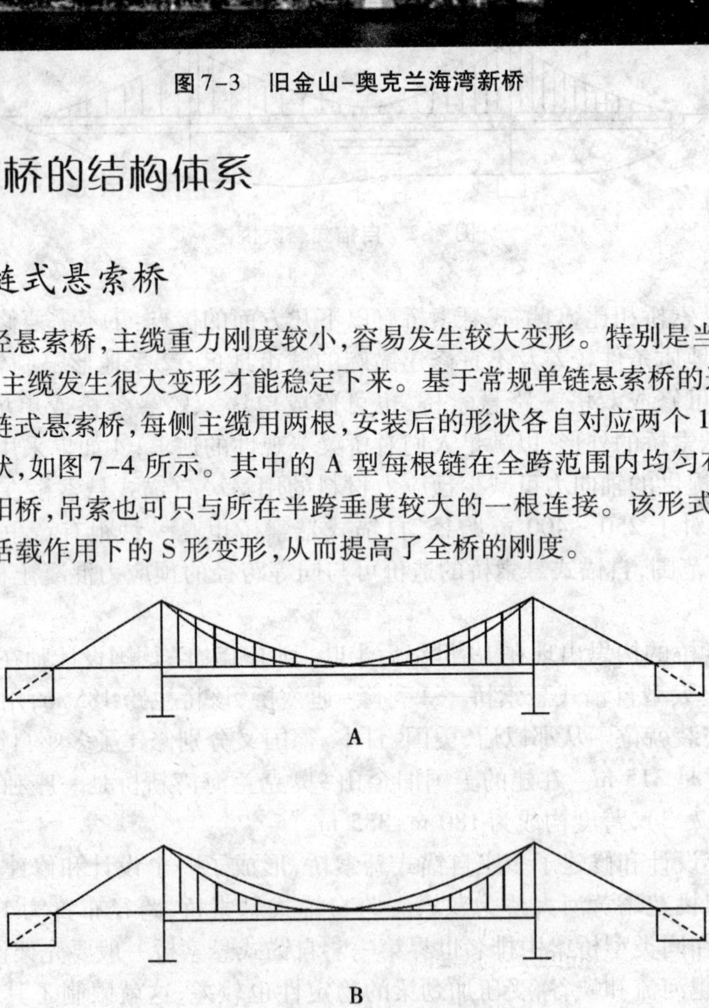

图 7-4　双链式悬索桥

7.2.2　悬索桥的孔跨布置

悬索桥加劲梁可根据技术与经济比较选择单跨、双跨、三跨等布置方式。常见的布置形式为三跨式，它的结构特性也比较合理。根据地形条件，当边跨为陆地或水深不大时，修建中小跨度混凝土梁式桥可能更经济，此时宜采用一个或两个边跨不布置吊杆的两跨式（如青马大桥）或一跨式（如江阴长江大桥）。具体在整体布局上还需考虑桥梁的景观，与周边环境的协调。因此加劲梁的布置是采用单跨、两跨或多跨，应根据较充分的经济与技术比较并结合美学设计决定加劲梁的布跨。

当边跨不布置吊索后，该跨主缆垂度较小，与主塔的夹角增大，对相应主塔提供的刚度较大。但在架设主缆时，需要设置较大的鞍座预偏量。

4 跨、5 跨等多跨悬索桥需要三个及以上的桥塔，可称为多塔悬索桥，如图 7-5 所示。但其中一跨有荷载时，塔柱将向受荷跨弯曲，表明该悬索桥的整体刚度较小。这种特性与多跨斜拉桥的类似。因此，大跨径多跨悬索桥比较少见。此时若采用增加中间桥塔刚度的办法，如桥塔纵向采用 A 形的 4 柱立体桥塔，则塔柱及其基础的造价就大大增加。一般采取采用公用锚碇的形式，如图 7-6 所示，日本的北南备赞濑户大桥（1998 年）。此时要结合地形条件，合理布置中间共用锚碇，以尽量减小工程量。

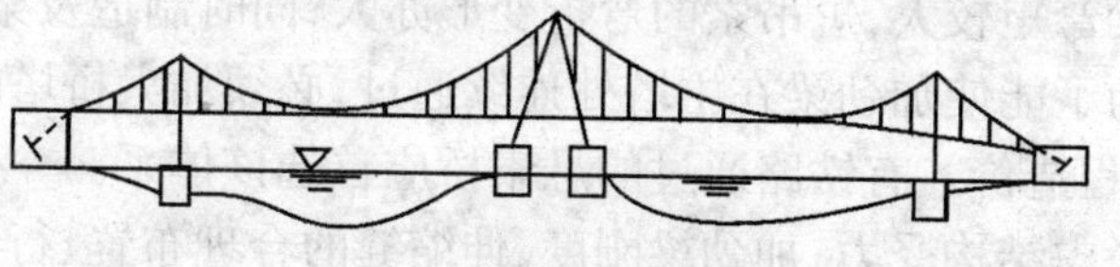

4 跨悬索桥

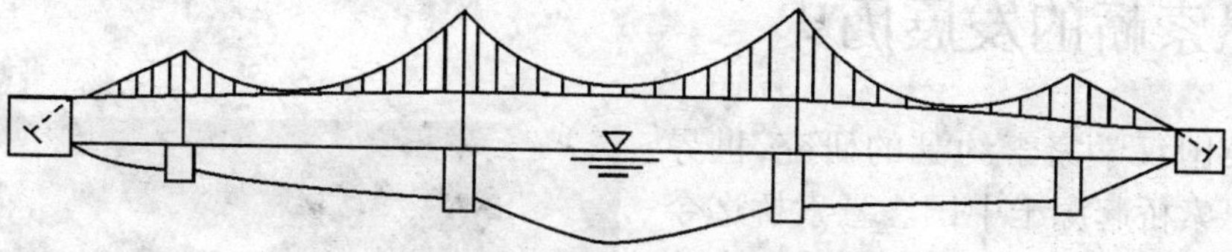

5 跨悬索桥

图 7-5　多跨悬索桥

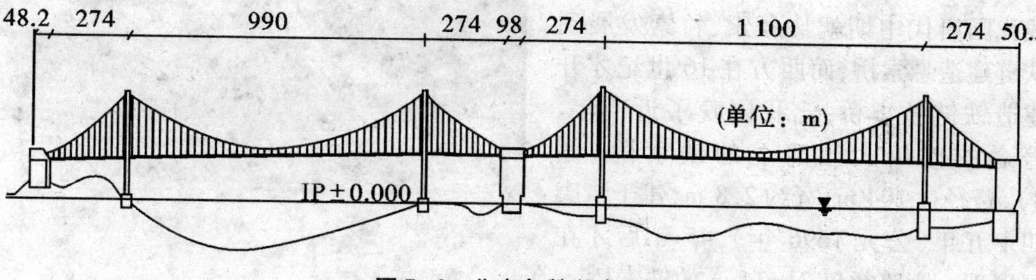

图 7-6　北南备赞濑户大桥

7.2.3 加劲梁的支承体系

支承体系可选择简支或连续,如图 7-7 所示。加劲梁的支承体系在采用非连续的单跨、双跨或三跨简支时,加劲梁梁端的转角、竖向挠度和横向变位均较大。非连续的布置在受力上比较明确、合理,加劲梁的弯矩较小,对桥塔基础的不均匀沉降适应较好。一般适用于公路桥。

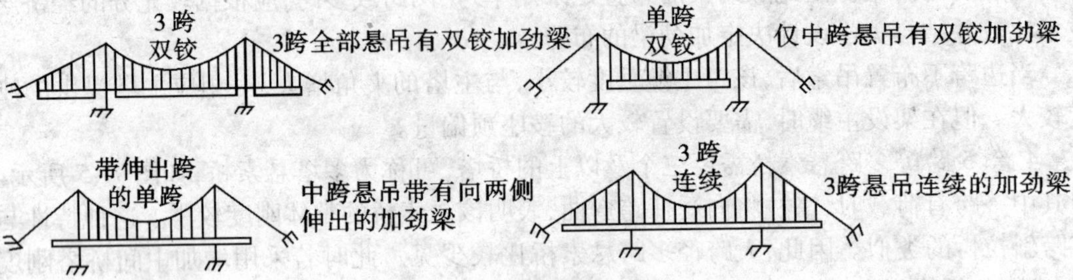

图 7-7　加劲梁的支承体系

加劲梁采用连续支承体系时对于减小纵向挠度和横向变位及梁端转角都是有利的,但在桥塔附近加劲梁弯矩较大,短吊索的弯折变形亦大,同时制造及架设误差对加劲梁应力有较大的影响。为了能使加劲梁在主塔处连续通过,必须加大桥塔的塔柱间距,随之加大桥塔基础,增大工程造价。有铁路通过的悬索桥应首选该体系。

设计中应综合考虑结构受力、加劲梁刚度、伸缩缝的合理布置、行车的平顺性、短吊索疲劳等条件决定加劲梁的支承体系。

7.3 悬索桥的发展历史

根据英国汉学家李约瑟的研究,世界上最早的悬索桥起源于中国。悬索桥迄今至少有 3 000 年历史,最早用竹作索。在公元前 250 年,蜀太守李冰在四川都江堰上建成的竹索桥跨越河流宽度达 320 m。据记载我国唐代中期就从藤索、竹索发展到用铁链建造悬索桥,而西方在 16 世纪才开始建造铁链悬索桥,比我国晚了近千年。最著名的四川大渡河上的铁索桥(图 7-8),跨径达 104 m,宽约 2.8 m,建于清康熙四十五年(公元 1696 年),45 年后才在英国出现一座跨径仅 21.34 m 的铁索桥。

图 7-8　泸定桥

现代悬索桥随着西方产业革命的进展,早在 19 世纪就开始建设了,最著名当数英国于1826年建成的门纳衣(Menai)桥,跨径172 m,如图7-9所示。到19世纪中叶以后,美国成为悬索桥的中心。

图7-9　门纳衣(Menai)桥

7.3.1　悬索桥在美国的发展

天才的桥梁工程师罗勃林(J. Roebling)建成了多座有名的悬索桥,其中最著名的是1883年在纽约东河上建成的布鲁克林桥(Brooklyn Bridge),跨径达到486 m,这就是19世纪世界上最大跨径的悬索桥,如图7-10所示。

图7-10　布鲁克林桥

由于高强碳素钢丝的使用和空中送丝法(aerial spinning)大缆施工技术的确立,该桥的跨度一下提高到486 m。这两项技术是现代悬索桥发展的基础,所以布鲁克林桥被大家公认为世界上第一座现代悬索桥。为提高桥的刚度,悬索桥上还增设了拉索。

1903年建成的威廉斯堡桥(Williamsburg Bridge),分跨为284 m+488 m+284 m,规模与布鲁克林桥相当,当时的计算理论为弹性理论。弹性理论采用了变形非常微小可以忽略不计的假设,只能满足早期跨度较小且加劲梁刚度相对较大的悬索桥的计算要求,现在已很少应用。

以后由摩伊瑟夫(L. Moisseff)设计的跨越纽约东河的第三座桥梁——曼哈顿桥,主跨径只有 448 m,于 1909 年建成。该桥因是采用挠度理论进行分析的第一座桥梁而著名。挠度理论假定结构在荷载作用下的变形不可忽略,计算加劲梁的弯矩时考虑了主缆位移的二阶理论,因此对挠曲体系建立平衡关系,要比初始恒载的几何体系更加准确。挠度理论采用解析法,在结构比较复杂的情况下,公式很难推导,在计算机出现后,很快被更精确的方法替代了。

1931 年建成的纽约华盛顿大桥作为世界上第一座真正意义上的大跨悬索桥,分跨 186 m+1 067 m+198 m,如图 7-11 所示,是世界上第一座跨径超过 1 000 m 的悬索桥。该桥的设计者第一次认识到了大跨悬索桥重力刚度概念,并作出推断:对于大跨度悬索桥在活载下的刚度,加劲梁的贡献是有限的。因此,随着跨度的加大,加劲梁的截面不必加大。该桥为双层桥面,1931 年完成的一期工程根本没有加劲梁,用实例证实了"加劲梁对于大跨度悬索桥并非主要"这一划时代的新观点。设计者认为桥面梁混凝土的巨大恒载和 8 车道的桥面宽度具有足够的稳定性,还有长度小于 1/6 主跨径的短边跨也增大了缆索体系的刚度。

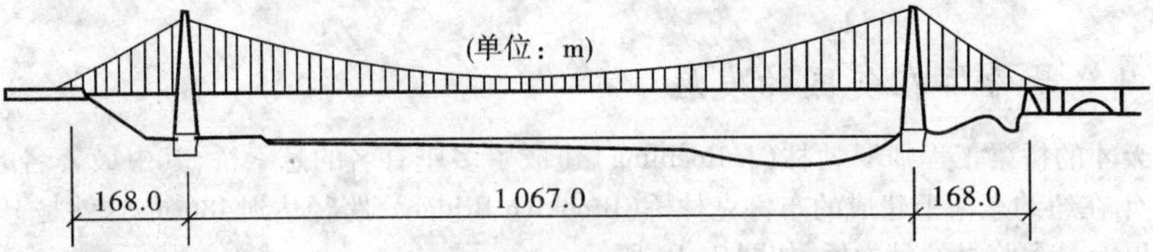

图 7-11　华盛顿大桥

1936 年建成旧金山-奥克兰海湾大桥,分跨为 354 m+704 m+354 m;1937 年建成金门大桥,分跨为 343 m+1 280 m+343 m,如图 7-12 所示;1940 年建成塔可马(Tacoma)大桥,采用了高度很小的板梁做加劲梁,分跨为 334 m+853 m+334 m。

图 7-12　金门大桥

塔可马大桥通车仅 4 个月，在八级风作用下发生强烈的风致振动，全桥倒塌，风毁过程录像片段如图 7-13 所示。起初是竖向振动，振幅达到 1.5 m 时衰减下来。随着主跨中阻止加劲梁和主缆间相对位移的斜拉索疲劳断裂，振型突然改变，出现扭转振动。以主跨中心点为振动波的驻点分成 2 个节段做非对称扭转振动。扭转振动是发散的，振动越来越剧烈，在主跨 1/4 点的桥面上从+45°到-45°做翻转运动。这种由空气动力的负阻尼引起的自激振动持续了近 1 h 后，吊杆因疲劳在套筒口断裂，大部分加劲梁落入水中。此时风速只有 18 m/s，远低于桥梁设计所能抵御的最大风速。根本的原因是作为加劲梁的板梁截面尖角处形成的脉冲涡流产生的动力作用。所以过于细长的加劲梁，极易招致空气动力不稳定性。

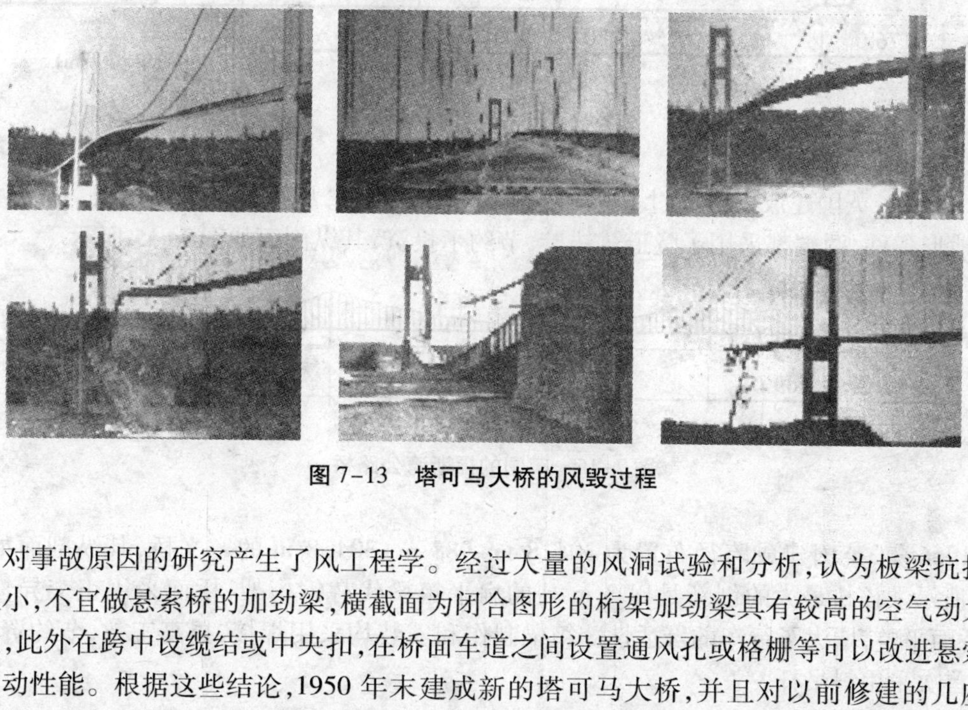

图 7-13　塔可马大桥的风毁过程

对事故原因的研究产生了风工程学。经过大量的风洞试验和分析，认为板梁抗扭刚度太小，不宜做悬索桥的加劲梁，横截面为闭合图形的桁架加劲梁具有较高的空气动力稳定性，此外在跨中设缆结或中央扣，在桥面车道之间设置通风孔或格栅等可以改进悬索桥的气动性能。根据这些结论，1950 年末建成新的塔可马大桥，并且对以前修建的几座悬索桥（如金门桥等）进行了加固。随后建造的几座大桥，包括 1964 年建成的主跨 1 298 m 的维列扎诺海峡大桥，采用了桁架加劲梁，以提高抗扭刚度。

在 20 世纪前 60 年内，美国在悬索桥领域内独领风骚，最大跨径逼近 1 300 m。这些美国式悬索桥的特点是：①桥式一般为三跨两铰式；②大缆采用空中送丝法架设；③桥塔全部为钢塔；④加劲梁全部是桁架式，桥面使用厚重的混凝土板。

美国在建成维列扎诺海峡大桥以后，修建大型悬索桥的高潮已经过去。1969 年在美国罗得岛州建造一座中等跨径（487.7 m）的新港桥的过程中，主缆采用了预制平行索股（PPWS）法施工，这是一大创新。

美国悬索桥具有以下共同特点，构成美式流派：①主缆架设采用空中编缆法（AS 法）；②加劲梁采用非连续体系的钢桁架，并在塔处设吊拉支承和伸缩缝，适应双层桥面；③桥塔采用铆接或栓接钢结构；④吊索采用竖直 4 股骑挂式钢丝绳；⑤索夹分左右两块，在其上下采用水平高强螺栓紧固；⑥鞍座采用大型铸钢件、滚轴滑移支承；⑦桥面采用钢筋混凝土板。

7.3.2 悬索桥在欧洲的发展

1959 年，法国在塞纳河上建成了坦卡维尔桥，桥梁跨径布置为 176 m+608 m+176 m，加劲桁架宽 16 m，桁高 6 m，如图 7-14 所示。该桥加劲桁架是连续的只在桁架的端部与一个锚碇固结，索塔采用钢筋混凝土结构。

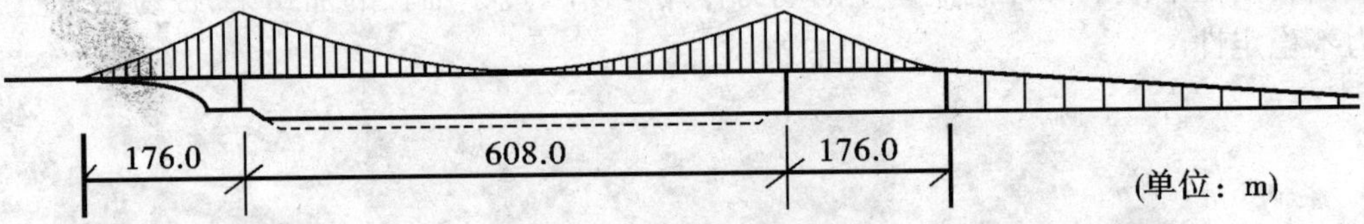

图 7-14　坦卡维尔桥

1964 年，英国建成主跨超过 1 000 m 的福斯湾公路桥，加劲梁采用钢桁架，充分利用有利地形条件，两端都采用了隧道式锚碇，节约了投资，其纵剖面如图 7-15 所示。

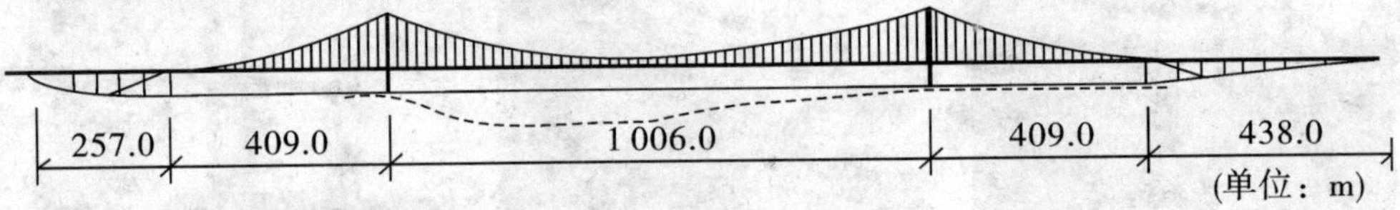

图 7-15　英国的福斯湾公路桥

1966 年，英国建成跨径布置为 304.8 m+988 m+304.8 m 的塞文桥，其纵剖面如图 7-16所示。该桥最大的创新是以 3 m 高的扁平箱梁代替钢桁架，桥面采用正交异性钢板，桥面平整，增大了行车的舒适性。箱梁制作和安装均采用焊接，提高工效，节约资金。该桥首次采用斜吊杆。

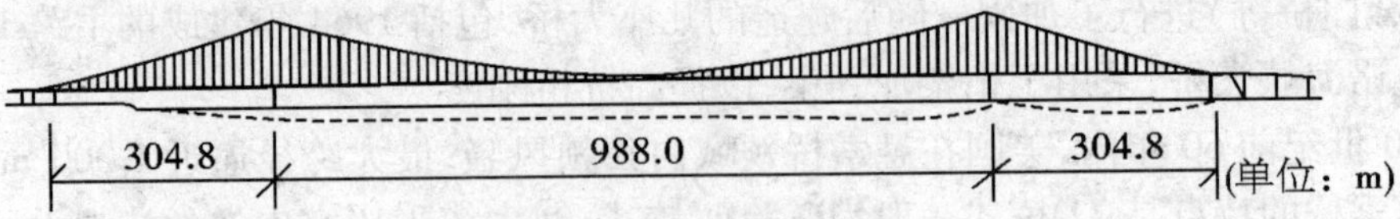

图 7-16　英国的塞文桥

塞文桥的扁平钢箱梁接近流线型断面，减小了风的阻力，避免了涡激振动；梁的抗扭刚度大，使得全桥扭转基频提高，对提高颤振临界风速非常有利；正交异性板一方面作为钢箱梁的顶板，另一方面又作为桥面系。

1966 年，在葡萄牙建成了 4 月 25 日桥，该桥跨径布置为 483.4 m+1 012.9 m+483.4 m，垂跨比 1/9.5，梁的高跨比 1/95.1，梁的宽跨比 1/48.2，主缆直径为 586 mm，是当今世界上跨径最大的公铁两用桥之一。

1973 年，建成土耳其博斯普鲁斯一桥，桥跨布置为 231 m+1 074 m+255 m，采用斜吊杆；1988 年建成土耳其博斯普鲁斯二桥，桥跨布置为 210 m+1 090 m+210 m，采用竖吊杆。两桥均采用单跨悬吊悬索桥，加劲梁为流线型扁箱梁，梁高均为 3 m，钢塔，重力式锚碇，采用空中纺线法编制主缆。

1981 年，英国建成亨伯尔桥，其跨径布置为 280 m+1 410 m+530 m，称为当时世界上最大跨度的悬索桥，如图 7-17 所示，主跨垂度 133 m，垂跨比 1/10.6，梁高 4.5 m，梁宽 28.5 m，主缆直径 700 mm，重力式锚碇。钢筋混凝土索塔，高 155.5 m，4 层门式结构。

图 7-17　亨伯尔桥

1998 年，丹麦建成大带东桥，跨径布置为 535 m+1 624 m+535 m 的三跨悬索桥，如图 7-18 所示。本桥两锚碇间 2.7 km 长的连续主箱梁完全采用悬挂体系，避免在桥塔处按传统设置膨胀缝和竖向支座；箱梁内部采用除湿装置除湿、防腐；为了部分地限制主梁纵向位移，在主梁的两端和锚碇块之间安置两台液压缓冲器。在主跨中心，主梁和主缆中心用刚性索夹固结，取消短吊杆，由中心索夹和液压缓冲器结合起来阻止主梁纵向的急剧移动。流线型箱梁宽 31 m，梁高 4.0 m，按双向 6 车道设计。

图 7-18　大带东桥

大带东桥梁高 4 m,高跨比 1/406,梁宽 30 m,主缆直径 810 mm。

因欧洲的几座超越千米的悬索桥主要建在英国或由英国工程师设计,可称欧洲的悬索桥为英式悬索桥,主要有以下特点:①加劲梁为流线型扁平钢箱梁;②采用斜吊索,两端销接;③索夹分上下两半,用高强螺栓紧固;④桥塔采用焊接的钢结构或钢筋混凝土结构。

7.3.3 悬索桥在日本的发展

第二次世界大战后日本开始修建现代悬索桥,1960 年建成小鸣门桥,1962 年建成若户大桥。1973 年建成通车本州和九州之间的关门桥,主跨径 712 m,设有 6 车道。关门桥采用高加劲桁架、不参与纵向受力的桥面和有剪刀撑的钢索塔。但在施工过程中,引进并推广美国新港桥的预制平行索股法。

从 20 世纪 70 年代,日本政府投巨资建造本州和四国之间的 3 条联络线。3 条联络线上共计 10 座悬索桥。其中 4 座是公铁两用桥,6 座是公路桥。从 1976 年动工到 1999 年全部建成。1985 年建成主跨 876 m 的大鸣门桥、1988 年建成主跨 940 m 的下津井大桥、主跨 990 m 的北备赞桥以及主跨 1 100 m 的南备赞桥。

明石海峡大桥 1988 年开工建设,桥位处水深达 110 m,潮急浪高,加上台风和地震,自然条件十分不利。海峡中央部分 1 500 m 宽的主要航道,桥下净空必须保持 65 m。采用了 1 990 m 主跨,三跨两铰加劲桁架,边跨与主跨之比接近 1/2。索塔高出海平面达 300 m,通过风洞试验,每座塔上都配备了调质阻尼器,配备 20 台调质阻尼器。加劲桁架设计高 14 m、宽 35. 5 m。明石海峡大桥的主缆,第一次采用新开发的极限强度达 1 800 MPa钢丝,主缆采用 Φ5. 23 mm×127 根钢丝×290 索股组成,直径 1 108 mm,主缆截面的空隙率 18%。采用预制平行索股(PPWS)法施工,是第一次采用除湿空气法为主缆防腐。1995 年阪神地震中两桥塔发生了移动,主跨变为 1 990. 8 m。1999 年建成通车,如图7-19所示。

图 7-19 明石海峡大桥

因日本的多数悬索桥为公铁两用桥，主梁采用了桁式悬索桥，容易布置成双层桥面使公铁分层通过。受塞文桥斜吊杆事故的影响，采用了直吊杆。日本的悬索桥具有本国的特点：①主缆一律采用预制束股法架设；②加劲梁采用钢桁架形式，且在下层布置铁路，只有少数公路桥开始采用流线型箱梁结构；③吊索采用 4 股骑挂式钢丝绳；④桥塔采用钢结构，主要采用焊接，少数采用栓接；⑤鞍座采用铸焊混合式；⑥主缆采用预应力锚固系统。

7.4　我国悬索桥的发展

我国在 20 世纪 90 年代前虽然也修建了一些悬索桥，但跨径小、宽度窄、荷载等级低。跨度较大的如 1985 年建成的西藏达孜桥，缆索跨径 500 m，桥面梁跨径 415 m，桥长 541 m，悬索一端锚固于岩石中，仅设一座索塔。

1984 年，我国第一座现代悬索桥汕头海湾桥建成。该桥为三跨二铰预应力混凝土流线型箱梁悬索桥，其跨径布置为 154 m+452 m+154 m，如图 7-20 所示。本桥为半漂浮结构体系。预应力混凝土加劲梁在主塔和边墩处均由竖向拉压支座支承，桥梁纵向由设置在塔内的阻尼设施提供正常使用状态下纵向水平弹性约束。当桥梁受到地震作用时，梁体产生较大的纵向飘移，梁端受边跨端处橡胶缓冲垫块制约，将能量传至两岸桥台上。当加劲梁受横向水平力作用而产生水平方向弯曲时，上述支承体系可任其转动，其反力则由设置在主塔处的特殊结构段和边墩上的横向挡块所承受。

图 7-20　汕头海湾桥

为配合三峡工程的施工，1996 年建成西陵长江大桥。该桥是单跨两铰钢箱梁悬索桥，其跨径布置为 225 m+900 m+225 m。桥梁纵向布置如图 7-21 所示。主跨为单跨流线型钢箱加劲梁悬索桥，两边跨为梁桥。流线型钢箱梁高 3.0 m，桥面总宽 20.6 m。

1997 年在中国香港建成青马大桥，如图 7-22 所示。该桥为公铁两用桥，主跨径 1 377 m。加劲桁架的截面外侧采用 1.5 mm 的不锈波纹钢板覆盖形成整流罩，使加劲梁的横截面形成流线型。跨径布置为 355 m+1 377 m+300 m，为三跨连续加劲桁架悬索桥。桥塔采用钢筋混凝土结构，塔高 206 m，在两塔柱之间设置 4 道横撑。主缆采用空中纺线法施工，主缆由91根索股组成，每一根索股由368根直径为5.38 mm的钢丝组成。两边跨额外增加6根索股，主缆直径达1 100 mm。

图7-21 西陵长江大桥

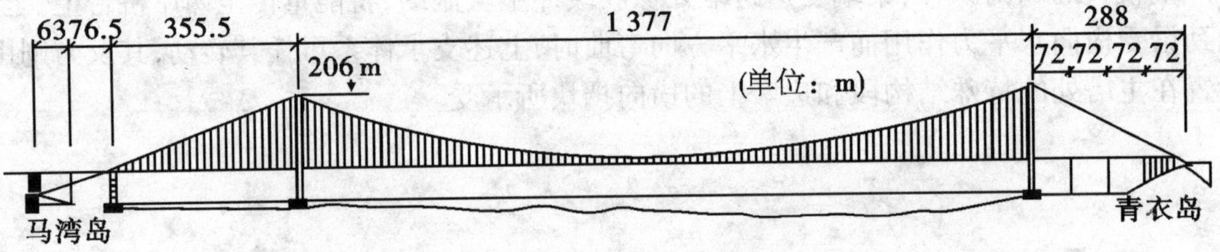

图7-22 青马大桥

1997年建成跨径888 m的虎门大桥。1999年建成的江阴大桥，主跨1 385 m，如图7-23所示。江阴长江大桥主梁采用扁平闭合流线型截面钢箱梁，梁的总宽36.9 m，梁高仅3.0 m，桥面净宽29.5 m。大桥主缆采用预制平行索股法制作、架设。

其他的悬索桥包括丰都长江大桥、海沧大桥、重庆鹅公岩大桥，2005年建成的主跨1 490 m的润扬长江大桥，以及2009年底建成的主跨1 650 m的舟山西堠门大桥。

从1995年中国现代悬索桥起步，到进入千米大关，再到位列世界桥梁跨径的第2位的舟山西堠门大桥，取得了飞速发展。随着我国经济建设和交通事业的迅猛发展，在大江、大河及海湾上修建大跨悬索桥的机会越来越多。

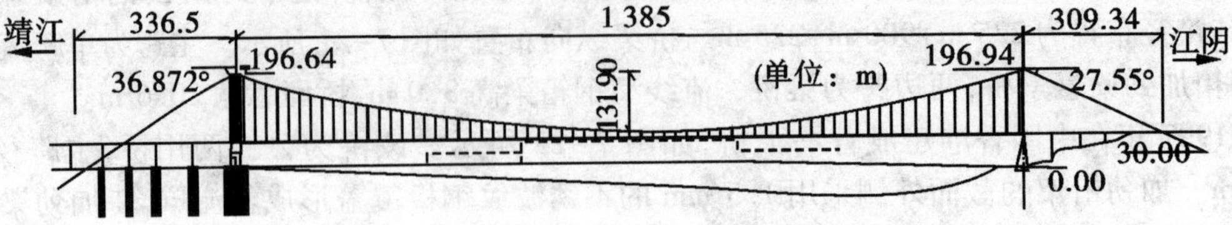

图7-23 江阴长江大桥

第 8 章　悬索桥的构造

8.1　主缆

8.1.1　主缆结构

一般全桥两根主缆，布置在行车道的两边；少数大跨度悬索桥采用 4 根主缆的形式，个别桥梁布置单索面，只有一根主缆。一般布置为竖直平面，个别布置为斜面（曲面）。单链为主，仅在小跨度桥中布置有双链形式。

对悬索桥主缆的一般要求有以下几点：①单位有效截面面积的拉力强度大；②截面密度大；③结构延伸率小；④弹性模量大；⑤疲劳强度高，徐变小；⑥容易运输，易于架设；⑦锚固和防腐容易；⑧价格便宜。

主缆材料可为镀锌高强钢丝、镀锌钢丝绳。钢丝绳作为主缆材料，普遍应用于早期的悬索桥和目前中小跨径的悬索桥。大跨径悬索桥几乎全部采用弹性模量较高的镀锌高强钢丝。主缆用镀锌高强钢丝直径宜在 5 mm 左右，该尺寸钢丝的生产工艺成熟、设备已配套定型，可降低生产成本。钢丝公称抗拉强度不小于 1 600 MPa，近几年钢丝的强度有所提高，如明石海峡桥采用的钢丝强度为 1 800 MPa，我国舟山西堠门大桥采用钢丝的强度达到了 1 770 MPa。

高强钢丝是采用优质盘条，经拉拔变细后制作而成。镀锌可增强其防腐能力，但熔镀锌后拉力强度一般约降低 10%，提高钢丝的延伸率和韧性。主缆用钢丝的技术条件见表 8-1。

主缆施工方法有工厂预制平行索股法（PPWS 法或 PS 法）或空中纺线编缆法（AS 法）。空中纺线编缆法是将制索股的工作放在了以猫道为工作平台的空中去完成，在制索股的同时完成了架设，相对于工厂预制平行索股而言，空中编缆法每股丝数量大（如日本下津井濑户大桥每束 552 丝），因此索股数少，锚靴数亦少，锚室内的锚固面积小，但该法的编缆设备一次性投资高，所用牵引机械动力较小，但其设备一次投入较大。可用于锚室空间受限制的情况，如隧道式锚碇。工厂预制平行索股法，可节省架设时间，提高索股制作质量，目前国内修建悬索桥均采用此法。

主缆在紧缆后，空隙率一般应达到表 8-2 中的要求。确定了主缆空隙率，就可确定出主缆的外径，进而设计索夹。已建部分桥梁的主缆空隙率如表 8-3 所示。

表 8-1　主缆用钢丝技术条件

项目		技术要求
直径	镀锌后直径	5.20 mm±0.06 mm
	不圆度	≤0.06 mm
机械性能	抗拉强度	σ_b≥1 670 MPa 或设计要求
	屈服强度	$\sigma_{0.2}$≥1 330 MPa，将试件两端夹固，钳口间距 350 mm，启动拉伸试验机缓慢加载至试件破坏，按实测面积得到应力-应变图。在应力-应变图上与 0.2% 的残余应变对应的应力值即为屈服强度
	松弛率	在(20±2) ℃时，在 70% 屈服应力下持荷 1 000 h，其松弛率≤8%
	延伸率	≥4.0%
	弹性模量	$(2.0\pm0.1)\times10^5$ MPa
	反复弯曲数	取试件一段做 180°弯曲试验，弯曲圆弧半径为 3 d，反复弯曲 4 次后，试件表面不得产生任何折损现象
	缠绕性能	取试件一段在 3 倍钢丝直径的试验芯杆上紧密卷绕 8 圈后不得发生任何折损或开裂现象
	抗扭性能	试件两端紧固，钳口间距为 100 d，试件的一端可沿试件轴线方向移动，另一端以小于 60 转/min 的速度转动，直至试件扭断，转动次数应≥8 转。若从夹固处扭断，应重做试验
镀锌质量	镀锌方式	热镀锌
	镀锌附着量	≥300 g/m^2
	硫酸铜试验	每次取一段试件，浸置于硫酸铜溶液中 1 min，迅速取出，立即用净水冲洗，棉花擦干后观察，要求表面不发生挂铜现象，试验≥4 次
	镀锌附着性能	将试件紧密缠绕在 5 d 直径的试验芯轴上，缠绕≥2 圈，缠绕后试件镀锌层应附着牢固，不允许出现开裂、起皮、剥落现象
	表观质量	钢丝的表观质量应光滑、均匀，无疤点、裂纹、毛刺、机械损伤、油污、锈斑及有害附着物，表观质量良好
	锌纯度	99.95%
直线性	钢丝自由翘头高度	5 m 长钢丝在自由状态下，置于平面上时，端部上翘值不得大于 150 mm
	自由弯曲直径	≥8 m
	钢丝长度	每盘钢丝(含抽丝盘条)中均不得存有任何形式的接头，其总长度应为 1 893 m(预制束股平均长度取整)的整数倍；北边跨背索索股用钢丝总长度应为 355 m 的整数倍；南边跨背索索股用钢丝总长度应为 410 m 的整数倍；并留 120 m 以上的余量，以供检测取样用

续表 8-1

项目		技术要求
化学成分含量	碳 C	0.80% ~0.85%
	硅 Si	0.12% ~0.32%
	磷 P	≤0.025%
	硫 S	≤0.025%
	锰 Mn	≤0.60% ~0.90%
	铬 Cr	≤0.20%
	铜 Cu	≤0.1%
	其他非金属夹杂物	≤0.10%

表 8-2　主缆设计空隙率

架设方法	一般截面空隙 V	索夹内截面空隙率 V_c
PPWS 法	18% ~20%	16% ~18%
AS 法	19% ~22%	17% ~20%

表 8-3　国内、外几座悬索桥的空隙率

桥名	主缆直径 /mm	施工方法	空隙率	
			索夹部位	一般部位
George Washington 桥	914.4	AS 法	21.2%	22.7%
Golden Gate 桥	909.3	AS 法	17.4%	19.4%
Forth Road 桥	596.0	AS 法	18.9%	21.7%
Newport 桥	388.6	PPWS 法	18.6%	21.5%
关门桥	660.0	PPWS 法	16.8%	19.5%
明石海峡大桥	1 122.0	PPWS 法	18%	20.0%
香港青马大桥	1 099.0	PPWS 法	18%	20.0%
虎门大桥	687.2	PPWS 法	18%	20.0%
江阴大桥	897.0	PPWS 法	16%	18.0%
海沧大桥	563.0	PPWS 法	16%	18.0%

8.1.2　主缆的截面

主缆常见的截面类型有由高强平行钢丝组成的圆形截面，小跨度悬索桥中的钢丝绳可组成六角形截面或矩形截面(图 8-1)。

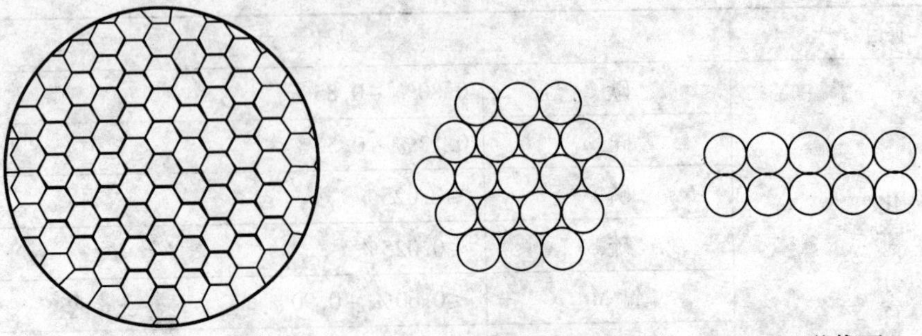

图 8-1　主缆截面类型

空中纺线编缆法将钢丝架设的索股每股可多达 300 ~ 500 根钢丝。预制平行索股法先将钢丝制成截面为六边形的索股，再组成主缆。六边形索股中钢丝的根数可取 61、91、127、169、217 等(图 8-2)，再多了架设不太方便。部分悬索桥的主缆钢丝数量见表 8-4，可以看出，目前预制平等索股法中全部采用 127 丝的索股，应研究 169 丝或 217 丝的制作和架设技术，以减小大跨度悬索桥锚碇的空间。工厂制造预制平行丝股工艺如图 8-3 所示。

截面型号	PWS-19	PWS-37	PWS-61	PWS-91	PWS-127
截　面	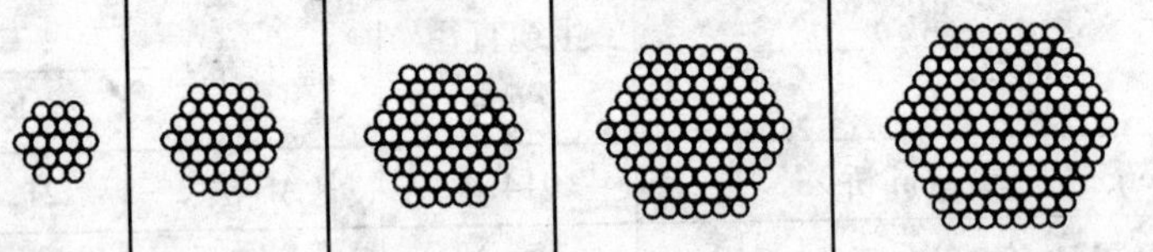				
钢丝根数	19	37	61	91	127

图 8-2　平行钢丝索的截面实例

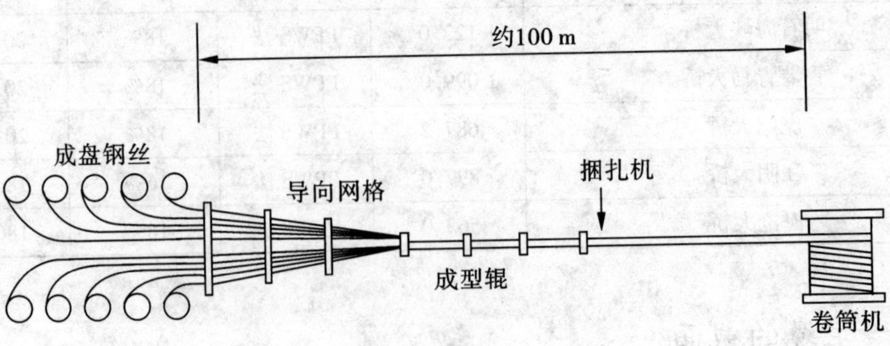

图 8-3　工厂制造预制平行丝股工艺

表 8-4　部分悬索桥的主缆钢丝数量

桥名	主跨 /m	每缆中的钢丝束股根数 n_1	每股中的钢丝根数 n_2	钢丝总根数(每缆) n	主缆直径 /mm	附注
恒伯尔大桥	1 410	37	404	14 948	684	AS 法
金门大桥	1 280	81	452	27 578	924	AS 法
下津井大桥	940	44	552	24 288	956	AS 法
旧金山海湾西桥	704	37	472	17 464	730	AS 法
南备赞大桥	1 100	271	127	34 417	1 070	PPWS 法
北备赞大桥	990	234	127	29 718	1 006	PPWS 法
大鸣门大桥	870	154	127	19 558	840	PPWS 法
因岛大桥	770	91	127	11 557	626	PPWS 法
明石海峡大桥	1 990	270	127	36 830	1 120	PPWS 法
大贝尔特东桥	1 624	37	504	18 648	827	AS 法
江阴长江大桥	1 385	169	127	21 463	866	PPWS 法
香港青马大桥	1 377	92	368	33 856	1 100	AS 法
瑞典高海岸大桥	1 210	37	320	11 840	640	AS 法
东京彩虹桥	570	127	127	16 129	762	PPWS 法
白鸟大桥	720	52	127	6 604	472	PPWS 法
虎门大桥	888	110	127	13 970	687	PPWS 法
来岛一桥	1 020	102	127	12 954	650	PPWS 法
来岛三桥	1 030	102	127	12 954	640	PPWS 法

主缆在架设紧缆前，一般索股在横断面上的排列如图 8-4 所示，竖向成列是因鞍座中设置了竖向隔板。

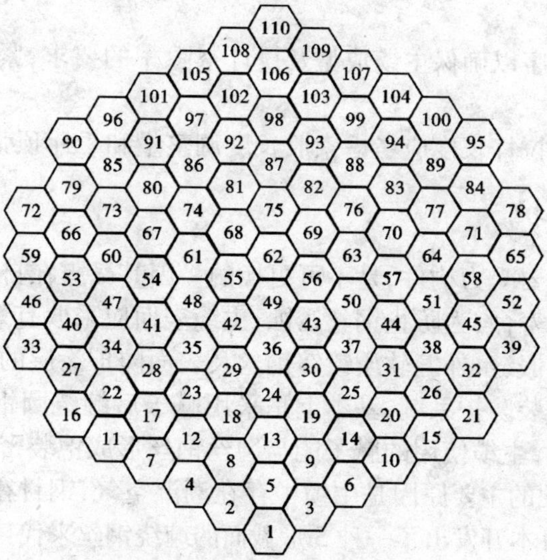

图 8-4　紧缆前索股的排列

主缆索股两端设置锚头或锚靴。锚头或锚靴通过锚杆或拉杆、连接器与锚固系统连接。

空中纺线编缆法(AS 法)施工时需在每根索股上方设置索股基准丝,基准丝长度的精度要求不低于 1/15 000。

空中纺线编缆法(AS 法)施工中钢丝应采用可靠的接长方法,以满足强度和构造要求。接头应均匀地沿主缆全长布置,主缆同一截面上的接头数不得多于 1 个,相邻两接头沿主缆轴线方向的间距不得小于 3 m。锚靴、索夹、鞍槽及其相邻 1 m 范围内不允许有接头。

锚靴构造应满足钢丝嵌入要求,锚靴凹槽底部半径应不小于钢丝直径的 70 倍。

空中纺线编缆法(AS 法)中为保证调丝后索股形状、各钢丝密贴及主缆调股方便,索股沿长度方向每隔 2.0 ~4.0 m 设置一道定型绑扎带,各索股的定型绑扎带应错开布置,如图 8-5 所示。

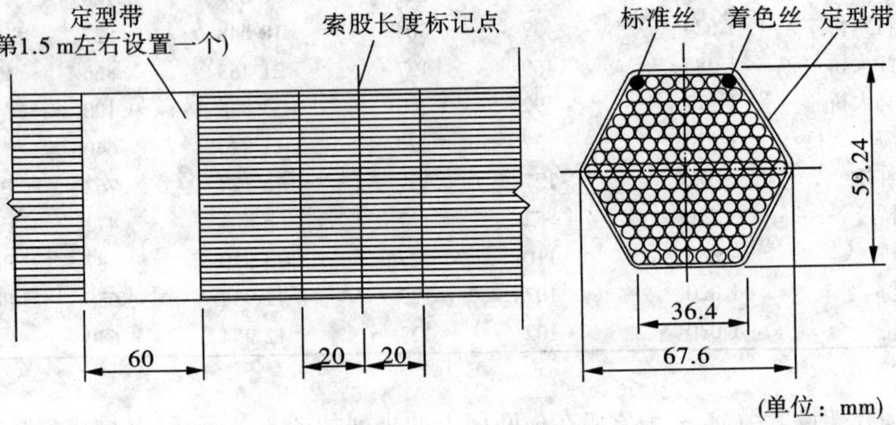

图 8-5　索股的定型及其中钢丝的排列

主缆应通过紧缆工序以确保主缆成型及设计空隙率的要求,紧缆后每隔 1 m 左右设置镀锌扁钢带临时捆扎主缆。

与锚固系统连接的拉杆长度应考虑索股长度调整量和千斤顶张拉空间的需要。

8.1.3　主缆的防护

主缆是悬索桥的主要受力构件,是不可更换的。因其暴露在自然环境中,它的防护好坏直接关系到悬索桥的寿命,为防止钢丝锈蚀,主缆表面应采取有效的防护措施。常规的方法主要采用防锈腻子嵌缝,外缠软质镀锌钢丝及表面防护涂层的方法,如图 8-6 所示。

我国的主缆涂料涂装防护系统,基本上是采用腻子后缠绕圆钢丝,然后涂装底漆、中间漆和面漆的防护方案,主缆使用的腻子能与缠丝钢丝形成铠装密水保护。

实验表明,主缆锈蚀的主要原因是主缆中存在潮湿空气,钢材在湿度低于 40% 的环境中可避免锈蚀。为此,日本开发出了一种 S 形截面的缠绕钢丝来代替原来的圆形截面钢丝,是由钢基、锌层构成,钢丝设有对称的扣合槽,其横截面呈“S”形结构,如图 8-7 所示。将其按螺旋紧密缠绕在主缆外周,左右两侧钩头衔接部分在彼此搭接处啮合。钩头啮合处相邻搭接严密，涂层开裂难以发生，防止了雨水浸入主缆体，其次，由于缠绕后外表面平整，比传统圆钢丝缠绕提供了更好的涂料涂层的表面，能阻挡雨水、海雾凝结水的侵入，减少大气腐蚀，提高钢丝的紧密性、坚固性、密封性，从而有效地提高了桥梁主缆的使用寿命。

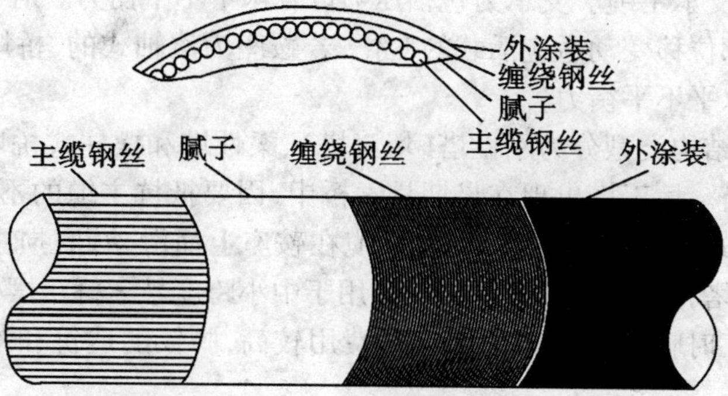

图 8-6　主缆的防护方法

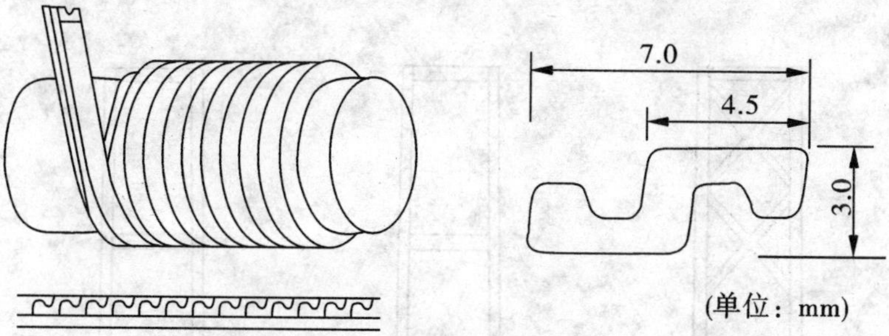

图 8-7　S 形截面缠绕钢丝

考虑到施工期间主缆内可能已有水分进入，日本又开发了干空气导入法。用除湿机干燥空气，用管道通过索夹输入主缆，从另外的索夹排出主缆，出入口间距 100 m 左右比较合适。该法在明石海峡大桥中首次使用，我国的润扬大桥也采用了这种措施，如图 8-8 所示。

图 8-8　主缆上的空气除湿机

8.2 桥塔

桥塔的作用是支承主缆。支承力包括压力以及水平不平衡力。对鞍座固定在塔顶的情况，桥塔通过顶部位移变动适应活载的变化，若鞍座为滚轴式的，桥塔为鞍座提供滚动平面，并承担部分水平不平衡力。

沿桥纵向桥塔结构类型分为刚性塔（圬工塔）、柔性塔和摆柱式桥塔。大跨度悬索桥桥塔较高，为柔性塔。圬工塔出现在早期悬索桥中，因要抵抗主缆的不平衡力，一般较粗大、笨重，采用滚轴式鞍座，不然就可能使主缆在鞍座上面滑动，磨损主缆，并危及桥塔。摆柱式桥塔为钢桥塔，减小了塔身弯矩，可应用于中小跨度悬索桥。摆柱式桥塔若应用于大跨度悬索桥，施工时临时固结措施困难且费用较高，脚铰的造价和维护费用也大大增加，因此没有采用。

横桥向的结构类型按其腹杆的组合形式主要包括三种：桁架式、刚架式和混合式，如图 8-9 所示。

图 8-9　桥塔的结构类型

桁架式通过斜撑连接两侧的立柱，形成横向刚度较大的结构，来抵抗横桥向的风力和地震作用。日本处于地震多发地区，桥塔一般采用了桁架式。为增加横桥向并保持刚架式的简洁外形，只将桥面以下两侧塔柱用斜撑相连，就形成混合式。混凝土桥塔多为刚架式。图 8-10 为部分悬索桥桥塔的纵桥向和横桥向布置。

早期的桥塔采用钢结构，1959 年建成的恒伯尔悬索桥较早采用了混凝土桥塔，塔高 155 m。随着混凝土强度的提高，特别是爬升模板施工方法问世以来，越来越多的悬索桥采用了混凝土桥塔。近几年我国修建的大跨悬索桥都采用了混凝土桥塔。

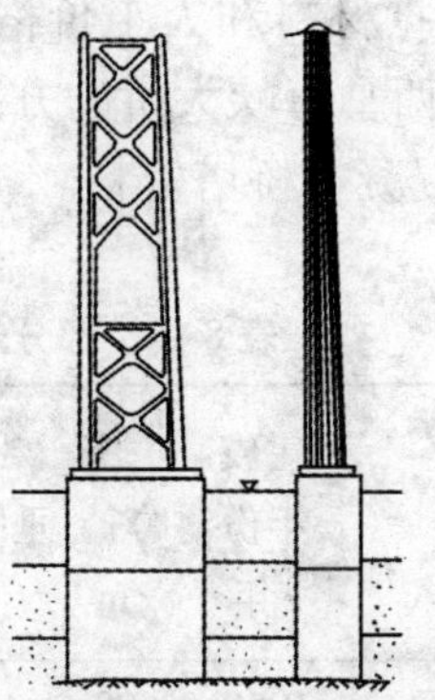

a.旧金山-奥克兰海湾大桥(西桥)　b.葡萄牙4月25日大桥

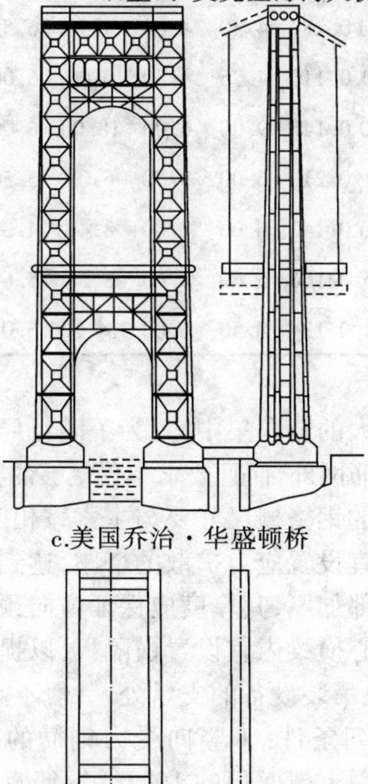

c.美国乔治·华盛顿桥

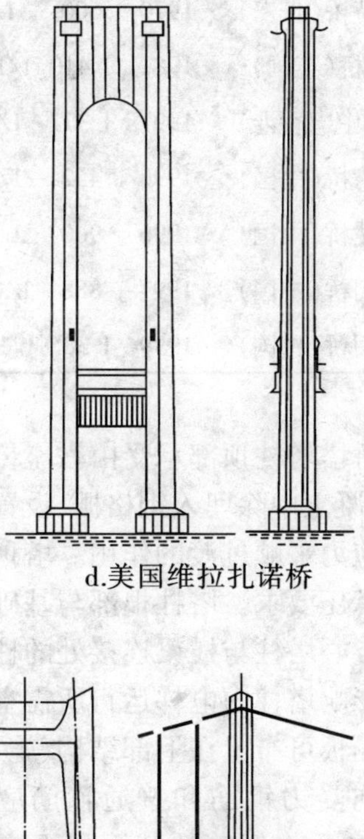

d.美国维拉扎诺桥

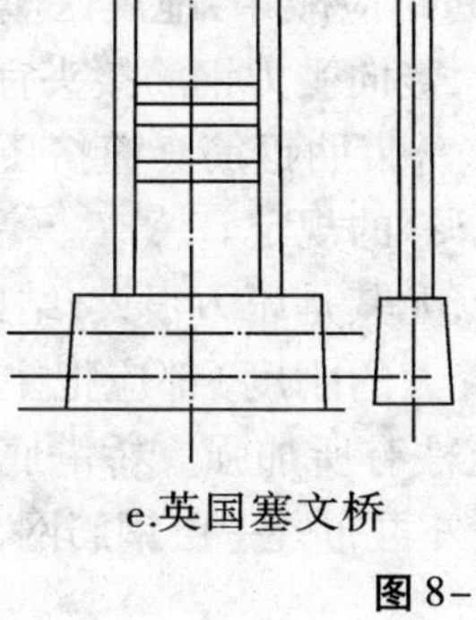

e.英国塞文桥

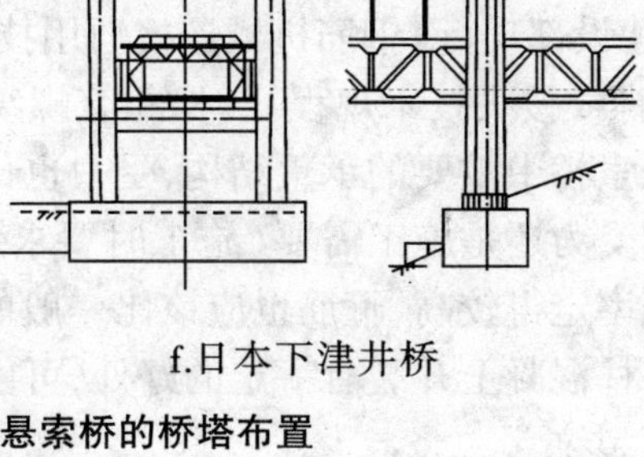

f.日本下津井桥

图 8-10　部分悬索桥的桥塔布置

钢桥塔主要优点是施工速度快、质量容易保证、抗震性能好。混凝土桥塔的优点是成本低、易维护。应根据材料和人工价格、工期以及桥址处条件等因素综合考虑。在跨度3 500 m的意大利墨西拿海峡大桥的方案设计中，桥塔为高400 m的钢筋混凝塔。表8-5为部分悬索桥钢筋混凝土桥塔资料。

表8-5　部分悬索桥钢筋混凝土桥塔资料

序号	桥名	建成年份/年	主跨跨径/m	垂跨比	塔高/m	桥塔高跨比	塔顶截面宽/m		塔底截面宽/m		塔柱底中距	系梁根数
							顺桥向	横桥向	顺桥向	横桥向		
1	坦克维尔桥(法国)	1959	608	1/9	123.00	0.203	4.65	3.05	4.65	6.55	24.70	2
2	小贝尔特桥(丹麦)	1970	600	1/9	112.70	0.188	4.50	4.00	4.50	6.55	36.02	2
3	恒伯尔桥(英国)	1981	1 410	1/10.6	155.50	0.110	4.75	4.50	6.00	6.00	24.40	4
4	青马桥(中国香港)	1997	1 377	1/11	195.90	0.143	9.00	6.00	18.00	6.00	40.00	4
5	汕头海湾桥(中国)	1996	452	1/10	95.10	0.210	6.00	3.50	6.00	3.50	27.70	3
6	三峡西陵桥(中国)	1996	900	1/10	128.00	0.142	6.00	4.00	8.46	4.00	26.92	3
7	广东虎门桥(中国)	1997	888	1/10.5	147.55	0.166	5.60	5.60	8.50	5.60	40.60	3
8	江苏江阴桥(中国)	1999	1 385	1/10.5	183.8	0.134	8.50	6.00	14.50	6.00	39.90	3

混凝土桥塔塔柱顶部承受由鞍座传来的较大的竖向集中力，为了满足局部承压的需要，塔柱顶混凝土中除埋入钢格栅、设置多层钢筋网外，而且要求布置足够的实体段，起到应力扩散和应力平顺过渡的作用。塔顶面设置的钢格栅尺寸要与主索鞍相匹配，以满足抗剪及局部承压要求。塔柱根部与基础连接处宜设置应力扩散的塔座，达到应力平顺过渡的目的。空心塔柱与横梁连接处的柱壁宜局部加厚，其厚度应保证横向预应力束布置的需要并不影响塔柱内电梯运行所需空间。空心横梁内宜设置横隔板，以提高结构的抗扭刚度。横隔板可布置在上部结构、施工支架及吊装设备的支承处，一般不宜少于两道。桥塔塔柱竖向受力钢筋和普通箍筋应符合下列条件：①竖向受力钢筋的直径不小于20 mm；②竖向受力钢筋的截面积不应小于混凝土截面积的1%；③箍筋直径不应小于12 mm，间距不大于20 cm，桥塔底部箍筋直径应增大，间距应减小，地震区竖向受力钢筋变截面处箍筋间距应加密；④为保证工地钢筋接头质量，竖向受力钢筋接头宜采用机械接头，并应符合建设部现行《钢筋机械连接通用技术规程》、《带肋钢筋套筒挤压连接技术规程》、《钢筋锥螺纹接头技术规程》、《镦粗直螺纹钢筋接头》的规定。

桥塔是悬索桥中重要的承重结构，受力也比较复杂，尤其是压力很大，结构尺寸也大，因此无论结构受力还是施工需要（施工时要求钢筋有较大的刚度）都应把主要受力钢筋的直径和配筋率定得较高，箍筋也应该比一般的混凝土柱有所加强。桥塔底部箍筋间距减小对防止塔柱混凝土开裂有一定的好处，可以在箍筋外再布置一层钢筋网，防止塔柱底部混凝土表面裂纹。

8.3 锚碇

自锚式悬索桥将主缆锚固在主梁端部，常规悬索桥的主缆靠锚碇锚固。锚碇是对锚块基础、锚块、主缆锚固系统及防护结构等的总称。锚碇形式有两种：重力式锚碇和隧道式锚碇，如图 8-11 所示。

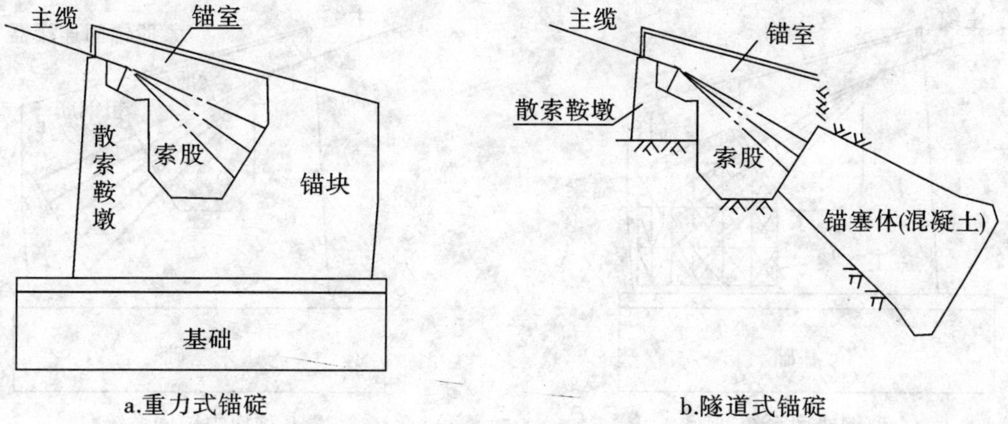

图 8-11　两种形式的锚碇

重力式锚碇由锚块、散索鞍支墩、锚室和基础组成；隧道式锚碇由锚塞体、散索鞍支墩、锚室组成，适用于锚碇处有坚实山体岩层可以利用的情况。

目前在悬索桥工程中较多采用重力式锚碇，重力式锚碇是利用其自身的质量平衡主缆的拉力。重力式锚碇的锚体大多做成实腹式，施工比较简单，受力也很可靠。如果从建筑和景观上有特殊要求时也可作成框架形式，如图 8-12 所示。

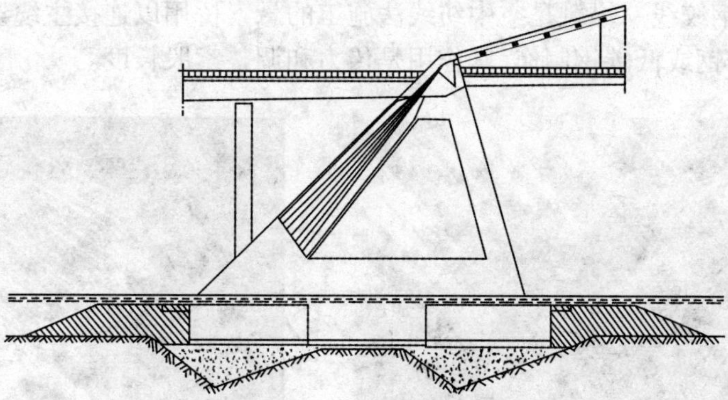

图 8-12　框架形式重力锚碇

当锚址浅层有坚硬完整岩层或岩层裸露，地形条件亦允许，可选用隧道式锚碇，以降低工程投资。

主缆索股的固定大致分为设置于锚块前面的前面固定法和设置于后面的后面锚固法,而一般多采用前面锚固法。如图 8-13 的两种锚固系统为前面锚固法,分别为型钢锚固系统和预应力锚固系统。型钢锚固系统由锚梁、锚杆组成。锚梁、锚杆、支架采用型钢或由钢板焊接、栓接而成。根据运输及吊装需要,锚梁可分段制造,工地螺栓连接。锚梁与锚杆常采用螺栓连接。为了将索股拉力通过锚杆传递到锚梁,对锚杆表面常进行无黏结处理。

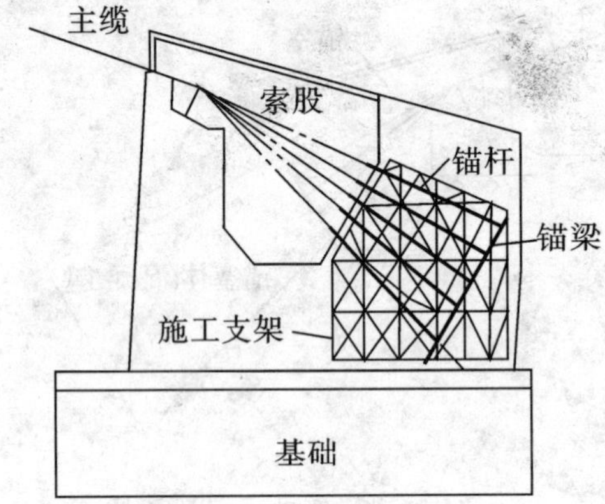

a.型钢锚固系统

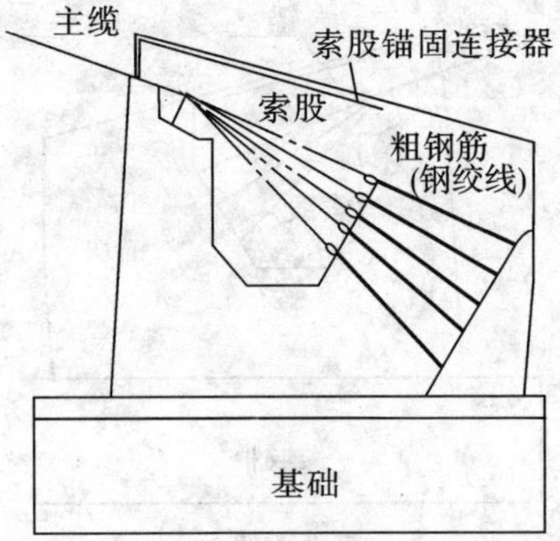

b.预应力锚固系统

图 8-13　锚碇的锚固系统

预应力锚固系统由预应力体系、索股锚固连接器组成。预应力筋可采用高强粗钢筋或钢绞线。索股锚固连接器的构造应满足锚固预应力筋和连接拉杆的需要。

在锚碇内,主缆的丝股从缠紧状态变为散开状态,其拉力通过锚碇的锚固传力系统分散到锚块内。主缆采用空中纺线编缆法(AS 法)制作时,丝股锚固在锚靴(有时也称为靴根、索靴)上,每股索股使用一个锚靴,如图 8-14 所示。锚靴将拉力传给埋在混凝土锚块中的高强锚杆或钢绞线。锚靴是空中纺线法施工的悬索桥用以连接主缆索股与锚固系统的构件,一般用铸钢或低碳钢制作,其作用是传力和调整索股长度。

a

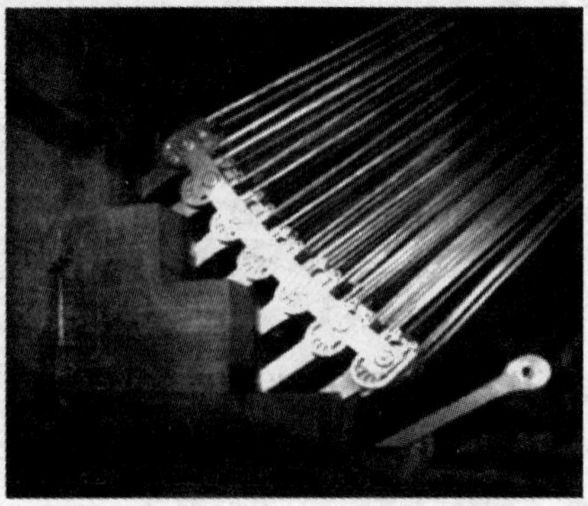
b

图 8-14　锚靴

使用预制平行索股法编制主缆一般使用锚具将索股锚固在锚碇上，如图 8-15 所示。

为保证散索鞍、锚跨索股及外露锚固构件的防护安全，锚室内宜安装除湿系统或采取其他的防护措施。

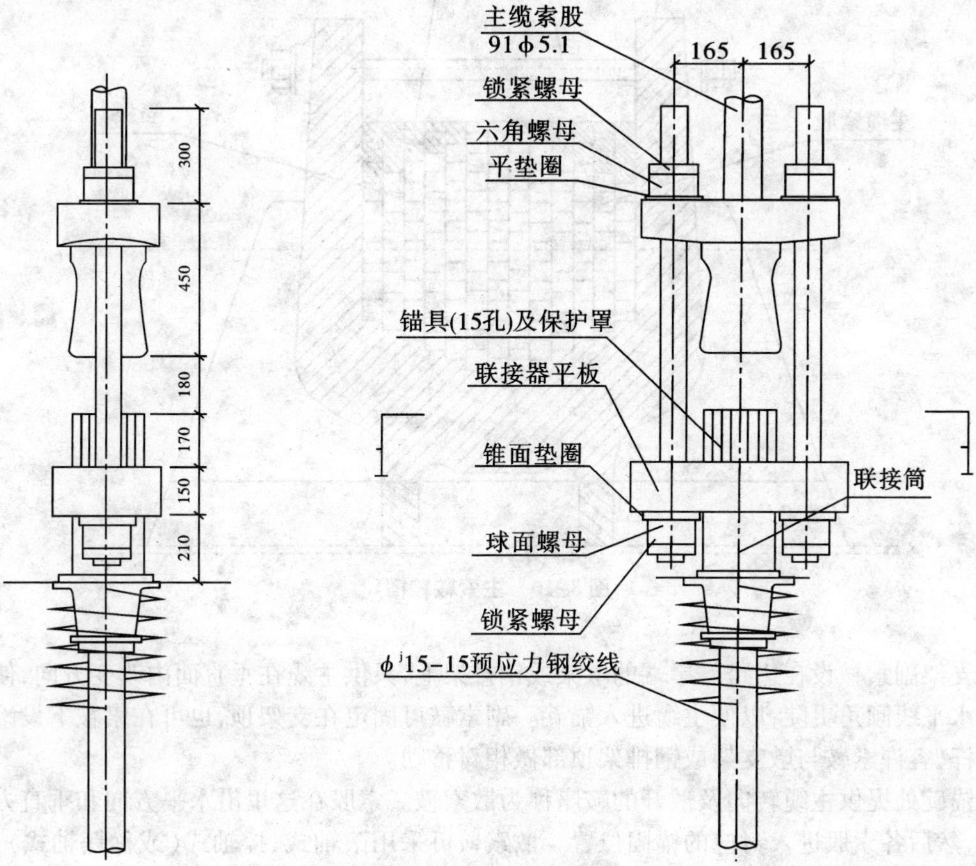

图 8-15　预制索股的固定

8.4　索鞍

8.4.1　概述

索鞍为主缆提供支承并使主缆平顺地改变方向。按其作用的不同，大致可分为桥塔顶上的主索鞍、支架副索鞍和散索鞍。

桥塔上的鞍座为主索鞍，承受主缆产生的巨大压力并传递给桥塔。大跨度悬索桥的主索鞍一般固定在塔上。刚性桥塔上的主索鞍，一般在上座下设一排滚轴，滚轴下设座底板，以把荷载更好地分布在塔柱上。而柔性塔的主索鞍则固定在塔顶。大跨度悬索桥的桥塔很高，凭借塔身的弹性弯曲就能提供索鞍所需的纵向位移，主缆在索鞍内不滑动。现在通常的做法是将丝股内的钢丝排列在鞍内的那一段改为矩形，这样鞍顶的丝股槽路就应做成台阶形状,如图 8-16 所示。

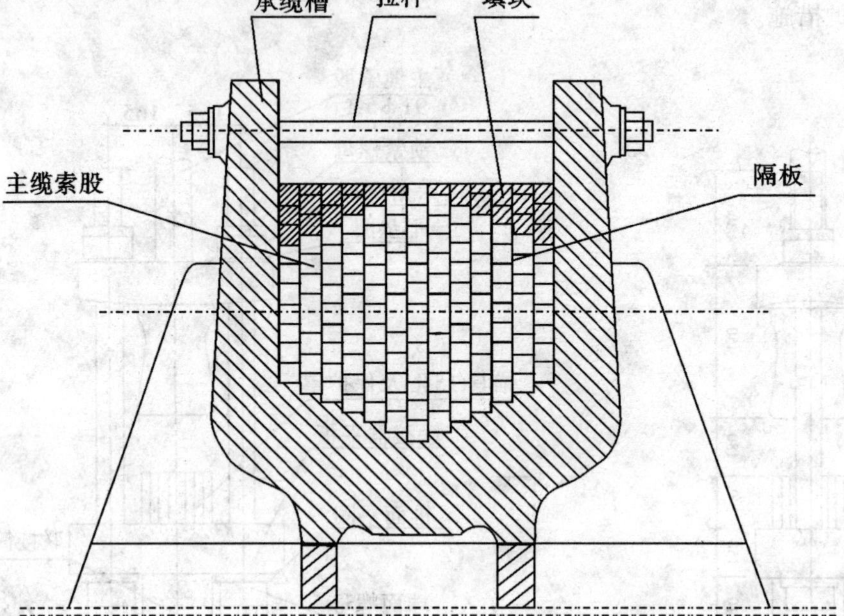

图 8-16 主索鞍鞍槽

支架副索鞍设在边跨靠岸端的墩架或钢排架上,只供主缆在垂直面内改变方向,使主缆对水平线倾角更陡,以便主缆进入锚碇。副索鞍可固定在支架顶,也可在索鞍下设滚轴或摇杆,容许索鞍与墩支架或钢排架顶部做相对移动。

锚碇处提供主缆转向及散开的鞍座称为散索鞍。索股在这里沿水平方向和垂直方向散开,然后各索股进入对应的锚固位置。散索鞍可采用滚轴式、摇轴式(或称摆轴式),如图 8-17 所示,以适应主缆在活载或温度荷载作用下,有来回移动的需要。散索鞍形状复杂,在主缆进口处与主缆截面形状一致,有圆槽;在索股出口处,让外层各索股的上端交汇于一点,下端指向对应的锚固位置。

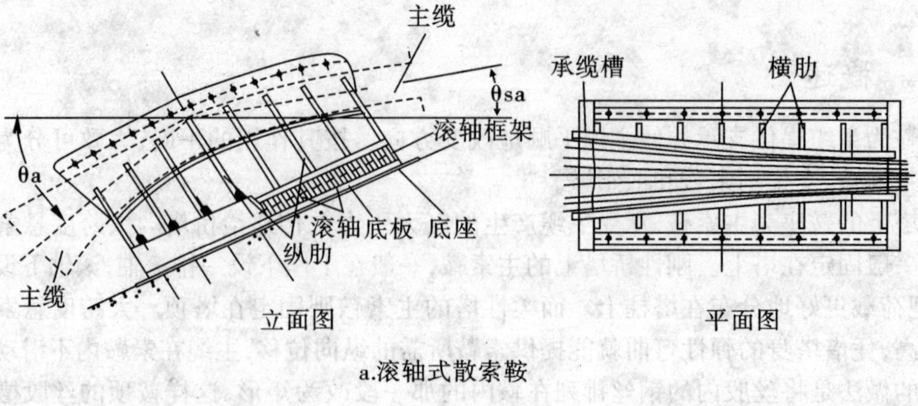

a.滚轴式散索鞍

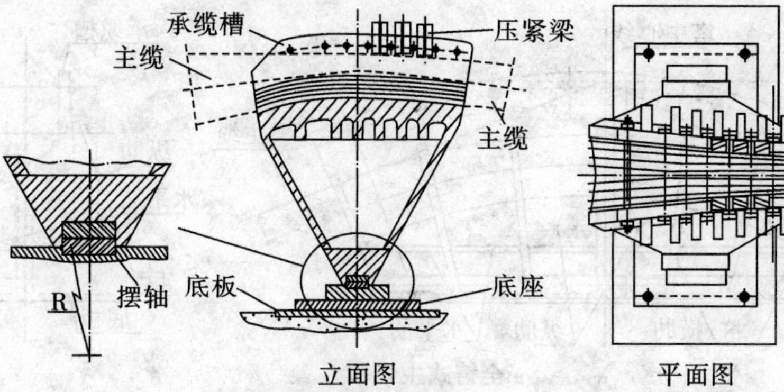

b.摆轴式散索鞍

图 8-17　散索鞍的支撑形式

当只需要散开而不转向时,可只采用散索套。散索套呈漏斗形,主缆从小端进去,从大端出来。为了安装方便,一般做成两个半圆形铸件,用螺杆连接。为防止散索套向主缆尚未散开方向滑移,需要在散索鞍小口之外设"挡圈"。挡圈套住主缆后,用高强螺栓拧紧,依靠由此提供的摩擦力阻挡散索套向上移动。

8.4.2　主索鞍按传力方式分类

按主索鞍的传力方式可分为两类:斜肋板直接传力式和纵横肋间接传力式。

斜肋板直接传力式主索鞍主要适用于柔性塔,如钢塔。钢塔一般为箱形薄壁钢构件组合而成,主索鞍的纵肋与底板倾斜一个角度布置,主缆的压力通过鞍头、斜纵肋直接传递到钢塔的塔壁上,如图 8-18 所示。日本修建的大部分悬索桥都采用钢塔,因此所采用的主鞍基本上都是斜肋板直接传力式。

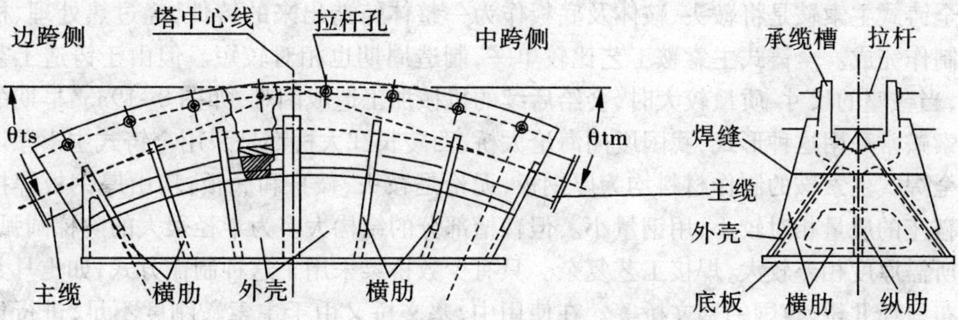

图 8-18　斜肋板直接传力式主索鞍

纵横肋间接传力式主索鞍更适合于刚性塔,如混凝土塔。鞍头下的纵横肋与底板垂直(或稍有倾斜)布置,主缆的压力通过纵横肋、底板传递到塔顶上,如图 8-19 所示。我国目前已建成的悬索桥，均采用混凝土塔,因此主索鞍的形式都采用纵横肋间接传力式。

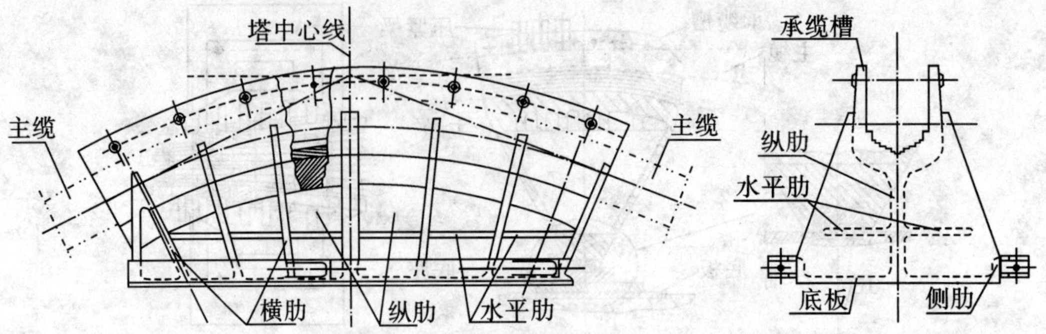

a.全铸式主索鞍

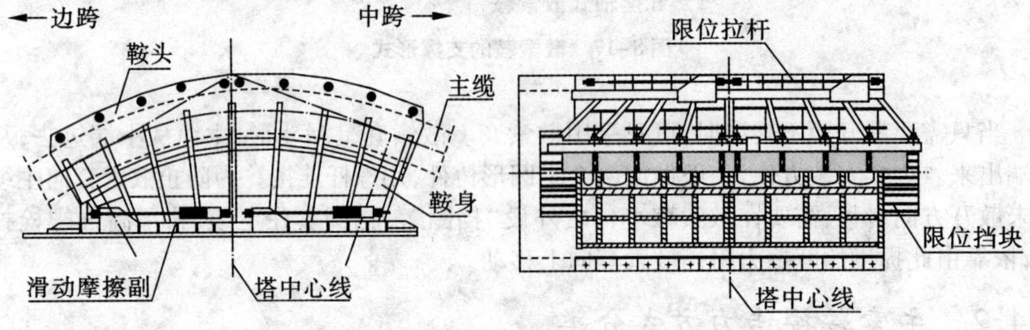

b.铸焊式主索鞍

图 8-19 纵横肋直接传力式主索鞍

8.4.3 主索鞍按制作方式分类

按主索鞍的不同制作方式可分为四种:全铸式、全焊式、铸焊式和组合式。

全铸式主索鞍是将鞍头、鞍体及底板作为一整体铸造出来的铸件,经过热处理、机械加工制作完成。全铸式主索鞍工艺比较单一,制造周期也相对较短。但由于铸造工艺的要求,当鞍座的尺寸、质量较大时,会给后续的机械加工造成困难,如图 8-19a。早期的悬索桥索鞍常采用这种形式,我国厦门海沧大桥、西陵长江大桥都是采用全铸式主索鞍。

全焊式主索鞍的制作材料均为厚钢板,无论是鞍头、鞍身和底板,均由厚钢板焊接而成。鞍座的质量相对较小,用钢量小。但鞍槽部分的结构大多为半径很大的阶梯圆弧,各部分所需厚度相差较大,焊接工艺复杂。只有少数桥梁采用了这种制作方式,如土耳其的博斯布鲁斯Ⅱ桥、英国的塞文桥等。在使用中,塞文桥又由于主索鞍刚度不足,进行过加固处理。

铸焊式主索鞍吸取了全铸式和全焊式这两种制作方式的优点:鞍头部分形状复杂,采用铸钢铸造成形;鞍体、底板等结构比较简单的构造采用钢板焊接成型,较好地利用了两种制造方法的优势,解决了简化制造工艺与材料的合理利用之间的矛盾,如图 8-19b。主索鞍鞍头一般采用 ZG 275-485H 焊接铸钢铸造成型,鞍体、底板一般为厚钢板焊接而成。国内及日本大型悬索桥均采用这种构造形式。

组合式是近年来出现的一种主索鞍结构形式,主索鞍由多组厚钢板通过高强拉杆连接而成。钢板厚度与索股宽度相等,隔板位于两厚钢板之间,横肋与底板及鞍槽壁相焊接,组合后加工槽道,如图 8-20 所示。这种形式结构简单、制造方便,避免了周期较长的铸造工序,减少了焊接施工。组合式主索鞍目前只应用于一些小跨径的桥梁,澜沧江桥采用的就是这种结构形式。

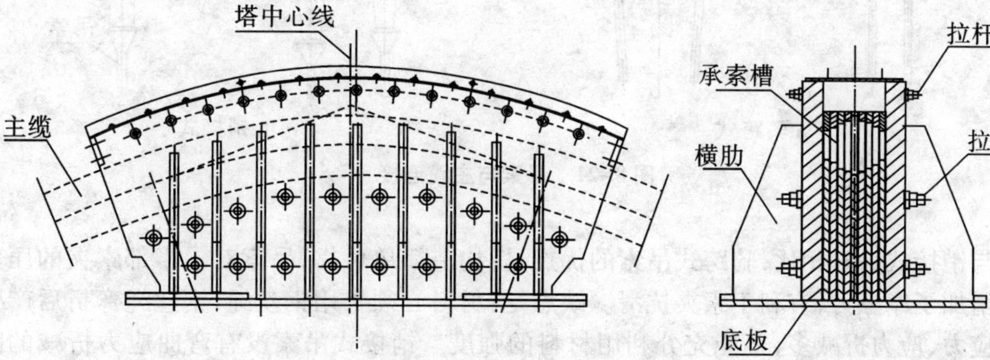

图 8-20　钢板组合式主索鞍

组合式索鞍具有以下优点:①采用钢板(或锻钢)组装,不需要铸钢件,更易保证材料性能。仅在材料中增加了合金钢拉杆;②避免了长周期的铸造工序,减少了工作量繁重的焊接以及随之而来的大量的无损探伤工作,同时对于加工机床的要求也较低;③由于分片制造,运输及吊装方便,吊装到塔顶后进行组装,各部之间采用定位销定位后用拉杆连接,可保证组装精度;④在受力的纵向不需分块,更有利于主索鞍的结构受力。

因此,应研究和尝试这种形式的索鞍应用于大跨度悬索桥。

8.5　吊索及索夹

8.5.1　吊索的布置形式

吊索顺桥向布置可采用竖直布置形式和斜向布置形式。斜吊索与竖直吊索相比,斜吊索可与主缆、加劲梁形成桁架作用,提高全桥刚度及结构阻尼值。然而,斜吊索在活载作用下,吊索索力变化幅度较大,所以存在严重的疲劳问题。另外斜吊索对吊索制作长度误差及索夹等安装误差也较为敏感。目前采用斜吊索的悬索桥,有英国的塞文桥、Humber 桥、土耳其的 Bosporus(博斯普鲁斯)桥及日本的北港联络桥。英国人在充分吸收了塞文桥的经验后,随后设计的大跨度悬索桥采用了竖直吊索形式。

8.5.2　吊索与主缆的连接

吊索与主缆的连接可采用骑跨式(图 8-21a)和销接式(图 8-21b)。

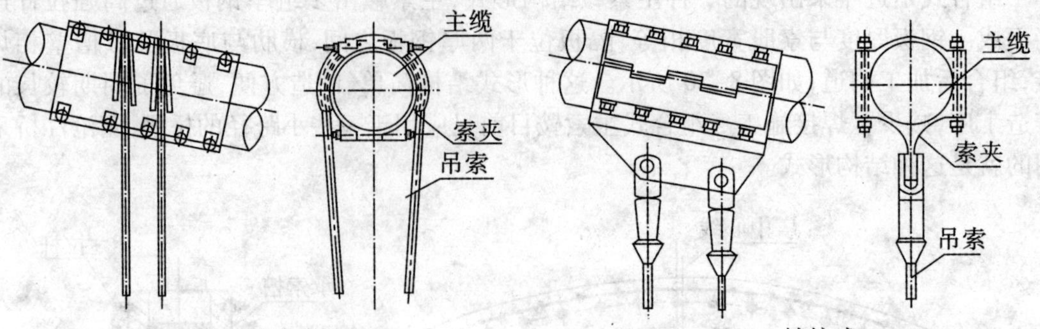

a.骑跨式　　　　　　　　　　b.销接式

图 8-21　吊索与主缆连接

与销接式吊索相比，骑跨式吊索的优点是：构造简单可靠，吊索对上半部索夹的压紧作用增加了摩擦力，有利于索夹抗滑。缺点是：材料必须采用钢丝绳，钢丝绳弯折后产生弯曲应力，应力折减多，不能充分利用材料的强度。销接式吊索没有弯曲应力折减的问题，故可降低吊索安全系数，较经济。

美国和日本的悬索桥采用骑跨式的较多，英国和我国采用销接式的较多。

为保证销接式连接销处活动的长期有效，销子需设置销套。销套材料要求摩阻小，耐久并有较高的承压强度。国内江阴桥和海沧桥的销套采用铜与聚四氟乙烯复合材料，能很好地满足要求。

8.5.3　吊索材料

吊索材料应选择强度高、变形小、耐腐蚀、耐疲劳、柔性好的索体材料，目前较多采用的是镀锌钢丝绳、镀锌高强平行钢丝或钢绞线，少数小跨度悬索桥采用刚性吊杆。吊索技术指标应符合现行《公路悬索桥吊索》的规定。为改善吊索受力状况，《公路悬索桥吊索》中规定吊索用钢丝绳捻距不宜小于钢丝绳直径的 8 倍。

骑跨式吊索应采用钢丝绳，日本本四标准推荐采用 CFRC 型钢丝绳（满充式钢丝绳），与 IWRC 型钢丝绳（金属绳芯钢丝绳）相比，CFRC 型钢丝绳有效面积大，耐疲劳性能好，但柔性差些。我国国标中只有 IWRC 型钢丝绳可用于吊索索体。满充式钢丝绳属于线接触类钢丝绳，其绳中钢丝与钢丝之间、股与股之间均是线接触状态。其主要特点：①钢丝绳结构紧密，金属填充系数大；②钢丝绳在工作状态下，绳内钢丝所受的接触切应力最小，且在弯曲状态下无二次弯曲应力产生，耐疲劳性能高；③钢丝绳使用寿命长，比普通金属绳芯的线接触钢丝绳可高出 20% ~40%，比同规格、同强度的点接触钢丝绳可提高1 ~2 倍；④钢丝绳破断拉力大，在规格和强度相同的条件下，满充式钢丝绳的最小破断拉力要比金属绳芯的钢丝绳高出 15% 以上。

销接式吊索无须绕过索夹，可选用直径较粗的钢丝绳，也可采用高强平行钢丝。

8.5.4　吊索与加劲梁的连接

吊索与加劲梁的连接形式应传力直接可靠、方便检修和不易积水锈蚀。常用的形式有锚头承压式(图 8-22a)、螺杆转换式(图 8-22b)和销接式(图 8-22c)。

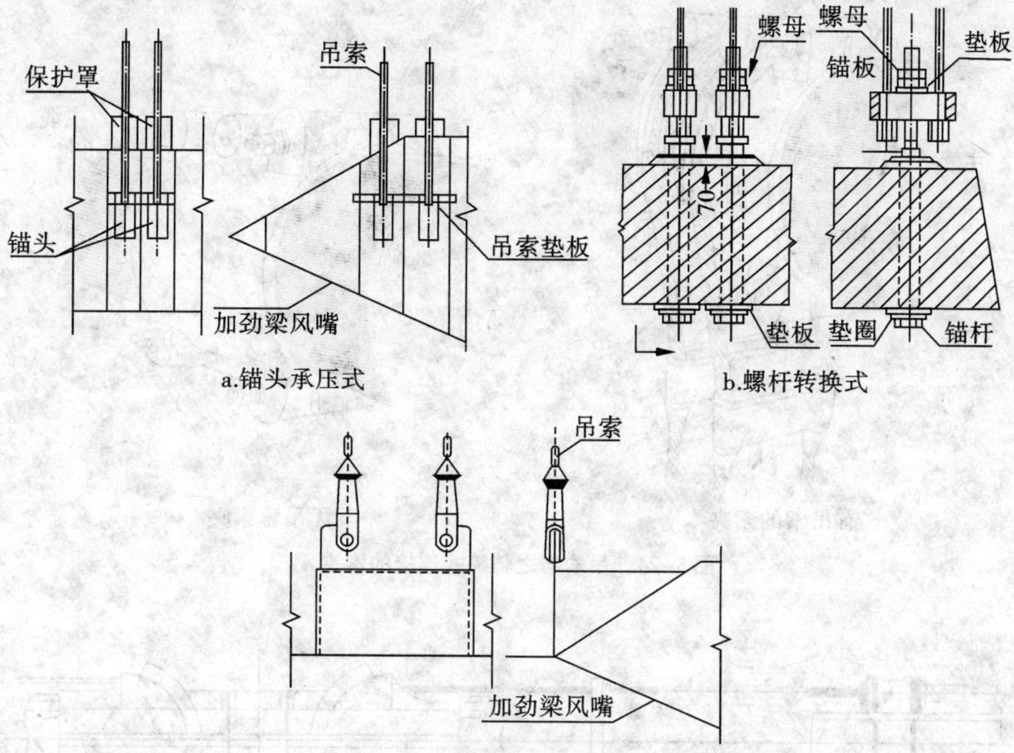

a.锚头承压式　b.螺杆转换式　c.销接式

图 8-22　吊索与加劲梁的连接

吊索与加劲梁连接时采用销接式锚头可简化加劲梁锚箱构造,方便加劲梁的安装及维护。而采用锚头承压式的吊索,结构简单,造价低。但应对防水和吊索的更换给予足够的重视。

8.5.5　索夹与锚头

索夹紧箍主缆索股并连接主缆与吊索。一般骑跨式常采用左右两半,销接式常采用上下两半,如图 8-23 和图 8-24 所示。跨中索扣处的索夹如图 8-25 和图 8-26 所示。骑跨式索夹用于固定吊索的沟槽形状复杂,由铸钢制成。其上的槽口构造允许吊索顺桥向有少量的摆幅,以避免主梁在活载、温度、风载等作用下产生纵向位移引起的弯折。

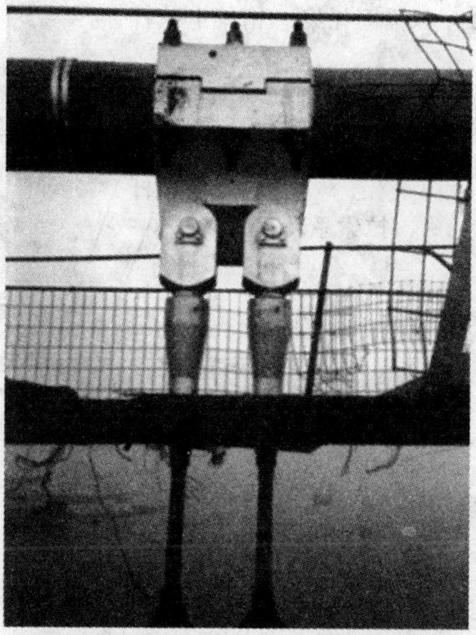

图 8-23　吊索与之销接的索夹

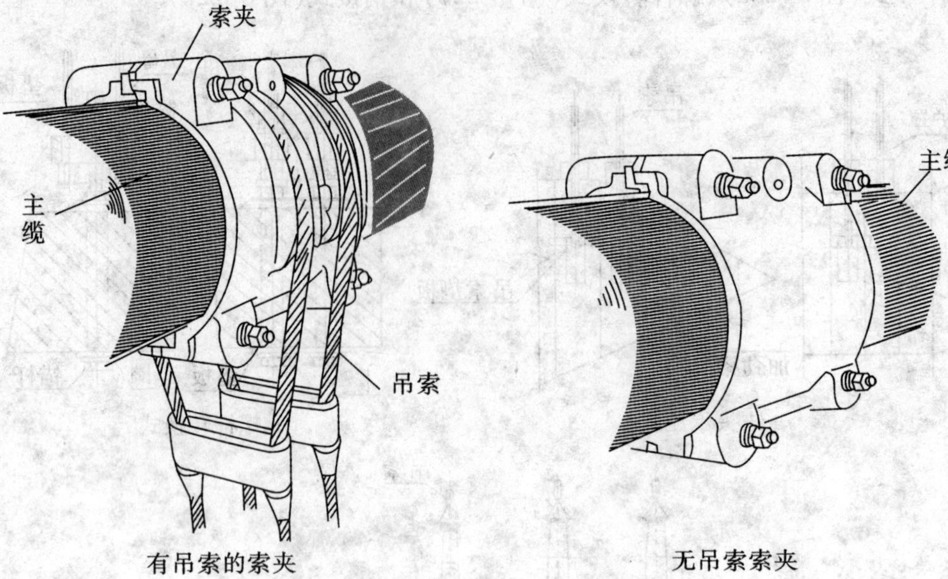

图 8-24 吊索与之骑跨式连接的索夹

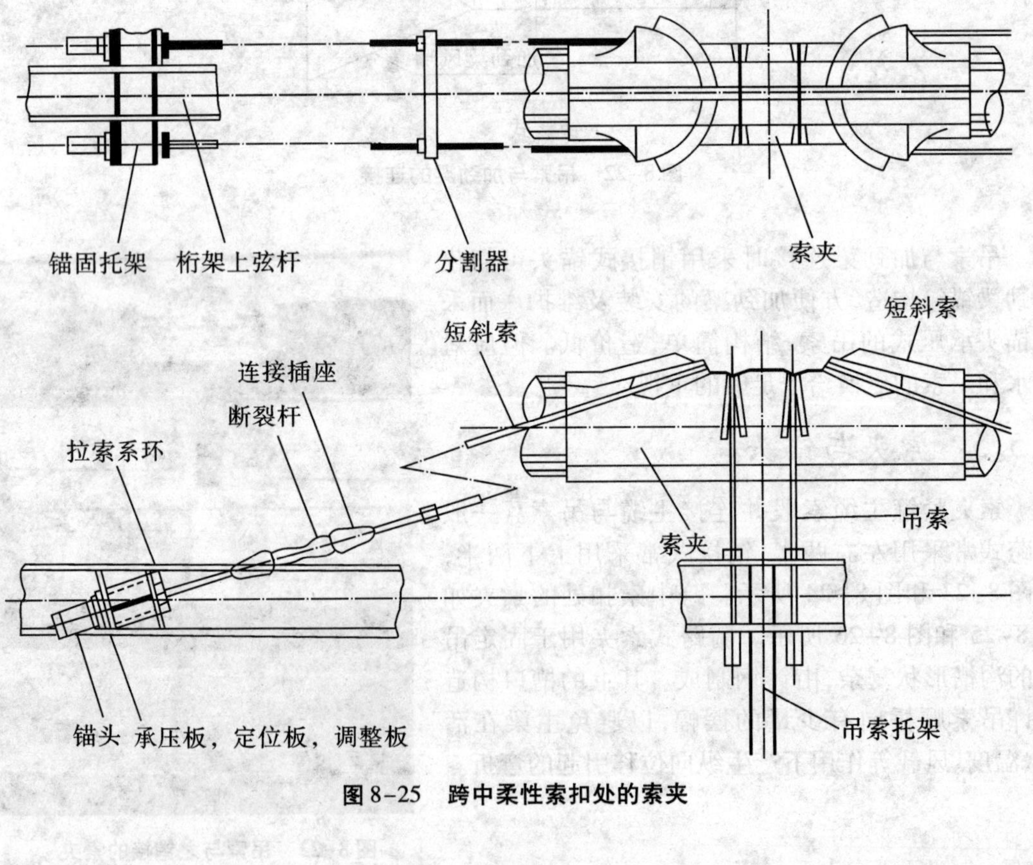

图 8-25 跨中柔性索扣处的索夹

图 8-26　跨中刚性索扣处的索夹

此处的锚头用于吊索两端与加劲梁及主缆索夹联结。常见的几种锚头形式如图8-27所示。

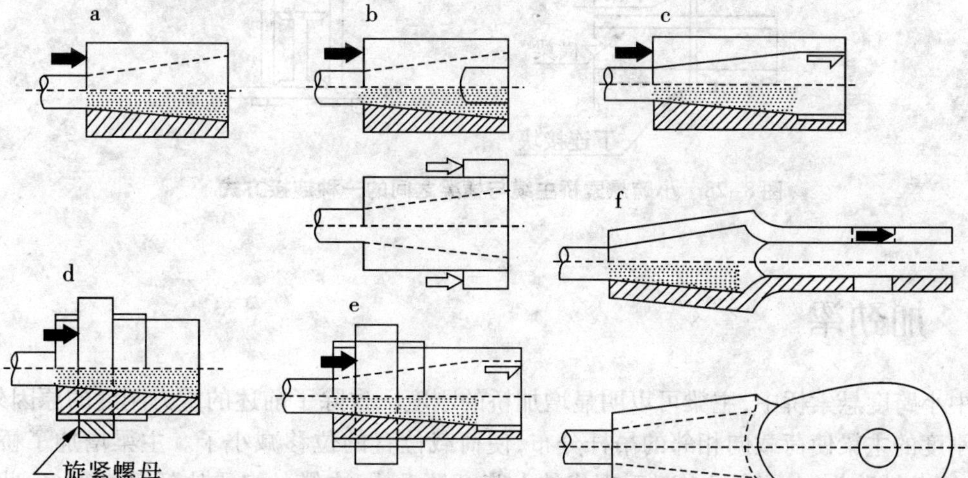

图 8-27　几种锚头形式

热铸锚头铸体材料选用低熔点锌铜合金,其中锌含量为(98±0.2)%;铜含量为(2±0.2)%。冷铸锚头铸体材料由环氧树脂、铁砂、矿粉、固化剂、增韧剂等组成,其配比由试验确定。

小跨悬索桥主缆与横梁之间连接常采用刚性吊杆,连接方式如图 8-28 所示。刚性吊杆一般用圆钢制成,在两端加工螺纹,用螺帽与联结件相连。

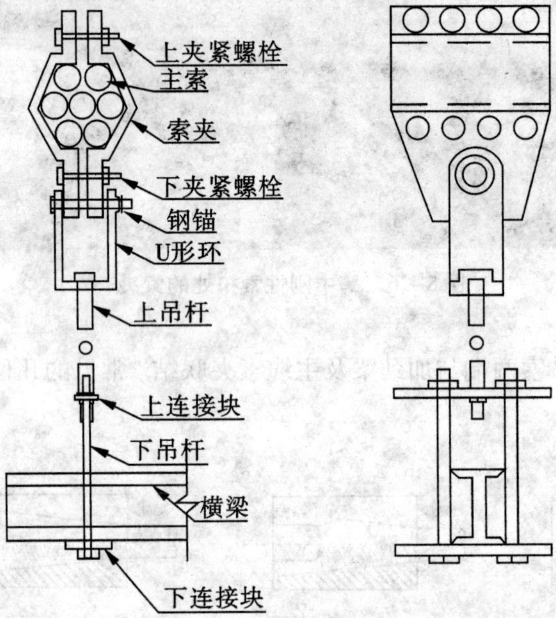

图 8-28　小跨悬索桥主缆与横梁之间的一种连接方式

8.6　加劲梁

中小跨度悬索桥中,主梁可以明显增加桥的刚度。这除了前述的重力刚度的原因外,一定刚度的主梁使荷载向相邻的吊杆分布,使荷载位置的位移减小了。主梁增加了桥的刚度,因此被称为"加劲梁"。对于现代的大跨度悬索桥,主缆的自重比活载大得多,此时主梁就变得可有可无了。即使不设置加劲梁,为传递车辆和人群荷载,仍需桥面、支撑桥面的纵梁、支撑纵梁的横梁,以及为增加横向刚度而设置的平纵联,工程量也不小。而且还要担心风力下会不会损毁。设置加劲梁所需费用不多,可增加牢固性,于是一般大跨度悬索桥中都设置加劲梁。

加劲梁的形式包括钢板梁、钢桁梁、扁平钢箱梁、扁平混凝土梁以及分体式钢箱梁,如图 8-29 所示。

早期修建的悬索桥,不论跨度大小,均以钢桁梁为主,个别中小跨度悬索桥采用钢板梁。自从塔科马大桥其下承式钢板梁风毁后,钢板梁已不再用于大跨度悬索桥。

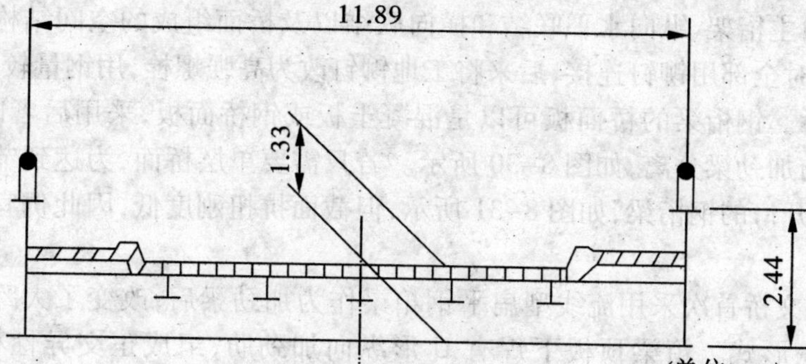

a.塔科马老桥的钢板梁

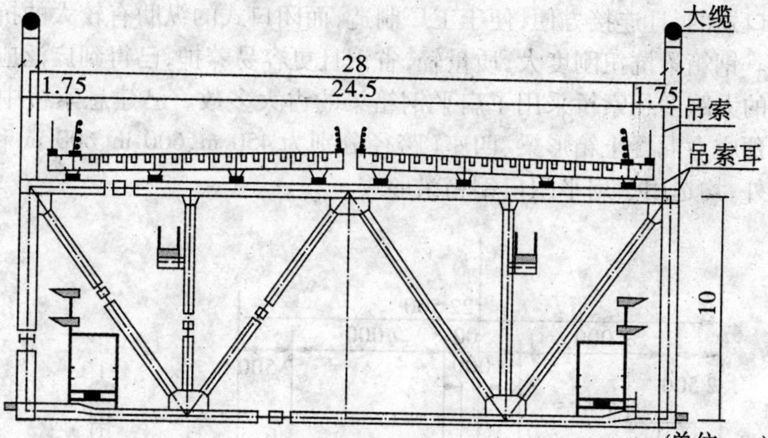

b.钢桁梁

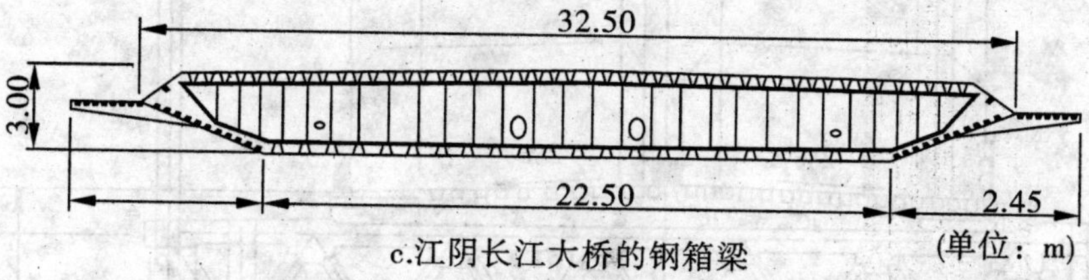

c.江阴长江大桥的钢箱梁

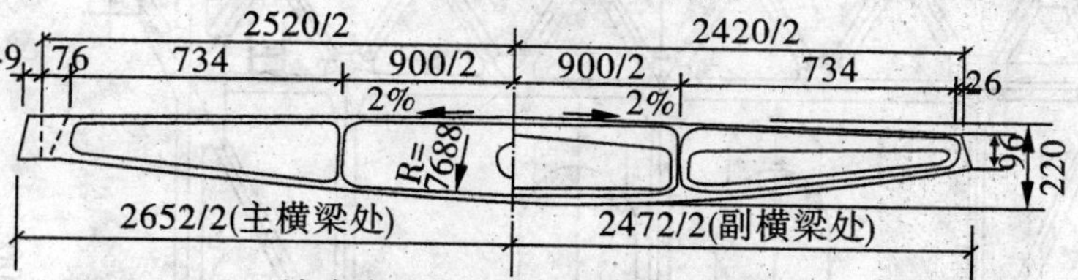

d.汕头海湾悬索桥的混凝土箱梁 (单位：cm)

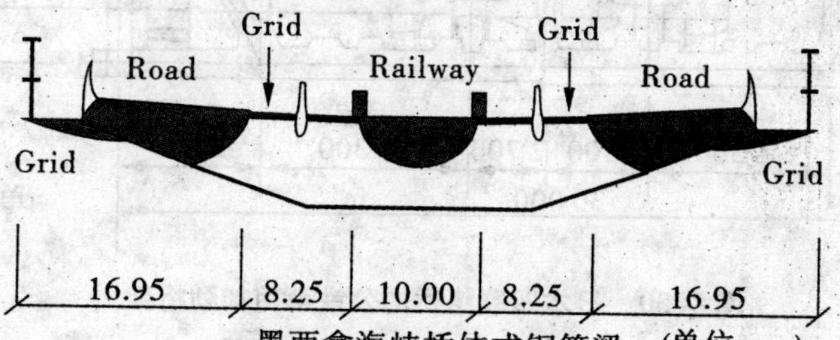

e.墨西拿海峡桥体式钢箱梁 (单位：m)

图 8-29　加劲梁的横断面

钢桁梁是由主桁架、纵向水平联结和横向联结以及桥面组成的空间结构。钢桁梁起始于美国，开始时全部用铆钉连接，后来将工地铆钉改为高强螺栓，用钢量较大，适用于需要双层桥面的桥。钢桁梁的桥面板可以是混凝土板或钢桥面板，采用后者时质量减轻。钢桥面板一般与加劲梁分离，如图8-30所示。若只需要单层桥面，为达到节约钢材的目的，可采用下翼开口的钢桁梁，如图8-31所示，但截面抗扭刚度低，因此仍宜采用闭口形截面。

1966年，塞文桥首次采用流线型扁平钢箱梁作为加劲梁后，改变了大跨悬索桥的传统钢桁架的单一形式。箱梁顶板下焊有U形纵向加劲肋，组成正交异性桥面板，如图8-32所示。钢桥面板的钢板厚一般为14 mm左右，设计的梁高通常为3.0～4.5 m。加劲肋也可采用开口式的，且连接方便，便于工厂制造，而闭口式的纵肋有较大的抗扭刚度，屈曲稳定性较好。钢箱梁抗扭刚度大，质量轻，省钢且更容易养护，已得到广泛应用。

我国建造的大跨度悬索桥采用了扁平钢箱梁的占大多数。已建悬索桥中，加劲梁形式除一座采用预应力混凝土箱形梁、四座（跨径分别为450 m、600 m、600 m和1 088 m）采用钢桁架梁外，均选用了扁平闭口钢箱梁形式。

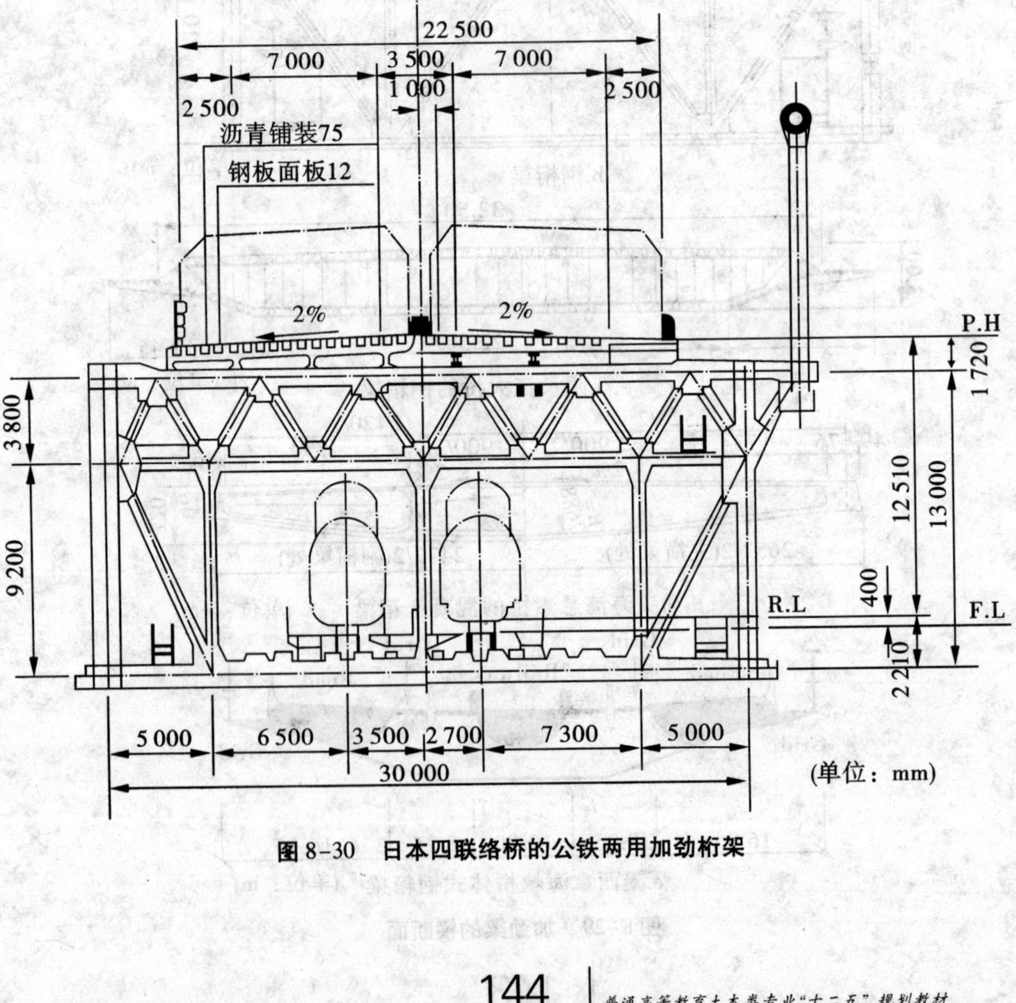

图8-30　日本四联络桥的公铁两用加劲桁架

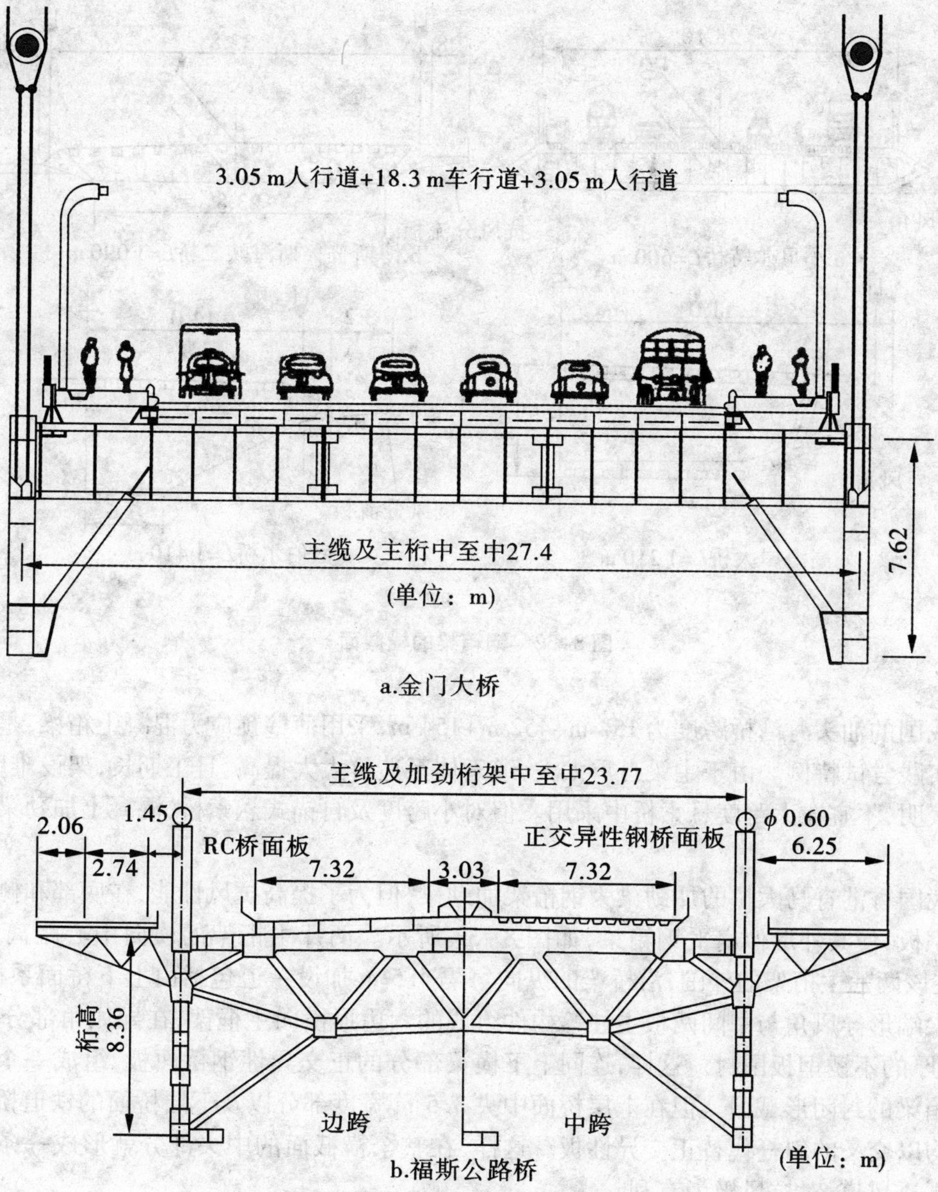

图 8-31　钢桁梁下翼为开口型的横截面

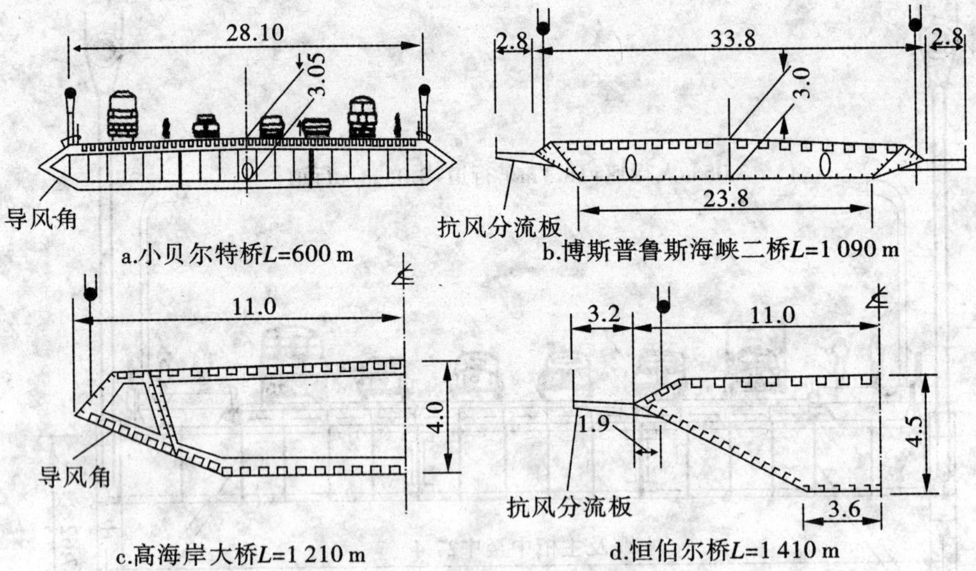

a.小贝尔特桥L=600 m　b.博斯普鲁斯海峡二桥L=1 090 m

c.高海岸大桥L=1 210 m　d.恒伯尔桥L=1 410 m

(单位：m)

图 8-32　钢箱梁的横截面

我国的汕头海湾桥跨度为154 m+452 m+154 m,采用薄壁预应力混凝土箱梁,是一个工程实践尝试特例。由于主梁自重太大,缆索体系造价大大提高,且工期长,架设难度高。实践表明,不宜在大跨度悬索桥中采用。但对小跨度及自锚式悬索桥,混凝土加劲梁是适宜的。

我国香港青马大桥的加劲梁为钢桁架加劲梁,但为了提高抗风性能,在底部和侧面蒙了薄钢板,使其外形似扁平钢箱梁,如图 8-33 所示。两片主桁架的横向中心距离为 26 m。在该两片主桁架的外围,沿桥梁的纵向每隔 4.5 m 加设一道包括由上下桥面系横梁、两侧尖端形导风角与中间两根主柱等构件组成的六边形横向主框架,在导风角部分用 1.5 mm 厚的不锈钢板围封。这样,连同上下横梁部分的正交异性钢桥面板,组成一个类似于钢箱梁的封闭形截面。但在上层桥面中央 3.5 m 宽度部分以及下层桥面的铁道桥面系部分均以交叉的斜杆代替正交异性板。这样,在整个横截面的中央部分就形成一条纵向的上下透风道,对抗风极为有利。

a.效果图

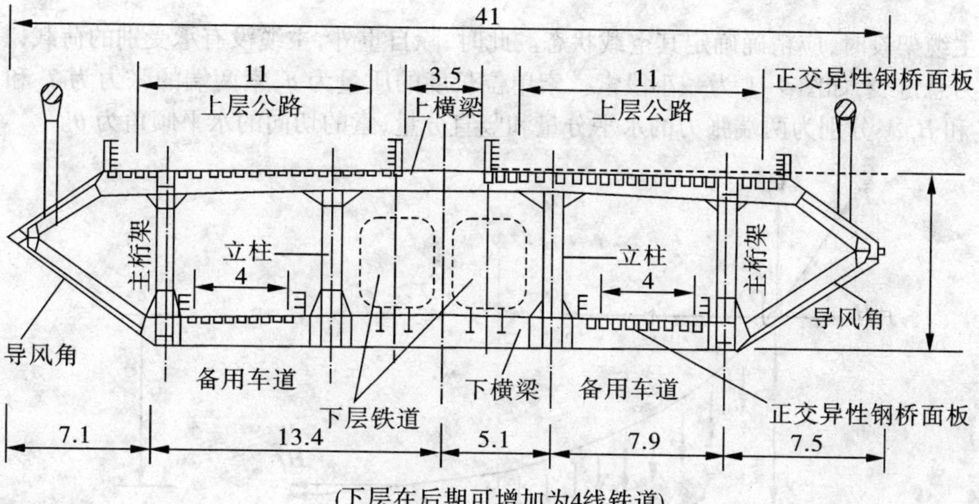

b.横截面

图 8-33　香港青马大桥钢加劲桁梁

第 9 章　悬索桥的设计与计算

9.1　主缆的曲线形状的确定

悬索桥主缆线形计算理论的发展经过了相当漫长的过程,至今相关学者还在进行精细化的研究分析。伽利略可能是最早研究两端固定的索或链在自重作用下曲线形状的人。现在大家熟知的悬链线型是在 1691 年由贝努利等人最早发表的,而更为简单的抛物线则在悬链线发现一百多年后才被人们认识。1794 年,Fuss 在设计一座悬索桥时发现,如果假定索的质量沿跨长而不是沿索自身均布,则索的线形为抛物线。抛物线较之悬链线简单,而且对小跨度悬索桥具有较好的计算精度,从此抛物线悬索受到了广泛的重视。

9.1.1　悬链线法

主缆架设时,应精确确定其空载状态。此时,除自重外,主缆没有承受别的荷载,其形状称为悬链线,如图 9-1 为一小段索。索单位长度的质量为 q,索两端的张力为 T_i 和 T_j,H_i、V_i 和 H_j、V_j 分别为两端张力的水平分量和竖直分量,索的切向的水平倾角为 θ。

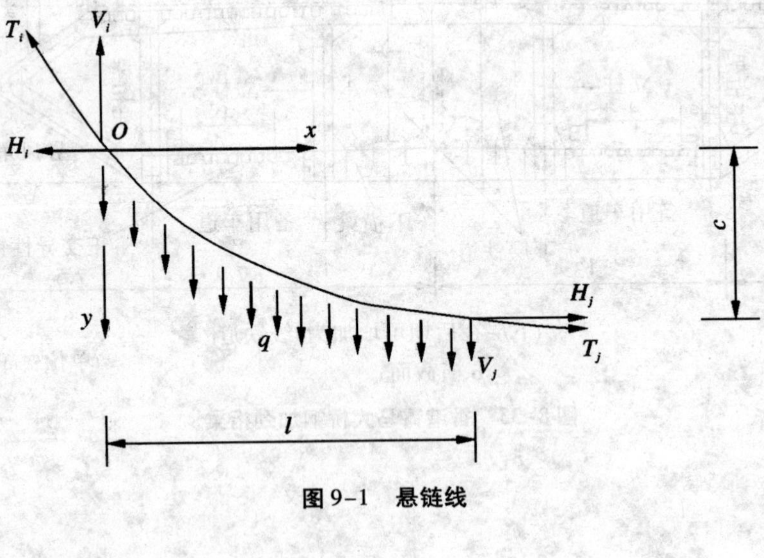

图 9-1　悬链线

因该段索上无外力作用,故有:

$$H_i = H_j = H \tag{9-1}$$

索力的竖向分量为 $H\mathrm{d}y/\mathrm{d}x$,其增量即为索段的重力:

$$H\mathrm{d}y/\mathrm{d}x = -q\mathrm{d}s \tag{9-2}$$

得：

$$H\mathrm{d}y/\mathrm{d}x = -q\sqrt{(\mathrm{d}x)^2 + (\mathrm{d}y)^2} \tag{9-3}$$

即：

$$H\frac{\mathrm{d}^2y}{\mathrm{d}x^2} = -q\sqrt{1 + \left(\frac{\mathrm{d}y}{\mathrm{d}x}\right)^2} \tag{9-4}$$

设 $\mathrm{d}y/\mathrm{d}x = shu$，则由上式得：

$$\frac{\mathrm{d}(shu)}{\mathrm{d}x} = -\frac{q}{H}chu \tag{9-5}$$

即：

$$\frac{\mathrm{d}u}{\mathrm{d}x} = -\frac{q}{H} \tag{9-6}$$

得：

$$u = -\frac{q}{H}x + \alpha \tag{9-7}$$

于是：

$$\frac{\mathrm{d}y}{\mathrm{d}x} = sh(-\frac{q}{H}x + \alpha) \tag{9-8}$$

得：

$$y = -\frac{H}{q}ch(-\frac{q}{H}x + \alpha) + \alpha_1 \tag{9-9}$$

整理得：

$$y = -\frac{H}{q}ch(\frac{q}{H}x - \alpha) + \alpha_1 \tag{9-10}$$

其中 α 和 α_1 为积分常数，由两端的边界条件 $x=0$ 时，$y=0$ 和 $x=l$ 时，$y=c$ 确定，代入则有：

$$\alpha_1 = \frac{H}{q}ch(\alpha) \qquad \alpha = sh^{-1}(\frac{\beta c/l}{sh\beta}) + \beta \tag{9-11}$$

其中 $\beta = \frac{ql}{2H}$。

当两支点等高时，$c=0$，则有：

$$\alpha = \beta = \frac{ql}{2H} \tag{9-12}$$

$$y = \frac{H}{q}\left[ch\alpha - ch(\frac{q}{H}x - \alpha)\right] \tag{9-13}$$

若两支点等高且当 $x = l/2$ 时，$y = f$，则有：

$$y = \frac{H}{q}(ch\alpha - 1) = f \tag{9-14}$$

9.1.2　抛物线法

对于大跨度悬索桥，当主梁全部悬挂在大缆上时，因主梁单位长度的质量比大缆的大得多,因此,大缆受到的外力可近似认为沿水平向均布,荷载集度记为 q_x,如图 9-2 所示。于是式(9-2)就变为:

$$H\mathrm{d}y/\mathrm{d}x = -q_x\mathrm{d}x \tag{9-15}$$

即:

$$\frac{\mathrm{d}^2y}{\mathrm{d}x^2} = -\frac{q_x}{H} \tag{9-16}$$

对上式两次积分得:

$$y = -\frac{q_x}{2H}x^2 + Ax + B \tag{9-17}$$

同样考虑两端的边界条件 $x=0$ 时,$y=0$ 和 $x=l$ 时,$y=c$ 后得:

$$y = \frac{q_x}{2H}x(l-x) + \frac{c}{l}x \tag{9-18}$$

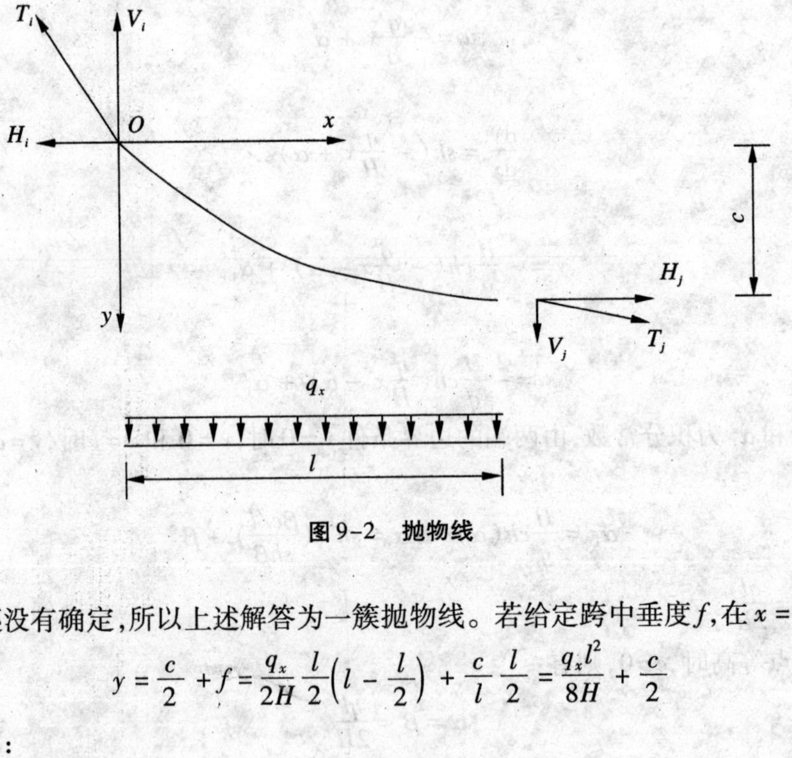

图 9-2　抛物线

因 H 还没有确定,所以上述解答为一簇抛物线。若给定跨中垂度 f,在 $x=l/2$ 时,有:

$$y = \frac{c}{2} + f = \frac{q_x}{2H}\frac{l}{2}\left(l-\frac{l}{2}\right) + \frac{c}{l}\frac{l}{2} = \frac{q_xl^2}{8H} + \frac{c}{2} \tag{9-19}$$

于是有:

$$H = \frac{q_xl^2}{8f} \tag{9-20}$$

于是大缆的挠曲抛物线方程为:

$$y = \frac{4fx(l-x)}{l^2} + \frac{c}{l}x \tag{9-21}$$

若两支点等高且给出跨中垂度,则对应的抛物线方程为:

$$y = \frac{4fx(l-x)}{l^2} \tag{9-22}$$

以上方程表示，对于受水平均布荷载的悬链线，固定两端点后，再给出跨中垂度，曲线的形状就完全确定了。

随着悬索桥施工的进行，悬索桥大缆从架设丝股时的悬链线形状，变化到成桥运营各阶段的抛物线形。根据以上解析式，可近似进行线形控制，索夹定位，吊杆长度的计算。

将抛物线与悬链线作比较，当二者在跨中的垂度 f 相同时，二者坐标的最大差值 d（大约在 0.2 跨度处）如表 9-1 所示。

表 9-1　抛物线与悬链线的比较

f/l	0.1	0.2	0.3
d/f	0.04%	0.11%	0.21%

从表 9-1 可以看出，两条曲线差值相对值极其微小，且索的垂度越小，这种差异越小。由于悬链线的计算相对较复杂，在实际应用中，对小跨度的悬索桥，一般均按抛物线计算，即可得到足够精确的结果。但对于大跨度悬索桥，二者误差的绝对值比较大，因此在设计计算中，对大中跨度的悬索桥空缆时的形状，应按悬链线计算，以获得更精确的结果。

9.1.3　弹性悬链线索段迭代法

在斜拉索线形精确分析部分，给出了弹性悬链线的方程。它可用于确定空缆状态及成桥状态主缆的形状。一般用于初步设计，首先得到成桥状态主缆的形状及参数，再去掉吊杆对主缆的作用力，就可计算出空缆状态的曲线形状。

对成桥状态，在索夹处由索夹、吊索自重和加劲梁分配给吊索的恒载等共同作用的集中荷载。因此主缆的成桥线形可理想化为由分段弹性悬链线组成，各索夹点是各分段弹性悬链线的交点，在交点处作用有集中荷载。

将主缆按主索鞍、散索鞍的理论交点分为几个独立的部分，分别计算各部分的线形及索端的水平、竖向力，但这些索端力必须满足在索鞍处的平衡条件。每段主缆满足以下基本假定：①索材料在弹性阶段工作，满足胡克定律；②满足小应变假定，即索材料的应变是微小的，这样就无须考虑截面变化的影响；③索是理想柔性的，只能承受拉力，不能承受压力和弯曲。

成桥状态下的主缆力学模型如图 9-3 所示。

已知各索鞍理论交点的坐标、主跨的矢跨比、各吊杆沿桥纵向的位置、主缆的单位质量、截面面积、弹性模量等。吊杆力、索夹自重力作为已知等效集中力作用在主缆上。计算成桥主缆线形一般先计算中间控制跨。各索段均满足索曲线公式：

$$l_i = \frac{H_{i-1}L_i}{EA_0} + \frac{H_{i-1}}{q}\left[\sinh^{-1}\left(\frac{V_{i-1}}{H_{i-1}}\right) - \sinh^{-1}\left(\frac{V_{i-1} - qL_i}{H_{i-1}}\right)\right] \tag{9-23}$$

$$h_i = \frac{L_i}{EA_0}\left(V_{i-1} - \frac{1}{2}qL_i\right) + \frac{1}{q}\left[\sqrt{H_{i-1}^{\ 2} + V_{i-1}^{\ 2}} - \sqrt{H_{i-1}^{\ 2} + (V_{i-1} - qL_i)^{2}}\right] \tag{9-24}$$

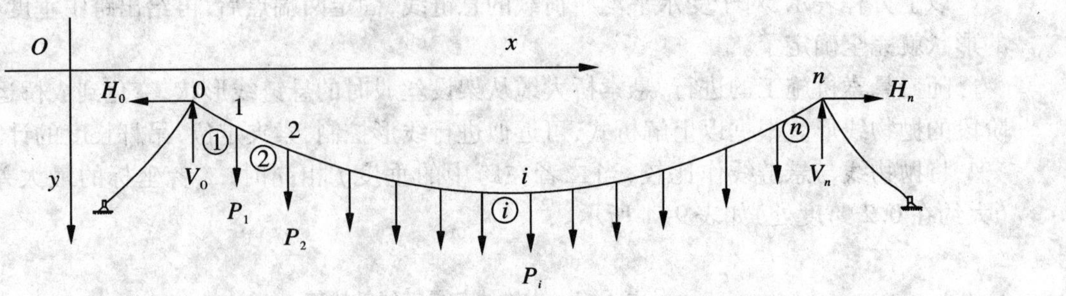

图 9-3　主缆力学模型

式中　l_i—— 第 i 号索段两吊点间距；

h_i—— 第 i 号索段两吊点高差；

q—— 主缆线容重；

L_i—— 第 i 索段的长度。

各索段的索端水平力和竖向力满足下列平衡条件：

$$H_i = H, V_i = V_{i-1} - qL_{i-1} \tag{9-25}$$

跨过第 i 个节点，V_i值得到修正，量值减小 P_i，$V_i \leftarrow V_i - P_i$，其中 P_i为第 i 个吊点上的竖直集中力。

具体的迭代过程如下：①假定左端点 0 点处的水平力 H_0及竖向力 V_0；②根据 0，1 两点的水平坐标差 l_1计算这两点间的主缆长度和竖向坐标差 h_1；③根据式(9-23)计算 1 ~2 节点间索段 1 左端的水平力 H_1及竖向力 V_1，采用(9-24)中的方法计算 h_1；④ 修正 1 ~2 节点间索段 1 左端的张力分量，得到右端的张力分量；⑤依此类推，计算各段主缆的竖向坐标差 h_i；⑥判断计算结果是否满足几何边界条件：

$$\sum_{i=1}^{m} h_i = f \quad \sum_{i=1}^{n} h_i = dy \tag{9-26}$$

式中　m, n——分别为左端点到跨中和右端点的主缆段数；

f, dy——分别为矢高和两端点竖向坐标差。

如果满足上述条件，则结束计算，否则修正 H_0，V_0，然后返回式(9-24)继续计算，直到满足几何边界条件为止。

边跨主缆成桥线形的计算方法与中跨基本相同，只是已知条件略有不同。计算中跨时已知两端点的坐标及矢跨比，而计算边跨时只知道两端点的坐标。但这时主缆端点的水平力 H 可根据塔顶主鞍座的平衡条件求得，一般假定桥塔不承受主缆水平力，所以计算边跨时，认为其端点水平力与中跨相等。这样，计算边跨时只有一个未知量即竖向力，迭代计算时更加方便。

基于以上方法，可计算主缆索股的无应力长度、架设索股时的线形、鞍座预偏量、索夹安装位置、吊索长度等。

以上的计算是把主索鞍、散索鞍均视为一点即理论交点来考虑，实际上还要按鞍座半径对主缆长度进行修正。那属于更加精确的计算，可用于辅助施工控制。

9.1.4　非线性有限元方法

以上数值解析法的计算过程简单明了,输入的数据少,能够得到主缆线形、拉力、无应力长度以及吊索的无应力长度和索夹安装位置等后续计算所需要的数据。

数值解析法计算也有着明显的不足之处:①吊索力是数值解析法计算的基本已知条件之一,所以吊索力是否正确直接影响了计算结果的精度;②数值计算方法是将主缆从悬索桥整体中分离出来单独分析,显然,荷载单独作用在主缆上与作用在整个结构体系上的效果是不同的;③数值计算方法只能得到主缆的线形、拉力等数据,无法准确了解主梁及主塔的内力状况,这对设计和施工控制都是不够的。

非线性有限元法除了可进行面内计算外,还可以进行空间计算,并考虑斜吊杆、横桥向吊杆面倾斜等方案的计算。

悬索桥的总体计算一般采用空间杆系有限元法。在进行建模时,可用多根直杆模拟曲线大缆,当直杆足够多时,就可精确模拟主缆的曲线形状,从而解决主缆垂度的影响。

悬索桥的非线性除了主缆垂度的影响外,主要还包括该柔性结构的大位移和初始应力的影响。大位移是指结构的柔性较大,在力的作用下结构发生大的位移,对其进行分析时,力的平衡方程应该依据变形后结构的几何位置来建立,力与变形之间存在非线性关系。初始内力的存在,使得在分析非线性结构时,为了得到所加荷载对应的结构平衡状态,必须计入结构上的初始应力、引起初始内力的荷载,也就是说与加载前的状态是相关的,不能像线弹性分析那样,求得所加荷载产生的效应后与其他工况相叠加。

非线性有限元的解法包括荷载增量法、迭代法及混合法。具体的分析编程方法请参考相关有限元教材。

悬索桥的空缆线形计算的非线性有限元法主要有两种方法。第一种方法是循环前进分析法,就是事先假设悬索桥的主缆、吊索、主塔、加劲梁等构件的无应力长度及鞍座、索夹的预偏量。通过模拟施工过程,结构体系转换,用几何非线性有限元方法计算得到成桥状态的有关结构几何形状参数,将其与设计的成桥状态结构几何形状参数进行比较,若不满足精度要求,则修改假定的主缆线形及鞍座、索夹的预偏量,重复上述计算过程,直到满足精度要求为止。这样就可以得到主缆的无应力长度、初始线形及鞍座、索夹的预偏量等。第二种方法是倒拆分析法,就是将成桥状态作为初始状态,按照与实际施工架设顺序完全相反的过程,对结构进行倒拆。首先卸去桥面铺装,然后再逐一拆去加劲梁段,最后只剩下主缆、鞍座、主塔,逐次求出每一阶段的平衡状态,最后就得到悬索桥的空缆状态。在倒拆分析中,作为计算的初始状态一般根据设计条件是已知的(这对于悬索桥而言本身就是很困难的),而且悬索桥是几何非线性程度相当高的结构,这将会导致单用倒退分析确定悬索桥空缆线形结果失真,还需要用前进分析进行校核,只有前进、倒退交互迭代,才能得到较准确的空缆线形。

9.1.5　精确模拟大缆及其与鞍座相互作用的有限单元法

对于大缆,可采用精确的可考虑索段内垂度的弹性悬链线单元。此法需要在建立有限元模型时将主缆采用弹性悬链线单元划分,一般将主缆上索夹位置作为节点。因弹性悬链线单元为两节点单元，建立有限元结构分析模型很方便。可根据上面前三种方法得到的初步结果，输入各单元的索原长。在计算得到稳定的结构形状后，一般与设计的成桥几何形状有差异。选择设计成桥结构上若干个点的位移，或构件的内力为目标函数，建立各索段索原长自变量与这些目标函数之间的影响矩阵，得到各索段索原长的修正量，对索原长进行修正。用修正后的索原长进行结构分析，再次进行修正。如此循环，直到计算的成桥状态与设计成桥目标状态相一致。这就是柔性结构的"找形"。

得到成桥状态索原长后，去掉加劲梁及吊杆，就可得到大缆的空缆状态。此时在桥塔上主缆的张力水平分量在鞍座两侧不平衡，移动鞍座对应节点位置，使两侧张力水平分量相平衡，该移动量即为施工过程中鞍座的顶推量，与吊杆对应节点到达的位置，即为吊杆安装时的索夹位置。

主缆在鞍座处的精确分析，需要利用考虑二者之间力学平衡及切点可不断变化的索-鞍座单元，如图9-4所示。

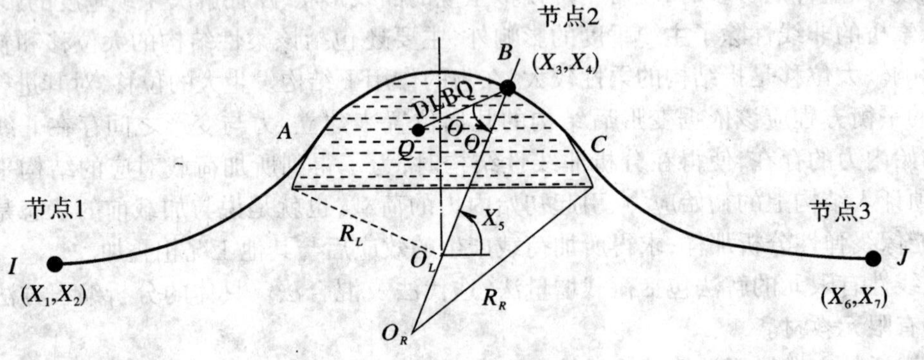

图9-4　索-鞍座单元

该单元共有3个节点，包括左索段的左端点、索在鞍座上的永不脱离点、右索段的右端点。左右端点各有2个自由度，永不脱离点有3个自由度，共7个自由度。可得到新单元的节点力向量及新的刚度矩阵(7×7)，单元的结构参数包括两侧索段鞍座的参数。索段的参数包括索原长、节点I的坐标、节点J的坐标和索体的物理参数：弹性模量、截面面积、单位长度索重。连续长索在两侧的索体物理参数一般相同，特殊情况下也可以取不同的值，如悬索桥中常在边跨侧增加索股以增加边跨的刚度。鞍座的参数包括鞍座标记点的坐标、左右部分的圆弧半径、永不脱离点与圆心连线的倾角、鞍座的质量。若深入研究，具体单元格式可参考相关文献。

对主索鞍的模拟如图9-5所示。一个索-鞍座单元，配合一个刚性杆件BD，及一个可伸缩的刚性杆件ED，E与桥塔顶一点固结，这样就可以模拟主索鞍的滑动。改变ED轴向的刚度，使其呈刚性，就可以模拟顶推后鞍座位置的暂时或永久固定。

滑移式散索鞍的模拟与主索鞍的相似，只是伸缩式梁单元沿滑移面倾斜。摇轴式散索鞍的模拟如图9-6所示，图中B为根据两邻跨主缆线形确定的永不脱离点。理论交点与B连线的延长线沿BE方向，BD为刚性梁单元，DE为一般的非线性梁单元，模拟实际的支撑构件，约束E的移动，解除转动约束，从而可实现对摇轴式散索鞍的真实模拟。

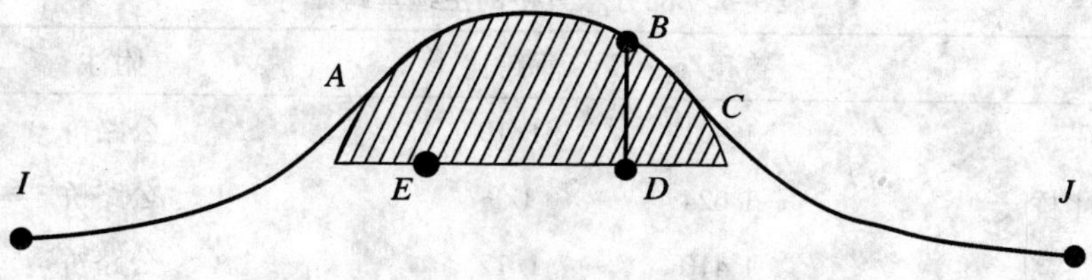

图 9-5　索鞍滑移与顶推的模拟

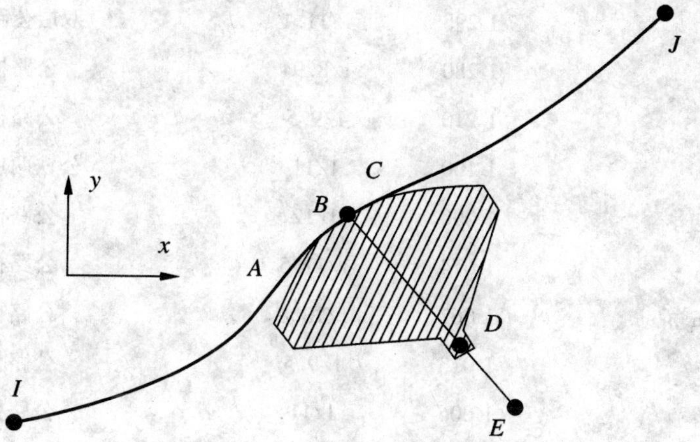

图 9-6　摇轴式散索鞍的模拟

对新单元编程，可像常规单元一样调用，精确模拟索鞍对主缆的影响，得到计算结果后，不必再进行索原长在鞍座处的修正。

9.2　悬索桥的总体设计

9.2.1　垂跨比

主缆跨中垂度与跨度之比称为垂跨比。设计时边跨主缆的状态是根据主跨主缆在桥塔处产生的水平力确定的，因此主跨的垂跨比是主要的，一般所说的垂跨比就是指主跨的垂跨比。

主缆垂跨比是总体设计中一项重要指标。它直接影响桥塔高度、主缆拉力、桥梁的整体刚度、吊索长度等设计指标。减小垂跨比将增加全桥刚度，但加大了主缆拉力，主缆用钢量增加，锚碇规模相应亦较大，应通过分析这些增加的工程量能否与桥塔高度降低所带来的经济指标相平衡，合理选定悬索桥主缆垂跨比。

已建成的大跨度悬索桥垂跨比大致为 1/9 ~ 1/12。表 9-2 列出了国内外已建成悬索桥的主缆垂跨比，供设计时参考。

表 9-2　部分悬索桥的主缆垂跨比

桥名	跨径/m	垂跨比	附注
明石海峡大桥	1 991	1/10	公路桥
Great Belt East 桥	1 624	1/9	公路桥
Humber 桥	1 410	1/12	公路桥
江阴长江大桥	1 385	1/10.5	公路桥
香港青马大桥	1 377	1/11	公铁两用桥
Verrazano 桥	1 298	1/11.1	双层公路桥
Goden Gate 桥	1 280	1/8.94	公路桥
瑞典 Kusten 桥	1 210	1/9.5	公路桥
南备赞濑户大桥	1 100	1/11	公铁两用桥
Bosporus Ⅱ 桥	1 090	1/12	公路桥
Bosporus Ⅰ 桥	1 074	1/11.5	公路桥
George Washington 桥	1 067	1/10.8	公路桥
4 月 25 日桥	1 013	1/9.5	公路桥
Forth Road 桥	1 006	1/11	公路桥
北备赞濑户桥	990	1/11	公铁两用桥
Severn 桥	988	1/12.1	公路桥
下津井濑户桥	940	1/10	公路桥
西陵长江大桥	900	1/10.5	公路桥
虎门大桥	888	1/10.5	公路桥
大鸣门桥	876	1/10.7	公铁两用桥
塔可马桥	853	1/10	公路桥
因岛大桥	770	1/10.1	公路桥
白鸟大桥	720	1/10.5	公路桥
厦门海沧大桥	648	1/10.5	公路桥
东京彩虹桥	560	1/10.2	公路桥

9.2.2　主跨与边跨的拟定

拟定主跨或边跨，要综合考虑地形、河床断面、地质条件、通航要求等条件。首先要合理选择主跨长，一般情况下主跨跨度小比较经济，但如果由此造成桥塔处于深水区，则增加主塔的施工难度，增加工程费用。边跨的跨长应考虑锚碇的位置及其所处的地质条件，同时应充分重视桥梁美学设计及与环境的协调。其边中跨比一般为 0.25 ~ 0.45。

由式(9-20)可知,若恒载下索塔两侧主缆的水平力平衡,有:

$$\frac{f_1}{w_1 l_1^2}=\frac{f_2}{w_2 l_2^2} \tag{9-27}$$

则有:

$$\frac{f_1}{f_2}=\frac{w_1 l_1^2}{w_2 l_2^2} \tag{9-28}$$

式中 f_1, f_2——边跨和主跨的主缆垂度;

w_1, w_2——边跨和主跨的恒载集度;

l_1, l_2——边跨和主跨的主缆跨度。

由式(9-27)和式(9-28)可知,主跨侧主缆形状确定后,边跨侧垂度与边跨距离的平方呈正比。边跨越小,边跨的垂度也应越小,即边跨张力应更大,以便提供足够的水平力,这导致边跨主缆的刚度增大,可减小塔顶的水平变位及加劲梁的弯矩与变形。

若索塔两侧主缆倾角相等,为保持水平平衡,则两侧主缆张力相等,可充分利用主缆的强度,使主缆截面面积最小。较小的边跨使边跨侧主缆张力较大时,为保持相同的安全系数,边跨侧应增加索股。当然,边跨跨度不宜太小,否则鞍座两侧张力相差悬殊,可能引起鞍座的滑动。

边跨侧主缆分两种结构形式:悬吊加劲梁,也可不悬吊加劲梁。若不悬吊加劲梁,则 w_1 大幅度减小,由上式知,边跨垂度就很小,可提高边跨主缆的刚度。同样可减小塔顶水平位移及加劲梁的弯矩与变形。一般应根据地形、水深、地质等条件选择边跨的结构形式。国外的悬索桥以三跨为主,我国的西陵桥、江阴桥、虎门桥等均为单跨悬索桥。

9.2.3 悬索桥设计与计算方法的演变

弹性理论是悬索桥最早的计算理论。它采用了古典结构力学方法,忽略活载作用下结构变形的影响,按微小变形理论方法计算。其特点是恒载与活载的内力计算方法相同,在计算活载内力时没有计入恒载初始内力对悬索桥整体刚度的贡献。弹性理论的分析结果是偏安全的,其内力偏大,误差将随着悬索桥跨度的增加、加劲梁纵向刚度的减小而增大。

第一次设计理论的变革出现在20世纪初。1888年,Me-len提出了考虑载荷引起的变形对结构内力计算影响的挠度理论,奠定了近代悬索桥设计的理论基础。挠度理论发现,悬索桥的整体刚度主要由主缆的重力刚度构成,加劲梁自身的刚度对结构整体刚度的贡献不大。因此,随着桥梁跨度的增加,加劲梁的高度可基本维持不变。1909年,采用挠度理论设计的曼哈顿桥在美国建成。

挠度理论的计算是建立在结构变形后的内力平衡。用挠度理论计算活载内力时,已经计入了恒载内力对悬索桥刚度的贡献。计算的基本假定是:由均匀分布的恒载确定悬索桥主缆二次抛物线的成桥线形,在活载作用下主缆形状将发生改变,结构的平衡状态由变形后的位置来建立。由于挠度理论考虑了主缆恒载缆力对活载变形的影响,因此,其计算结果与实际比较接近。20世纪70年代以前设计跨径500 m以上的悬索桥都采用了挠度理论。

Steinman 曾以三座中等跨度的悬索桥桥为例，比较了挠度理论与弹性理论计算结果的差，如表 9-3 所示。

表 9-3　挠度理论与弹性理论计算结果比较

桥名	跨度/m	挠度理论与弹性理论计算结果之比	
		1/4 跨度处弯矩	1/2 跨度处弯矩
Florianoplis 桥	340	80%	67%
Benjamin-Frankly 桥	533	66%	62%
Mount-Hope 桥	366	50%	65%

第二次设计理论与方法的变革出现在 20 世纪 40 年代。1940 年，美国建成了塔科玛桥。4 个月之后，在 19 m/s 的风速下发生了剧烈弯扭振动而坍塌。塔科玛桥坍塌的事故导致了两个积极的结果：①人们开始重新审视挠度理论，发现加劲梁保持必要的刚度，特别是抗扭刚度十分必要；②桥梁的抗风设计，或者说桥梁的抗风稳定性问题开始引起人们的高度重视。试验发现，风引起的扭转或弯扭耦合模态的发散性振动是导致塔科玛桥坍塌的主要原因。为加强结构的抗扭刚度，加劲梁的高度开始出现大幅反弹，普遍达到 7 ~ 12 m。桁架式加劲梁几乎成了大跨桥加劲梁的固定做法。

第三次设计方法的变革出现在 20 世纪 60 年代。塔科玛旧桥坍塌事件对桥梁设计思想的影响，在北美和在欧洲是完全不同的。美国人的做法是采用桁架式加劲梁解决减小风阻的问题，并将加劲梁的高度大幅增加以提高断面的抗扭刚度。英国人则认为，改善桥梁气动稳定性的合理方式，应当是采用合理的加劲梁剖面形式，主要通过降低风阻和控制气流分离的办法减小扭矩，通过将横剖面闭合的办法增加箱梁的抗扭刚度。1966 年，英国人的设计思想在塞文桥中得以实现。当时，塞文桥 988 m 的跨度虽然并不起眼，但它首次采用的流线型扁平钢箱梁设计却使整个桥梁界产生了强烈的震撼。塔科玛旧桥垮桥事件后，对于大跨悬索桥，桁架式加劲梁曾被认为是最有效的加劲梁形式，这一看法由于塞文桥的出现而开始受到人们的质疑。

计算机与有限元分析方法的发展，为精确地计算桥梁结构的内力、变形提供了有力的工具，有限位移理论随之产生。它是将悬索桥作为由各个单根构件组成的结构体系来进行分析的方法，可以比较真实地模拟结构，全面地考虑结构的各种非线性因素和变形状态，其计算结果与实际非常接近。

当前，计算机和有限位移理论计算程序都比较普及，为保证计算结果比较精确，应尽量采用有限位移理论进行设计计算分析。但跨径小于 200 m 时，可采用挠度理论或弹性理论。在方案比选或跨径小于 500 m 悬索桥的初步设计时可采用挠度理论。

悬索桥结构是空间受力体系，现代大跨度悬索桥的桥面比较宽，为准确反映悬索桥结构空间受力特点，采用空间结构体系进行分析是必要的。悬索桥结构的振型在纵向与竖向、横向与扭转等方向是耦合的，有些情况下耦合性很强，过去的分平面计算不能反映这种耦合特点。因此，有条件时，结构整体计算尽可能按空间结构体系进行。由于计算机运算速度的加快和容量的增加，对悬索桥结构进行空间分析将不再是困难的。在结构进行静力分析时可采用简化平面结构体系计算，但需考虑活载横向偏载影响。

由于悬索桥是几何非线性结构，叠加原理不再适用，计算各种作用效应组合时，原则上应将各种作用效应同时作用在结构上进行计算。对于强度设计，应获取主缆、吊索的最不利内力；按空间结构体系进行分析时，对加劲梁和桥塔的各控制截面应分别计算出弯矩、剪力、扭矩和轴力（桥塔）各自的最大值及其他力素的相应值，从而获得强度验算的控制内力。对于变形来说，结构的挠度、梁端的转角、纵向位移等是结构设计的重要参数，可根据作用效应组合形式分别进行计算。

桥梁抗风理论研究和风洞试验趋于成熟，最近人们开始采用数值风洞方法，通过数值计算模拟风洞试验情况，并且证实该方法与试验值吻合良好。我国 1999 年建成主跨 1 385 m的江阴长江公路大桥，丹麦 1998 年建成主跨 1 624 m 的大带东桥，日本 1998 年建成主跨度达 1 991 m 的明石海峡大桥，都是这些技术进步的最好见证。

自从塔科马大桥毁坏以后，人们普遍认识到桥梁的空气动力稳定性是大跨度桥梁设计的控制准则之一。然而对于大跨度的悬索桥，颤振临界风速随跨度的增大而急剧下降。近年来，随着悬索桥跨度的不断增大，桥梁工程界对颤振和颤振的控制尤其重视。目前提高桥梁空气动力稳定的方法主要有以下几大类：①提高结构本身的刚度，如采用高度较大的桁架加劲梁，或增大流线型钢箱梁的截面；②采用新的加劲梁设计构思以提供良好的气动性能；③气动力方法，采取措施改变加劲梁周围的绕流状态或产生稳定的气动力；④尝试抗风性能良好的结构体系。

9.3　主缆的设计

9.3.1　主缆的力学特性

恒载在主缆拉力中占主要比例，跨度越大，恒载力越大，恒载比例也越大。1 000 m 以上的公路悬索桥主缆恒载拉力占全部拉力的 80% 以上。主缆恒载拉力比例增大，就减小活载引起的竖向变形。也就是说，主缆依靠悬索桥的恒载使其在活载作用下的变形减小，从而提高悬索桥的刚度。这也说明了为什么悬索桥能应用于特大跨度。

根据抛物线法中的推导结果，恒载引起的水平分力为：

$$H = \frac{wl^2}{8f} \tag{9-29}$$

式中，w、l、f 分别为恒载集度、跨长和主缆垂度。

主缆拉力：

$$T = \frac{H}{\cos\varphi} \tag{9-30}$$

主缆垂直分力：

$$V = H\tan\varphi \tag{9-31}$$

式(9-30)和(9-31)中，φ 为主缆切线的倾斜角。

主缆拉力最大处在倾斜角最大处，一般在塔顶。

对于垂跨比为 1/8 的悬索桥主跨大缆，由式(9-29)，$H = wl$，即大缆中张力水平分量，也就是跨中大缆张力，等于该跨内所有构件的质量及活载质量之和，$V = wl/2$，即大缆中张力水平分量的一半，对应的塔顶主缆张力 $T = 1.12wl$。

加劲梁对活载的效应有“局部性”。大跨度悬索桥在竖向活载作用下，应力不大但变形较大，表现出结构的柔性。加劲梁只是将活载分配给相邻的几根吊杆，在该区域，加劲梁承受正弯矩，两端外一定区域内吊杆随主缆上移，加劲梁承担负弯矩。只是当活载作用很长时，加劲梁曲率沿梁分布较为均匀，数值不大，相应主梁的弯矩也不大，此加载工况一般不控制截面的验算。

图 9-7 为某三跨连续悬索桥的影响线。在活载作用下，除桥塔附近极小的区段外，活载作用在桥上其他位置，主缆的拉力都是增加的，特别是主跨跨中二分之一主跨跨径范围内，作用效应明显。荷载作用在边跨时，该边跨近邻索塔的主缆中的拉力增加较为明显，除此之外，边跨侧的荷载对其他跨的索力影响很小。塔顶水平位移的方向与荷载作用在其边跨侧和中跨侧有关，远端边跨对其影响很小。荷载作用在中跨四分之一跨附近时，该处向下位移较大；当荷载作用在中跨四分之三跨处时，四分之一跨处向上的位移较大。对于跨中挠度，活载作用在主跨跨中三分之一主跨跨径范围内时引起向下的位移，其他位置引起较小的向上的位移。桥面系的竖向刚度越大，局部荷载的影响范围越大，影响线就会越平坦。大跨度桥梁的加劲梁竖向刚度相对较小，结构柔性更大，其影响线就与图 9-7 中的接近。

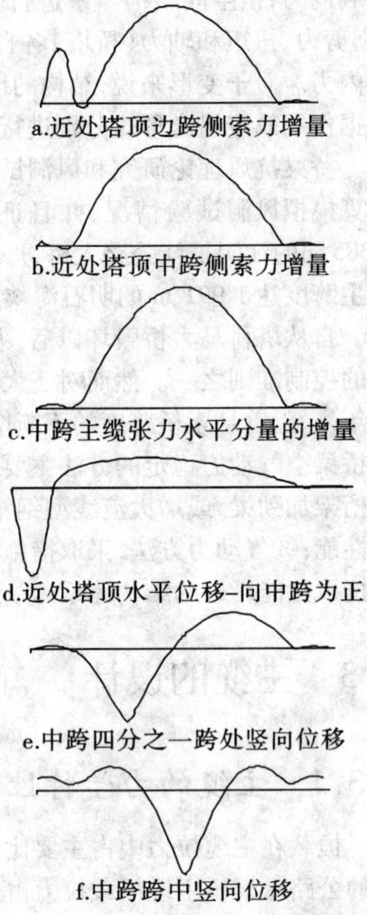
a.近处塔顶边跨侧索力增量
b.近处塔顶中跨侧索力增量
c.中跨主缆张力水平分量的增量
d.近处塔顶水平位移-向中跨为正
e.中跨四分之一跨处竖向位移
f.中跨跨中竖向位移

图 9-7　某三跨连续悬索桥的影响线

设计计算时，镀锌高强钢丝主缆的弹性模量设计取值不宜小于 1.9×10^5 MPa，可采用钢丝绳主缆的弹性模量设计取值可不小于 1.6×10^5 MPa，镀锌钢丝绳吊索弹性模量设计取值不宜小于 1.1×10^5 MPa。我国国标中规定的国产钢丝绳捻距小、非弹性变形大，因此弹性模量值较低。

目前国内悬索桥主缆尚无采用密封钢线绳的实例。有试验资料情况下，取原材料（钢丝或钢丝绳）的弹性模量作为设计计算值。表 9-4 为几座桥的主缆弹性模量资料。

表 9-4　几座悬索桥的主缆弹性模量

桥名	钢丝直径 /mm	弹性模量 /MPa
关门桥	5.04	2.0×10^5
明石海峡大桥	5.22	2.0×10^5
Great Belt 桥	5.38	1.9×10^5
虎门大桥	5.20	1.96×10^5
江阴大桥	5.35	2.0×10^5
海沧大桥	5.10	1.95×10^5

9.3.2　主缆截面积的估算

按式(9-30)估算出主缆张力后，即可根据安全系数确定主缆的截面积。其中均布荷载集度的计算式为：

$$w = g + q_1 + q_2(1 + \mu) \tag{9-32}$$

式中，μ、g、q_1、q_2 分别为冲击系数、恒载集度、人群荷载集度、汽车荷载集度。汽车荷载可按 4 kN/m² 估算。当车队多于 2 行时，按《桥规》规定，应相应乘以荷载折减系数，即 $q_2 = 4 \cdot \eta \cdot B$，$B$ 为行车宽度，η 为汽车荷载车道折减系数。

主缆的最大张力应取主跨与边跨主缆最大张力的较大值，设为 N，则主缆的面积 A 估算式为：

$$A = \frac{K \cdot N}{\sigma_b} \tag{9-33}$$

式中，K、σ_b 分别为主缆的强度安全系数和主缆抗拉强度标准值。

主缆应力验算时，主要组合下，相对于主缆钢丝公称抗拉强度的安全系数不得小于 2.5。表 9-5 列出国内外多座悬索桥主缆安全系数值，设计时可参考。

确定主缆安全系数应考虑的因素：①主缆的构造；②计算精度；③恒载应力与活载应力比；④二次应力的影响；⑤应力不均匀性的程度；⑥结构物的重要性。

总的说来，随着计算分析精度的提高，所选择的安全系数在逐渐减小。

主缆预制索股制作长度应按主缆实测钢丝弹性模量值进行计算，并考虑索鞍处的曲线修正及锚跨段索股空间角度修正。

主缆预制索股制作长度应计入长度预留量，以满足主缆索股制作误差、架设误差、计算误差及地球曲率影响等误差要求。

主缆索股、吊索用高强钢丝及钢丝绳均应采用抗锈蚀性能好的热镀锌线材，因它们在大气中极易锈蚀，对线材进行热镀锌，作为第一道防护是保证其耐久性的关键，是必须给予保证的条件。

表 9-5　数座悬索桥的主缆安全系数值

桥名	标准强度 /MPa	容许应力 /MPa	安全系数
明石海峡大桥	1 800	820	2.20
Severn 桥	1 544	709	2.30
Bosporns Ⅰ桥	1 570	687	2.29
Bosporns Ⅱ桥	1 670	700	2.39
Forth-Road 桥	1 544	618	2.50
Verranzano-Narrows 桥	1 517	600	2.53
Newport 桥	1 551	586	2.65
Washington 桥	1 517	565	2.68
Golden-Gate 桥	1 517	565	2.68
San Francisco 桥	1 517	565	2.68
广东虎门大桥	1 600	600	2.67
江阴长江大桥	1 600	623	2.57
厦门海沧大桥	1 600	608	2.63

9.3.3　锚头的验算

锚杯与铸体材料相互作用情况如图 9-8 所示。

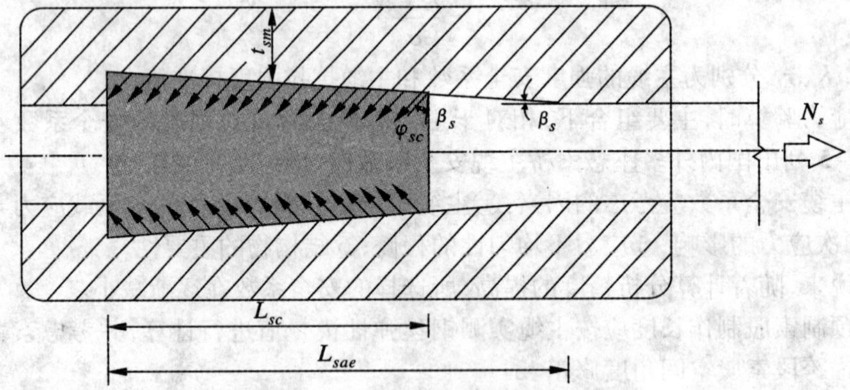

图 9-8　锚杯与铸体材料相互作用

锚头锚杯内钢丝锚固长度 l_{sae} 应满足锚固强度的要求，热铸锚可按式(9-34)计算：

$$l_{sae} \geqslant \frac{K\sigma_b}{4\nu} d_w \tag{9-34}$$

式中　d_w——主缆钢丝直径；

σ_b ——主缆钢丝公称抗拉强度；

K ——钢丝锚固安全系数，取 $K=2.5$；

ν ——单根钢丝与合金在单位面积上的附着力，无试验资料时，铸体材料为热铸料可取 $\nu=25$ MPa，铸体材料为冷铸料时可取 $\nu=18$ MPa。

欧洲钢桥标准中，锚内铸体为热铸料时，取 $l_{sae}>50\ d$，锚内铸体为冷铸料时，取 $l_{sae}>70\ d$。

锚头验算应包括支承面压应力、锚杯平均壁厚 t_{sm} 及锚杯截面的环向应力 σ_t。

锚杯的环向应力可按公式(9-35)计算：

$$\sigma_t = \frac{F_t}{l_{sc}t_{sm}} \tag{9-35}$$

式中 l_{sc} ——铸体材料的有效长度，由于索体在嵌入锚杯时各钢丝间的空隙不可能被完全填实，所以计算采用铸体材料的有效长度 l_{sc} 取锚杯内钢丝锚固长度 l_{sae} 的2/3，即 $l_{sc}=\frac{2}{3}l_{sae}$；

t_{sm} ——铸体材料有效长度内锚杯的平均壁厚；

F_t ——锚杯环向拉力，可按式(9-36)计算：

$$F_t = \frac{N_s}{2\pi \cdot \tan(\varphi_{sc}+\beta_s)} \tag{9-36}$$

式中 N_s ——索股拉力；

β_s ——锚杯内锥面母线与轴线的夹角，$\tan\beta_s=1/8 \sim 1/12$，铸体材料为热铸料时，斜度宜取高值，铸体材料为冷铸料时，斜度宜取低值；

φ_{sc} ——锚杯内铸体上压力线与锚杯内锥面母线夹角，铸体材料为热铸料时，可取 $\tan\varphi_{sc}=0.2$，铸体材料为冷铸料时，可取 $\tan\varphi_{sc}=0.45$。

9.4 吊索和索夹的设计

9.4.1 吊索的设计

吊索传递的荷载包括吊索自重、加劲梁、桥面、人行道、栏杆等恒重及活荷载。每排吊索传递索间距内恒载及人群荷载。对于汽车荷载，不考虑加劲梁的分配效应，可按4 kN/m^{2}估算。则每个吊索传递的荷载力 N 为：

$$N = [g+q_1+q_2(1+\mu)]\cdot a/n \tag{9-37}$$

式中 μ ——对吊索的冲击系数，计算时加载长度取吊索间距；

a ——吊索间距；

n ——每排吊索的吊索数；

其他符号含义同主缆截面估算式。

吊索内的最大张力 N' 要计入：吊索夹处的转折引起的索拉力增加；由架设误差引起的吊索的附加张力；吊索弯引起的二次应力等，该项值可达到吊索张拉应力的20%。吊

索截面积估算值 A 为:

$$A=\frac{KN'}{\sigma_b} \tag{9-38}$$

式中 K——吊索强度安全系数;

σ_b——吊索标准强度。

吊索的强度安全系数应大于主缆的强度安全系数,其中的原因包括吊索中恒载应力所占的比例小,且活载发生的频率高,吊索应保证疲劳强度的安全。日本《道路桥梁规范》规定,对直线部分吊索的安全系数可不小于3.5,对曲线部分不小于4.0。

销接式吊索的安全系数应不小于3.0。骑跨式吊索钢丝绳由于小半径弯曲而产生弯曲应力,使吊索强度折减,最大折减率可达75%。所以强度验算中,骑跨式吊索的安全系数应不小于4.0,换吊索时,骑跨式吊索与销接式吊索宜分别保证2.5和1.8的安全系数。

吊索的弯曲应力计算应视钢丝绳的构造、材质的不同而采取不同的计算公式。因为难以准确计算,所以一般通过试验确定。表9-6列出了国内外部分悬索桥吊索安全系数的取值,供设计参考。

表9-6　部分悬索桥吊索的安全系数

桥名	国名	完成年份/年	安全系数	吊索材料
George Washington 桥	美国	1931	4.3	钢丝绳
San Francisco 桥	美国	1936	3.0	钢丝绳
若户大桥	日本	1962	4.5	钢丝绳
Verranzano-Narrows 桥	美国	1964	4.0	钢丝绳
关门大桥	日本	1973	4.0	钢丝绳
因岛大桥	日本	1983	4.0	钢丝绳
大鸣门大桥	日本	1985	3.0	钢丝绳
广东虎门大桥	中国	1997	4.0	钢丝绳
江阴长江大桥	中国	1999	3.0	平行钢丝束或钢丝绳
厦门海沧大桥	中国	1999	3.0	平行钢丝束

悬索桥加劲梁在车辆荷载、横向风力作用下将发生纵横向水平位移,加上吊索本身的风致振动,都将导致吊索的反复弯折。尤其是短吊索弯折更为严重,极易在吊索锚口处,产生疲劳破坏,故宜在锚口处作些构造处理,诸如套筒在锚口处设倒角、钢丝出锚口处垫橡胶类材料等。

据日本已建悬索桥资料总结,桥塔附近的长吊索在低风速下将产生自激振动(涡振)。特别是双肢吊索位于下风方向的索会产生尾流振动。这样习惯上的做法是将两肢吊索用定位器(也有称止振器)连接,以起到抑制振动的作用。

骑跨式吊索的夹具内侧与钢丝绳接触的金属垫块宜采用硬度小的垫块并制成弧面

（图 9-9）。

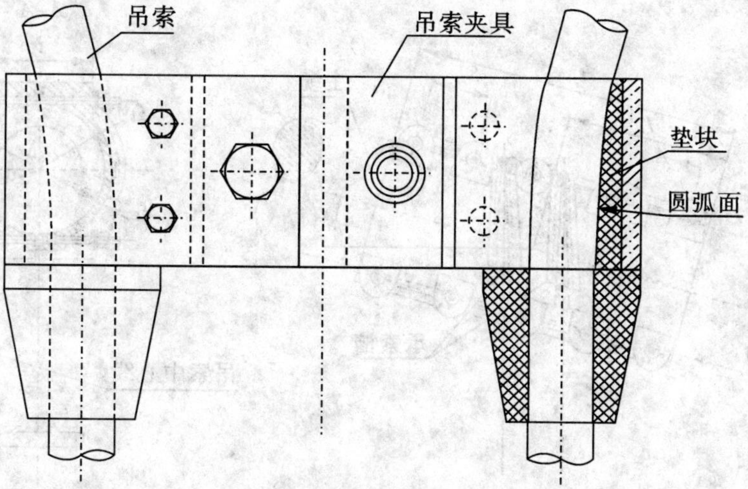

图 9-9　吊索夹具垫块弧面

悬索桥吊索间距应综合考虑用材的经济性、加劲梁运输架设条件及吊索运营中各种不利受力情况确定。通常吊索间距决定了吊索的截面、加劲板梁的横肋间距、加劲箱梁的横隔板间距、钢桁架梁的弦杆长度与桥面横梁的布置等，并直接影响索夹设计，此外，还必须考虑梁段分块运输及吊装能力。

在风力及车辆荷载作用下加劲梁的纵向、横向产生位移，吊索将不可避免地要发生纵向和横向弯折。在吊索锚口处，这种弯折将直接影响吊索的疲劳特性和使用寿命。为减小这种影响，可以在跨中设置中央扣，以约束主缆和加劲梁的相对位移或者将吊索与加劲梁的连接点向下延伸，以增加吊索长度减小短吊索弯折引起的疲劳影响。大地震时，柔性中央扣二侧的斜向短拉索在巨大地震水平力作用下被拉断，而加劲梁发生的水平位移可通过梁端设置的缓冲装置，使加劲梁端得到有效的保护。

9.4.2　索夹的设计

索夹结构形式有安装吊索的索夹、不安装吊索的索夹及紧邻索鞍的锥形封闭索夹等。

按夹紧方向的不同，索夹结构形式可设计成左右对合型（图 9-10）及上下对合型（图 9-11）。为便于制作、安装，全桥索夹宜采用相同的对合结构形式。

索夹的对合形式主要与主缆断面的形状及吊索与索夹的连接方式有关。在中小跨度悬索桥中，索夹的形式根据主缆断面的其他形状（六角形、扁矩形等），还可采用其他的形式和对合方式。

索夹内孔设计直径应按式（9-39）确定：

$$d_c = \sqrt{\frac{d_w^2 \cdot n_{tot}}{1 - V_c}} \tag{9-39}$$

式中　d_w、n_{tot} ——主缆中单根钢丝直径、单根主缆中钢丝总根数；

V——主缆在索夹内的设计空隙率。

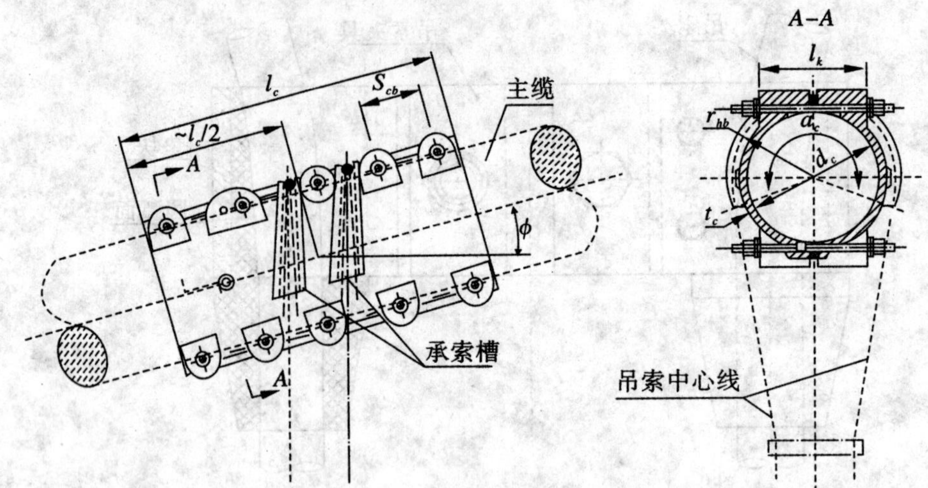

图 9-10 左右对合型索夹结构

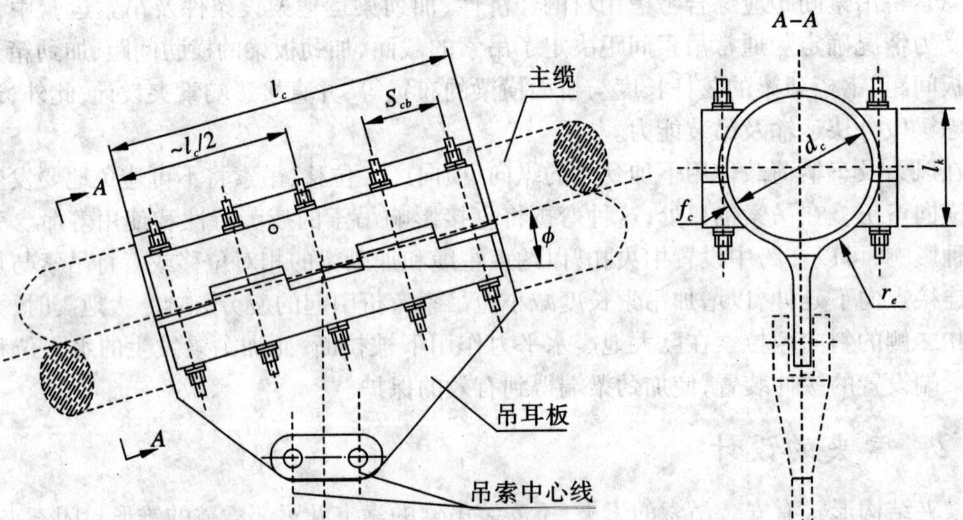

图 9-11 上下对合型索夹结构

有吊索索夹的抗滑安全系数为索夹抗滑摩阻力与主缆上索夹的下滑力之比：

$$K_{fc} = \frac{k\mu P_{tot}}{N_k \sin\varphi} \tag{9-40}$$

式(9-40)中，N_k、φ 为吊索拉力和索夹在主缆上的安装倾角(按同类索夹中的最大值计算)，k、μ、P_{tot} 分别为紧固压力分布不均匀系数(取 2.8)、摩擦系数(设计时取 0.15)及索夹上螺杆总的设计夹紧力。其中 P_{tot} 为：

$$P_{tot} = n_{cb} P_b^c \tag{9-41}$$

式(9-41)中，n_{cb}、P_b^c 分别为索夹上安装的螺杆总根数和索夹上单根螺杆设计夹紧力。

由于主缆是以千万计的钢丝组成的相对松散的柔性结构，夹紧索夹的螺杆在诸多因素（索夹螺杆本身的失效松弛；主缆受力后的变形；索夹自身变形；荷载变化使主缆内钢丝排列变化；索夹和主缆的温差等）影响下会发生松弛，表 9-7 列出了国外悬索桥索夹螺杆松弛（或称预拉力损失）的试验和实测情况。

表 9-7　数座悬索桥索夹螺杆松弛的试验和实测情况

桥名	试验阶段	结果
美国 Verranzano-Narrows 桥	模型试验	施拧后 10 d 降 30% 最后施拧降 15%
日本本四公团试验	模型试验	第 1 次施拧后 1 000 h 降 27% 第 2 次施拧后 1 000 h 降 20%
日本关门桥	安装过程中	第 1 次仅装上索夹，施拧后 50 d 降 28% 第 2 次加劲桁梁安装时，施拧后 50 d 降 37% 第 3 次桥面铺装前，施拧后 30 d 降 17% 第 4 次恒载全部上桥，施拧后 30 d 降 3%
	通车实测	在架设过程中，共施拧 4 次，其后 1 200 d 降约 40%，部分索夹抗滑安全系数已到 2.0 以下，故最后又施拧 1 次

索夹螺杆预拉力损失率通常可表示为：

$$C = \frac{\Delta_d}{\sigma_0 l_k} \cdot E \tag{9-42}$$

式(9-42)中，Δ_d、σ_0、l_k、E 分别为主缆直径变化量、预紧时的索夹螺杆应力、索夹螺杆握距及钢丝材料的弹性模量。

为减小索夹螺杆预拉力损失率可采用高强度材料，提高 σ_0，增大 l_k。提高 σ_0 还可减少螺栓数量，英国福斯湾桥的 σ_0 用到 614 MPa。各国高强螺栓的材质不同，规定的工作应力标准也有差别。加长 l_k 对降低螺栓预应力损失率是有效的，已建成的长大悬索桥的 l_k 达到主缆直径的 0.66～0.74 倍，日本本四联络桥规范规定 $l_k \geqslant 0.7dc$，日本一些悬索桥的设计者主张 l_k 用到接近主缆直径 d_c。

目前一般的做法是施工时采用多次施拧螺栓的方法来保证螺栓的预应力达到设计要求。施拧的时间分别是：索夹安装的时候、加劲梁安装一半或大部分、加劲梁安装完毕和桥面铺装等工作完成后。

因索夹抗滑摩擦阻力受影响因素较多，特别是索夹螺杆的预拉力随时间的发展发生损失，损失率一般在 30% 左右，吊索索夹首次安装时，索夹上单根螺杆的安装加紧力

可取:

$$P_b = \frac{P_b^c}{0.7} \tag{9-43}$$

螺杆的有效直径:

$$d_{cb} \geqslant \sqrt{\frac{4KP_b^c}{\pi\sigma_{ycb}}} \tag{9-44}$$

式(9-44)中, σ_{ycb}、K 分别为螺杆材料的屈服强度和螺杆的设计安全系数(取 2)。

索夹螺杆螺纹副的设计,应根据单根螺杆的安装夹紧力及相关的标准规范确定螺纹的螺距,校核螺纹副旋合长度,验算螺纹的抗弯、抗剪强度。

无吊索索夹上的单根螺杆设计夹紧力宜采用有吊索索夹上的单根螺杆设计夹紧力。

索夹壁厚 t_c 不宜小于 35 mm,其强度应满足以下要求:

$$\sigma = \frac{P_{tot}}{2t_c l_c} \tag{9-45}$$

式(9-45)中,l_c为索夹长度。要求相对于索夹材料的屈服强度,索夹壁厚设计安全系数不小于 3。

索夹是由各向同性的铸钢制成,已建成的悬索桥所用铸钢多半抗拉强度为 650 MPa、屈服强度为 350 MPa,其延伸率较高(通常可达 20% 以上),这就保证了索夹有足够的塑性,以自身变形调整应力分布。

索夹螺杆沿索夹的轴向布置间距应满足张拉千斤顶安装空间要求。

骑跨式吊索索夹承索槽在索夹上的包角应大于吊索在索夹上的实际包角。

吊索在索夹上的弯曲半径 r_{hb}应按式(9-46)计算确定:

$$r_{hb} = d_c/2 + t_c + \Delta_{tc} \geqslant 7.5d_h \tag{9-46}$$

式(9-46)中, d_h 为吊索公称直径; Δ_{tc} 为承索槽下的壁厚增厚(如图 9-12),可在 0 ~ t_c范围内取值,这主要是考虑,若取值过厚会造成铸件壁厚相差过多,易出现铸造缺陷。

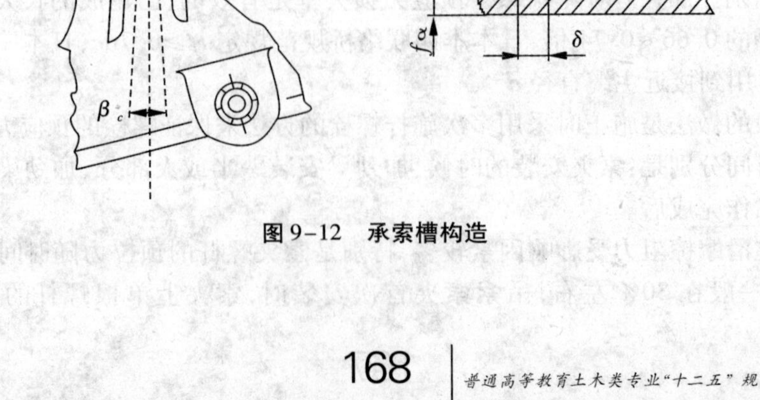

图 9-12　承索槽构造

承索槽宜设置在索夹中部,其张开角 β_c(图 9-12)可设计为 6°~7°。

为了减少铸模的种类,索夹一般分类设计、制造。索夹在设计分类时,应充分考虑以下 2 点:①同类索夹索槽的张开角既能含容桥梁成桥线形时,该类各个索夹的安装处主缆轴线与垂线的夹角,不致使吊索形成折线,同时也能满足空缆线形时的上述要求;②全桥有吊索的索夹 β_c 角应设计成一致。

销接式吊索索夹吊耳板的中心平面应与索夹轴向竖直中心平面相重合,吊索合力中心线宜通过索夹中部。吊耳板的厚度应为索夹壁厚的 2 倍,吊耳板与索夹壁间的过渡圆弧半径应大于索夹壁厚的 6 倍。

锥形封闭索夹是距索鞍(主索鞍或散索鞍)最近的索夹,一般情况下这种索夹是无吊索索夹。由于鞍槽内需设索股间的隔板,且鞍槽内的空隙率也与索夹内的空隙率有很大差别,主缆的断面在锥形封闭索夹的大口与鞍槽之间由圆形变为六边形。由于鞍槽内索股隔板厚度一般为 4.5~5.5 mm,鞍槽总宽度一般是索夹处主缆直径的 1.170 倍左右,为了尽量减少主缆钢丝的二次应力,一般情况下,锥形封闭索夹内孔的斜度(ε)设计为 1∶(75~100),锥形封闭索夹小口至鞍槽口的轴向长度(L')取(6.4~8.5)倍的索夹处主缆直径 d_c。故封闭索夹与桥塔中心的水平距离 L 可写为:

$$L=(6.4\sim8.5)d_c\cdot\cos\theta+L_0 \tag{9-47}$$

式(9-47)中,θ 为索鞍槽口处切线角,一般为 19°~27°;L_0 为索鞍半鞍长,一般为 (4.2~4.9)d_c。所以,$L\geqslant(10\sim13)d_c$,即要求锥形封闭索夹距桥塔中心线的水平距离不宜小于 10 倍的索夹内孔设计直径。表 9-8 列出了国内已建成三座悬索桥索夹计算的有关参数,供设计时参考。

表 9-8 国内三座悬索桥索夹计算的有关参数

	鞍槽总宽/mm	d_c/mm	$\frac{\text{鞍槽总宽}}{d_c}$	锥形封闭索夹内孔斜度	索鞍槽口处切线角/θ	半鞍长/mm	$\frac{\text{半鞍长}}{d_c}$	L(mm)/(L/d)
江阴大桥	9 765	866(中跨)	1.13	1∶75	20.701°~27.072°	4 004~4 207	4.624~4.858	8 749(10.103)
虎门大桥	814	678	1.20	1∶75	19.335°~21.028°	2 857~2 966	4.214~4.375	8 650(12.758)
海沧大桥	665	563	1.18	1∶75	21.158°~25.540°	2 680~2 770	4.75~4.92	7 405(13.153)
平均值	—	—	1.17	1∶75	—	—	4.533~4.718	12.0

9.5 索鞍的设计

主缆索股通过主索鞍时,鞍座弧槽底部曲率半径 R 的大小直接影响到主缆的弯曲应力以及与鞍座的接触应力,这两种应力均与曲率半径成反比。圆弧半径大,主缆通过索鞍的平顺性好,次应力小,但主索鞍尺寸规模大、质量增加。半径 R 同时受到塔顶尺寸及主索鞍自重的制约。主索鞍承缆槽底部立面圆弧半径确定后,要根据主缆缆力验算鞍槽的受力,作为对圆弧半径的校核。

我国公路悬索桥设计规范(试行)规定 $8 < R/D < 12$,表 9-9 为国内部分悬索桥的主索鞍鞍槽立面的圆弧半径。

表 9-9 国内部分悬索桥的主索鞍的圆弧半径

项目	西堠门大桥	江阴大桥	润扬大桥	阳逻大桥	黄埔大桥	坝陵河大桥
主跨跨径/m	1 650	1 385	1 490	1 280	1 108	1 088
R/D	8.92	9.31	9.41	8.37	8.91	8.72

注:D 值为索夹外主缆直径,设计有背索的按边、中跨最大值计算。

由于主缆施工过程和成桥状态在主索鞍上的切线角不同,为保证主缆钢丝不和主索鞍边缘发生碰撞,引出段长度应适当放大。引出段长度受塔顶尺寸的制约。

索鞍及其配件如图 9-13 所示。

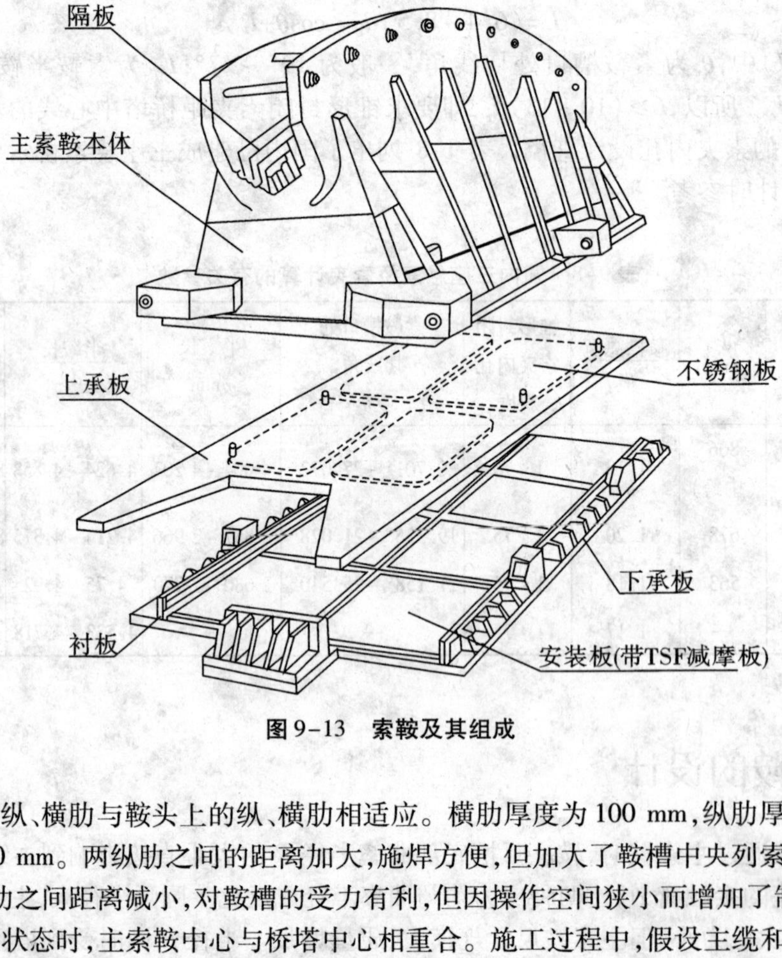

图 9-13 索鞍及其组成

鞍身的纵、横肋与鞍头上的纵、横肋相适应。横肋厚度为 100 mm,纵肋厚度 120 mm,底板厚度 80 mm。两纵肋之间的距离加大,施焊方便,但加大了鞍槽中央列索股处的截面应力,两纵肋之间距离减小,对鞍槽的受力有利,但因操作空间狭小而增加了制造难度。

在成桥状态时,主索鞍中心与桥塔中心相重合。施工过程中,假设主缆和主索鞍拥有共同的永不脱离点，即主缆在任何状态下各跨的主缆无应力长度保持不变，同时为了尽可能减小主缆对塔产生的不平衡水平力，使索塔在缆力的作用下保持自身平衡，主索鞍要向边跨预偏一定距离，随恒载的增加逐渐将这一预偏量消除。

设计恒载状态下鞍槽线形的设计，要求主缆各个索股对散索鞍的压力和鞍体自身重力的合力线宜通过摆轴接触点。

散索鞍承缆槽侧壁的平面圆弧半径应不小于纵向半径的 1.3 倍，且各索股的平弯圆弧段应完全包容在该索股的竖弯圆弧段内。

散索套的实桥采用较少，大跨径悬索桥采用散索套的有美国金门大桥，我国西南小跨径悬索桥上亦有采用散索套的实例。在采用了散索套取代散索鞍后，锚碇的前、后锚固面可抬高，使得整个锚体也可相应抬高，故可减少锚碇基础的开挖工作量，有一定的经济效益。尤其是当锚碇整体结构采用隧道式锚碇或岩锚时，采用散索套的结构方案将有竞争力。但由于散索套在结构及施工方面存在以下特点：①边跨的计算长度加长，将对全桥刚度有一定影响；②边跨主缆的任何位移或变形，将直接反映到主缆索股的锚固结构上，这在索股锚固的结构设计上应予以充分考虑；③在主缆索股架设时应考虑妥善的施工方法，测量精度和工艺，以使得边跨主缆各索股的线形达到设计要求；④成缆后安装散索套，在施工上存在一定困难，故设计时应予足够重视。

转索鞍只有在结构特需时才设置，其构造及设计与散索鞍基本相同，不同的是主缆通过转索鞍后并不散开，结构比散索鞍要简单，故可参照散索鞍进行设计。

主缆在鞍槽内的抗滑验算计算简图如图 9-14 所示。

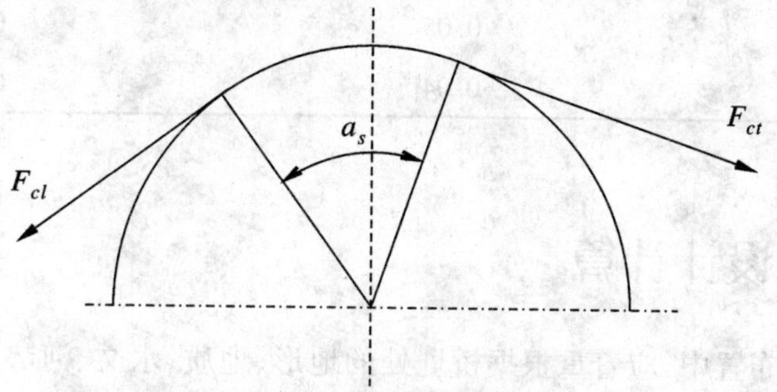

图 9-14　主缆抗滑验算图式

柔性体在弧面上两端的力有关系：$F_{ct} = F_{cl} \cdot e^{\mu\alpha_s}$，即 $\mu\alpha_s = \ln(F_{ct}/F_{cl})$，对应临界状态：$1 = \dfrac{\mu\alpha_s}{\ln(F_{ct}/F_{cl})}$。若欲使主缆在鞍槽内无任何滑动，可使鞍槽内主缆抗滑安全系数为：

$$K = \frac{\mu\alpha_s}{\ln(F_{ct}/F_{cl})} \geqslant 2 \tag{9-48}$$

式中　μ——主缆与槽底或隔板间的摩擦系数，一般取 $\mu = 0.15$；

α_s——主缆在鞍槽上的包角（弧度）；

F_{ct}——主缆紧边拉力；

F_{cl}——主缆松边拉力。

主索鞍顶推力 F_{sp} 可按式(9-49)计算：

$$F_{sp}=(F_{cm}\sin\theta_{tm}+F_{cs}\sin\theta_{ts}+G_s)\mu \tag{9-49}$$

式中 G_s——主索鞍重力；

μ——主索鞍位移滑动副的摩擦系数；

F_{cm}、F_{cs}——分别为设计恒载中跨和边跨缆力(见上一章中斜肋板直接传力式主索鞍图)；

θ_{tm}、θ_{ts}——分别为设计恒载中跨和边跨缆力对应的主缆中跨切线角。

顶推力作用下强度验算包括：滑动面的抗压强度；与滑动面相连的结构及零件(螺钉、螺栓、销、焊缝、黏接面、混凝土浇筑层等)的抗剪强度；鞍体上承受顶推力处的局部抗压、抗弯及抗剪强度；顶推量控制装置的强度。

主索鞍位移滑动副近年来通常采用不锈钢-聚四氟乙烯、不锈钢-不锈钢等类型的滑动副材料，摩擦系数可参考表(9-10)。

表 9-10　滑动副摩擦系数取值

润滑条件	滑动副类型	
	不锈钢-聚四氟乙烯	不锈钢-不锈钢
无润滑	0.10	0.15
一般润滑	0.05	0.12
良好润滑	0.04	0.10

9.6　锚碇的设计计算

悬索桥在总体布置中，应着重根据桥址处的地形、地质、水文、河势和通航等条件，合理选择锚碇和桥塔基础的位置，减小基础施工的难度，缩短施工工期。桥塔与锚碇的基础应置放在可靠的地基上，避开断层和有滑坡或泥石流影响等不利区域，并进行充分的经济与技术比较。

对重力式锚碇，当其建在岩层或硬质地基之上时，设计计算应考虑以下几点：①锚碇作为刚体，主缆对其有拉力，锚碇整体抗滑动稳定安全系数 $K_a \geqslant 2.0$；②锚碇基础应分别进行施工阶段、运营阶段的基底应力验算，应保证锚碇基底前后端(包括岩石地基的情况)不出现拉应力，任一点的竖向压应力也不应超过地基土的容许压力，以避免发生转动。

对建在软弱地基上的锚碇，还应进行沉降量计算。

对于隧道锚，应进行空间结构受力分析，检算混凝土及洞壁的抗压强度及锚塞体的抗拔力。

散索鞍支墩上散索转点成桥后容许水平位移不得大于中跨跨径的1/6 000。散索鞍支墩及锚固系统前、后锚面承受较大压力，故而应力集中，由于常规计算不能反映真实应力状态，因此应按空间结构进行分析，并应根据计算结果进行合理的配筋。

型钢锚固系统中锚杆的强度验算应考虑索股方向与锚杆轴线的偏差及双束锚杆两侧拉力差的影响。锚梁翼缘上直接承压的混凝土应进行局部承压应力验算。

预应力锚固系统中预应力筋施加的有效预拉力不应低于索股拉力 N 的1.2倍，以使锚固体系始终保持对锚体的预压状态。索股锚固连接器应进行承压和抗剪验算。

9.7　桥塔的设计计算

桥塔受到风、地震、温度等各种作用，以及由索鞍传递的荷载，还有加劲梁在桥塔处通过横梁传递的荷载。

桥塔可采用平面结构图式并应分别按纵、横两个方向进行分析，计算其截面内力及结构变位。

顺桥向刚度较小，计算应考虑结构非线性效应的影响。其计算图式：①裸塔阶段，塔柱下端固结、塔柱上端自由的悬臂梁；②运营阶段，塔柱下端固结、塔柱上端为可水平位移的铰。

横桥向刚度较大，且一般横桥向受力较小，可采用平面线性分析方法，其计算图式为由塔柱及横梁或腹杆（钢桥塔）组成的塔柱下端固结的平面框架或桁架（钢桥塔）。

桥塔受较大的轴向压力和弯矩，在施工阶段和运营阶段均有可能出现失稳现象，因此要进行稳定验算。钢桥塔的稳定还包括板壁的局部稳定。结构稳定计算可采用空间结构求得较为精确的解，但目前多用简化的计算方法，按顺桥向、横桥向分别进行稳定计算。

悬索桥桥塔的设计分以下六步进行。

(1)初拟桥塔的尺寸和截面后，对悬索桥结构进行空间分析，考虑各种荷载状态，得到作用于塔的外力和位移。在确定了桥的跨度和垂跨比后，考虑通航净空、加劲梁的高度及一定的变形，最短吊杆的长度、跨中垂度等因素后得到桥塔中心的理论标高，再扣除理论标高至鞍底的高度（一般为2～3.5 m）就得到塔顶面的标高。为使吊杆竖直悬吊加劲梁，桥塔的两个塔柱应适当内倾，以便满足横桥向在塔顶让主鞍中心位于塔柱的中心，以及桥塔处为加劲梁预留适当的安全距离的要求。为便于混凝土桥塔施工，一般塔柱横桥向尺寸沿塔高不变化，只变化纵桥向截面尺寸。在塔顶，因架设过程中需要鞍座偏位，纵桥向的尺寸可局部加大。

(2)充分考虑制造、运输和施工的方便，以刚度为大致标准拟定各部件的截面和尺寸。因悬索桥的顺桥向刚度主要由主缆（特别是边跨主缆）提供，桥塔自身的纵桥向刚度对塔顶的顺桥向位移影响不大，也就是其作为长悬臂结构，其纵桥向刚度对悬索桥在此处的顺桥向贡献不大。在同样的塔顶位移作用下，桥塔的刚度越大，其内力就越大，特别是塔底部弯矩较大。另外，若桥塔顺桥向刚度太小，附加弯矩就会加大。因此，应选择合理的桥塔纵向刚度。

(3)根据拟定的截面算出塔的恒载和风、地震荷载，进而对塔顶和塔基截面加劲并检算。

(4)进行应力和稳定检算。检算可纵桥向和横桥向分开进行,最后再对两个方向的两轴应力及屈曲进行检算。一般情况下,塔柱受施工阶段顺桥向荷载的控制,系梁受使用阶段横桥向荷载的控制。

(5)根据算出的腹杆应力,检算腹杆截面。

(6)最后进行桥塔的承载力检算,确保不会出现毁坏。

9.8 加劲梁的设计计算

9.8.1 受力与分析特点

大跨悬索桥的刚度是大缆的重力刚度,即大缆因承受巨大的恒载重力而产生的抵抗活载变形的刚度。加劲梁的刚度对全桥的贡献是很有限的,并且这种贡献随跨度的增大而减小。对于超过2 000 m的超大跨度悬索桥,要保证其抗风稳定性,就必须增大梁高,导致恒载增大。如果仅靠增加材料用量来提高刚度,确保抗风稳定性,会导致成本过高,经济性能恶化。

增加梁高可提高梁的竖向刚度,虽对挠度变形的影响不大,可显著地影响梁端转角变形。加大梁高,可提高抗扭刚度,对抗风动力稳定特别有利。增加加劲梁的宽度,可提高横向刚度和抗扭刚度,也增加梁的恒载,有利于减小竖向、横向挠曲变形及抗风稳定设计。

根据已建实桥和桥面净宽要求,将宽度大体定下来,仅仅选择梁高不同的几个方案进行初步设计。选择经济易施工的方案后,再通过风洞试验验证抗风性能,从而确定基本尺寸。

悬索桥加劲梁由汽车荷载(不计冲击力)引起的最大竖向挠度值不宜大于跨径的1/250~1/300。悬索桥加劲梁在强风(桥面无车)作用下,最大横向位移不宜大于跨径的1/150。

加劲梁钢桥面验算必须考虑全桥体系中由弯矩、剪力和扭矩产生的应力,和桥面体系车轮荷载产生的应力,并叠加。桥面体系应力计算时的车轮荷载应计入桥面铺装对车轮荷载的扩散效应,扩散角可取45°。

加劲梁强度验算须考虑下列荷载工况:①梁段存放时临时支承的状态;②梁段吊装状态;③运营期间更换吊索或吊索被破坏时的受力状态。

正交异性钢桥面板的桥面体系汽车荷载应力计算必须考虑冲击系数。其中,桥面板和纵肋的冲击系数可采用0.4;横隔板和横肋计算冲击系数的有效跨度可采用吊索锚固点的横向间距。对于钢箱梁的板式横隔梁,应分析在车轮荷载作用下的压屈稳定和应力分布,以确定横隔梁的加劲方式及其上的开孔位置和尺寸,为养护、维修提供便利条件。

正交异性钢桥面是用纵横向相互垂直的加劲肋连同桥面盖板所组成的共同承受车轮荷载的结构,它既是纵横梁的上翼缘,又是主梁的上翼缘。传统的分析方法是把它分为如下三个结构体系加以研究。

(1)第Ⅰ结构体系——主梁体系　将盖板和纵肋作为加劲梁的上翼缘。在计算加劲梁的抗弯刚度时，应考虑上、下翼缘的有效宽度。截面上的应力计算，按一般方法进行。

（2）第Ⅱ结构体系——桥面体系　由纵肋、横梁和盖板组成的结构，盖板成为纵肋和横梁的共同上翼缘。该体系支承在主梁上，仅承受桥面车轮荷载，该体系的应力按正交异性板的理论计算。研究证明，正交异性钢桥面板的实际承载能力远大于按小挠度弹性理论所求得的承载力，这是由于它具备相当大的塑性储备能力的缘故。

（3）第Ⅲ结构体系——盖板体系　仅指盖板，它被视作支承在纵肋和横梁上的各向同性连续板，直接承受车轮局部荷载，并把荷载传递给纵肋和横梁。盖板应力呈薄膜应力状态，盖板具有很大的超额承载力。

在荷载作用下，钢桥面板任意点的内力（或应力）可由上述三个基本体系的内力（或应力）经叠加而近似求出。但是，根据前面的理由，用上述方法求得的最大应力去设计桥面板时，板的极限承载能力远远大于按小挠度的弹性理论算得的结果。因此，设计时可将容许应力提高。

钢桁架梁在截面强度验算时，应分别按最大竖直荷载作用和最大扭转荷载作用两种情况进行（图 9-15）。

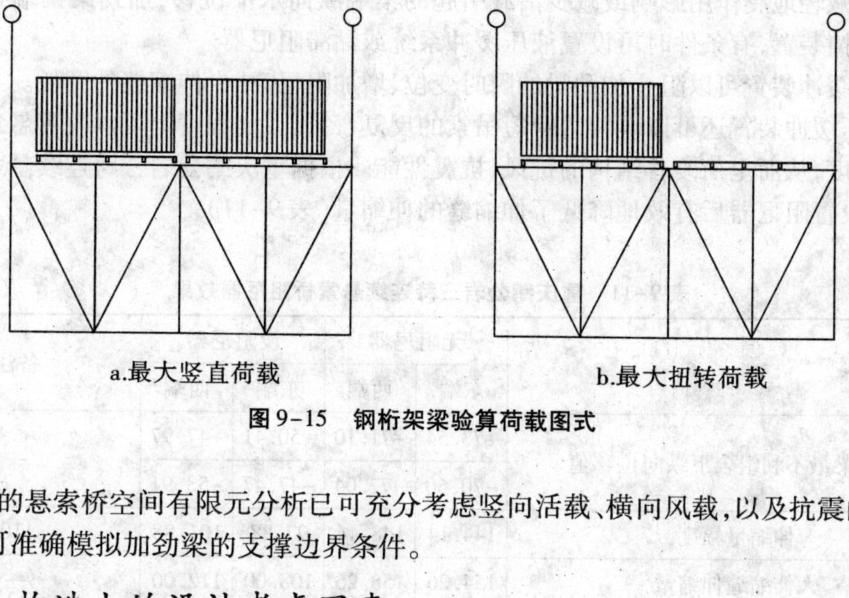

a.最大竖直荷载　　　　b.最大扭转荷载

图 9-15　钢桁架梁验算荷载图式

目前的悬索桥空间有限元分析已可充分考虑竖向活载、横向风载，以及抗震的计算分析，模型可准确模拟加劲梁的支撑边界条件。

9.8.2　构造上的设计考虑因素

正交异性板桥面的面板厚度不应小于 12 mm，加劲肋宜采用闭口加劲肋，其板厚不应小于 6 mm，加劲肋间距与桥面板厚度之比不大于 25。

钢箱梁腹板、底板及人行道板厚度不应小于 10 mm。其上的加劲肋采用闭口加劲肋时，加劲肋板厚不应小于 6 mm，加劲肋采用球扁钢时，球扁钢厚度不应小于 10 mm。

钢箱梁内的横隔板上应开孔，以使纵向加劲肋连续通过，横隔板的板厚不应小于 8 mm，设吊索的横隔板板厚不应小于 10 mm。

钢桁架梁的高度应根据受力要求确定，并能满足空气动力稳定性要求，腹杆与弦杆的夹角（图 9-16）宜满足 $39° < \theta < 51°$ 要求。弦杆应满足杆件压屈稳定要求。

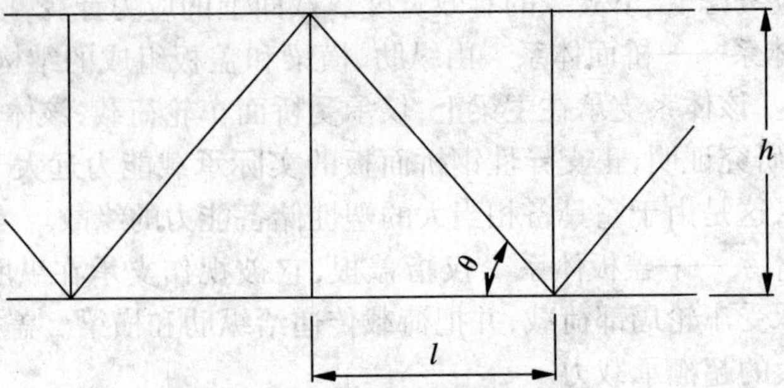

图 9-16　钢桁架梁立面

钢桁架梁主桁片的弦杆和腹杆宜采用 H 形或闭合断面。

加劲梁梁端应设置竖向支座、横向水平限位支座及伸缩缝；加劲梁中间支承处应设置横向水平限位支座，竖向支座的设置可根据结构受力情况决定。支座和伸缩缝均应满足加劲梁纵向水平位移、竖直平面转角及横向水平面转角的变形要求。

为了减轻地震作用影响或减少活载引起的梁端纵向水平位移，加劲梁梁端宜设置纵向限位防撞装置，有条件时可设置液压缓冲系统或黏滞阻尼器。

液压缓冲装置可以阻止加劲梁的瞬时变位、增加阻尼、减少伸缩缝的磨耗。三跨悬索桥中，液压缓冲装置还可以改善边跨短吊索的反复弯折，一定程度上可以改善悬索桥体系的总体刚度，从而全面改善结构的抗风、抗震性能。根据重庆鹅公岩三跨连续悬索桥的研究结果，设置阻尼器后有效地降低了伸缩缝的伸缩量（表 9-11）。

表 9-11　重庆鹅公岩三跨连续悬索桥阻尼器效果　（单位：cm）

	无阻尼器		设阻尼器		备注
	东端	西端	东端	西端	
加劲梁最不利组合下纵向位移值	+73.54	+71.10	+50.41	+47.97	—
	-70.60	-77.04	-47.47	-53.91	
伸缩量幅度	144.14	148.14	97.88	101.88	110
大伸缩缝伸缩量	154.26	158.26	108.00	112.00	—
选用伸缩缝伸缩量	168.00	168.00	120.00	120.00	阻尼伸缩量 110

第 10 章 悬索桥的施工

悬索桥施工时先施工锚碇，架设好主塔，再架设主缆，利用主缆架设加劲梁和桥面系。大的施工临时设施只有猫道。施工作业大都在空中进行，施工方便。具体施工过程可分为锚碇和主塔的施工、安装索鞍、架设猫道、架设主缆、安装索夹与吊索、吊装加劲梁段、刚接加劲梁段、桥面铺装等过程。

施工中采用的专用施工机械设备包括主缆架设的牵引设备、主缆紧缆机、主缆缠丝机和跨栏吊机等。

10.1 锚碇的施工

若锚碇位置的地基承载力比较好，可建造重力式锚碇，一般采用明挖扩大基础。当位置在软土层时，可采用大型沉井或地下连续墙的形式。

10.1.1 重力式锚碇

重力式锚碇明挖基础施工除按一般的明挖基础施工外，还应符合以下要求：①基坑开挖时应采取沿等高线自上而下分层开挖，在坑外和坑底要分别设置排水沟和截水沟，防止地面水流入积留在坑内而引起塌方或基底土层破坏，原则上应采用机械开挖，开挖时应在基底标高以上预留 150 ~ 300 mm 土层用人工清理，不得破坏坑底结构，如采用爆破方法施工，应使用如预裂爆破等小型爆破法，尽量避免对边坡造成破坏；②对于深大基坑边坡处理，应采取边开挖边支护措施保证边坡稳定，支护方法应根据地质情况选用。

重力式锚碇沉井基础施工按一般沉井施工的有关规定执行。重力式锚碇地下连续墙基础施工除按一般地下连续墙的有关规定执行外，另外还应符合以下要求：①采用“逆作法”进行基坑开挖时必须进行施工监测，监测内容包括环境监测、水工监测、地下连续墙体监测、土工监测及内衬监测；②基坑开挖前对地下连续墙基底基岩裂隙应进行压浆封闭，减少地下水向基坑渗透。

地下连续墙基础适用于锚碇下方持力层高程相差太大，不适宜于采用沉井基础的情况。其适用面广，可用于各种黏性土、沙土、冲积土及 50 mm 以下的沙砾层中，不受深度限制。虎门大桥西锚碇因持力层岩面严重不平，高差达 10.5 m，若采用沉井基础下沉时会遇到极大的困难，无法控制工期和保证质量，后改为地下连续墙基础，获得成功。

重力式锚块混凝土的浇注应按大体积混凝土浇筑的注意事项进行，锚块与基础应形成整体。关键的问题是温度控制，施工需采取下列措施进行温度控制，防止混凝土开裂。

(1)采用低水化热品种的水泥　对于普通硅酸盐水泥应经过水化热试验比较后方可

使用。不宜采用初出炉水泥。

(2)降低水泥用量、减少水化热　掺入质量符合要求的粉煤灰和缓凝型外掺剂，粉煤灰和矿粉用量一般分别为胶凝材料用量的30%左右，水泥用量为40%左右。混凝土可按60 d的设计强度进行配合比设计。

(3)降低混凝土入仓温度　可对沙石料加遮盖，防止日照，采用冷却水作为混凝土的拌和水等。一般选择夜晚温度较低时段浇筑混凝土。

(4)在混凝土结构中布置冷却水管　混凝土终凝后开始通水冷却降温。设计好水管流量、管道分布密度和进水温度。混凝土初凝后开始通水冷却以减低混凝土内部温升速度及温度峰值。进出水温差控制在10 ℃左右，水温与混凝土内部温差不大于20 ℃。混凝土内部温度经过峰值开始降温时停止通水，降温速度不宜大于2 ℃/d。

(5)大体积混凝土应采用水平分层施工　应视混凝土浇筑能力、配合比水化热计算及降温措施而定，混凝土层间间歇宜为4～7 d。每层厚度一般可取1～1.5 m。在浇筑后达到一定强度时，可高压冲洗清除表面的浮浆，随后用10 cm深的清水蓄水养生。在混凝土浇筑前在上面覆盖15 cm的水泥砂浆，以保证分层之间的一体化。如需要竖向分块施工，块与块之间应预留后浇湿接缝，槽缝宽度宜为1.5～2 m，槽缝内宜浇筑微膨胀混凝土。每层混凝土浇筑完后应立即遮盖塑料薄膜减少混凝土表面水分挥发，当混凝土终凝时可掀开塑料薄膜在顶面蓄水养生。气温急剧下降时须注意保温，并应将混凝土内表温差控制在25 ℃以内。

低标号混凝土可用车送或吊罐方式浇筑，若使用输送泵，往往为了保证可泵性而加大坍落度，在配合比中加大水泥用量，这样既不经济又不利于水化热控制。

10.1.2　隧道式锚碇

隧道式锚碇在隧道开挖时除按现行《公路隧道施工技术规范》有关规定执行外，还应符合以下要求。

(1)在条件许可的情况下，宜在附近选取一地质相似的地方进行爆破监控试验，对爆破施工方案各参数(钻爆孔数、防震孔数、爆破分段数和爆破间隔装药量、爆破结构布置、半孔率、超爆时差等)进行试验和修正，以正式确定爆破方案，指导施工。

(2)开掘施工时要尽最大可能减少对围岩的扰动，严格控制爆破。开挖岩石过程中不应采用大药量的爆破，应尽量保护岩石的整体性。

(3)应选择合理的循环开掘进尺，宜用多断面或分台阶开挖，不宜采用全断面开挖。

(4)锚洞支护施工应遵循强支护、快封闭的原则，支护紧跟开挖面，以缩短围岩应力松弛时间及开挖面的裸露风化时间，保持围岩的稳定。

(5)爆破实施过程中对周围建筑物要进行严密观察，对地表沉降量及洞室收敛量定期观测记录。

(6)施工衬砌工程时应保证防水层质量，在施工防水层前应对锚喷混凝土表面进行严格检查处理，保证初期支护基面没有钢筋、锚杆、凸出的管件等尖锐突出物，并用砂浆找平。对于向下倾斜的隧道锚如地下水较丰富应采取必要的引水措施将水引入集水沟内，在衬砌混凝土施工缝处沿隧道轴线方向预埋止水板。

隧道式锚碇混凝土施工应符合以下要求:①锚体混凝土必须与岩体结合良好,宜采用自密实型微膨胀混凝土,确保混凝土与拱顶基岩紧密黏结;②洞内应具备排水和通风条件。

岩锚施工应满足的要求包括以下几点:①岩锚孔宜采用破碎法施工,在成孔过程中注意对钻孔深度和孔空间轴线位置的检查和记录,达到设计深度后,用洁净高压水冲洗孔道并采取有效方法将钻渣掏出;②锚索下料时宜采用砂轮机切割,穿束时必须设置定位环,保证锚索在孔中位于对中位置,同时注意避免锚索扭转;③岩锚杆就位后应及时进行压浆。

锚碇混凝土施工精度要求见表 10-1。

表 10-1　锚碇混凝土施工精度要求

项目		允许偏差/mm
锚碇结构轴线偏位	基础	20
	锚面槽口	10
断面尺寸		±30
基础底面高程	土质	±50
	石质	+50,-200
顶面高程		±50
大面积平整度		5
预埋件位置		符合设计要求

10.1.3　锚固体系的施工

锚碇型钢锚固体系应按下列规定进行施工:①所有钢构件的制作与安装均应按相关要求进行;②锚杆、锚梁制造时应严格按设计要求进行抛丸除锈、表面涂装和无破损探伤等工作。出厂前应对构件连接进行试拼,其中应包括锚杆拼装、锚杆与锚梁连接、锚支架及其连接系平面试装;③锚杆、锚梁制作及安装精度应符合表 10-2 的要求。

锚碇预应力锚固体系应按下列规定进行施工:①预应力张拉与压浆工艺,除需严格按照设计等的要求进行外,锚头要安装防护套,并注入保护性油脂;②加工件必须进行超声波和磁粉探伤检查;③预应力锚固系统施工精度应符合表 10-3 的要求。

表 10-2　锚杆、锚梁制作安装要求

项目		规定值或允许偏差
锚杆制造/mm	长度	±3
	高度	
	宽度	
支架安装/mm	中心线偏差	±10
	横向安装锚杆之平联高差	-2,+5
锚杆安装/mm	*X* 轴	±10
	Y 轴	±5
	Z 轴	±5
后锚梁安装	中心偏位	5 mm
	偏角	符合设计要求
漆膜厚度		不小于设计要求

表 10-3　预应力锚固系统施工要求

项目	规定值或允许误差
拉杆张拉力	符合设计要求
前锚孔道中心坐标/mm	±10
前锚面孔道角度/°	±0.2
拉杆轴线偏位/mm	5
连接器轴线/mm	5

10.2　桥塔与索鞍的施工

10.2.1　钢桥塔的安装

钢桥塔多作成空心桥塔，常在工厂制造，运至工地进行拼装。钢结构索塔的节段划分应考虑起重设备的能力。钢塔柱一般支承在一块厚钢板上，后者与桥墩混凝土栓接并把塔柱传来的压力均匀向下部的混凝土中传递。也可在桥墩混凝土中埋设锚固构架，塔柱用锚固高强螺栓锚固在构架上，通过构架将压力均匀传递到混凝土中去。

在桥塔不高时，可采用浮吊法或桥塔旁的悬臂吊机进行拼装。由于桥塔上不安装施工机械，因而施工方便，机械设备不影响桥塔形状的测量，精度容易得到保证，但设备费用较高。

对于较高的桥塔，需要采取沿桥塔爬高的吊机进行拼装。首先在塔柱侧面安装护轨，安装可以沿其爬升的爬升式起重机，逐段吊装塔相应节段。这种方法要求严格控制桥塔的铅直度。

10.2.2　混凝土桥塔的施工

混凝土桥塔的施工一般可选择滑模法、翻模法、爬模法或提升支架法施工。

滑模法利用混凝土随时间硬化的特性，待模内混凝土强度达到能自立时，利用油压千斤顶使模板上滑，进行连续混凝土施工。其特点是能够连续作业，表面光滑，安全可靠，能实现液压升降控制，但一般成本较高，作业时技术要求较高。

劲性骨架挂模滑升法在滑模的基础上，利用塔内预埋的劲性骨架，使模板固定在劲性骨架上，调节方便。靠工作平台上部的桅杆提升模板。实现了工作平台与模板的分离。劲性骨架一般作为部分钢筋在设计计算中予以考虑。模板采用埋头螺栓挂在劲性骨架上，模板结构简单，拆模也不必等到混凝土达到一定强度。滑升速度一般为每天 1 ~2 m。

翻模法每个塔柱一套模板，外模一般分 2 ~3 节。施工过程中模板交替轮番提升安装，每节都立在已浇好混凝土的模板顶。如此循环至塔顶。每次必有一节保留在下面已达到一定强度的混凝土上。使用该法，模架模板及其上的工具、人员皆需在空中多次翻提，一般需要利用塔吊。翻模法的施工速度一般也是每天 1 ~2 m。

爬模法的特点是每节混凝土浇筑并达到一定强度后，模板脱离混凝土，提升轨道，支架和模板系统沿轨道爬升，到位后模板移动到工作位置，施工过程如图 10-1 所示。根据动力的不同，分为人工倒链爬模、电动爬架升模或液压爬升模等，其中使用较多的是液压爬升模，提升也可采用塔吊。当爬模遇到横梁时，应暂停爬升，待施工完横梁后再继续爬升。该法施工质量较易保证，因而使用最广。我国汕头海湾大桥和西陵长江大桥的混凝土塔柱均采用爬模施工。

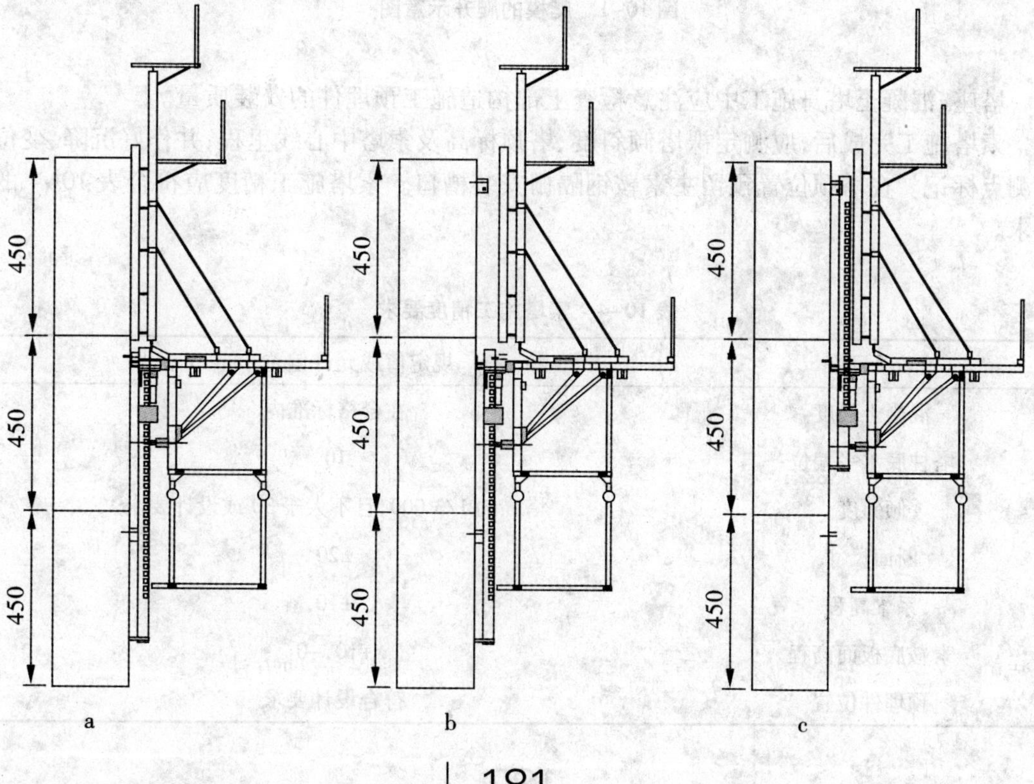

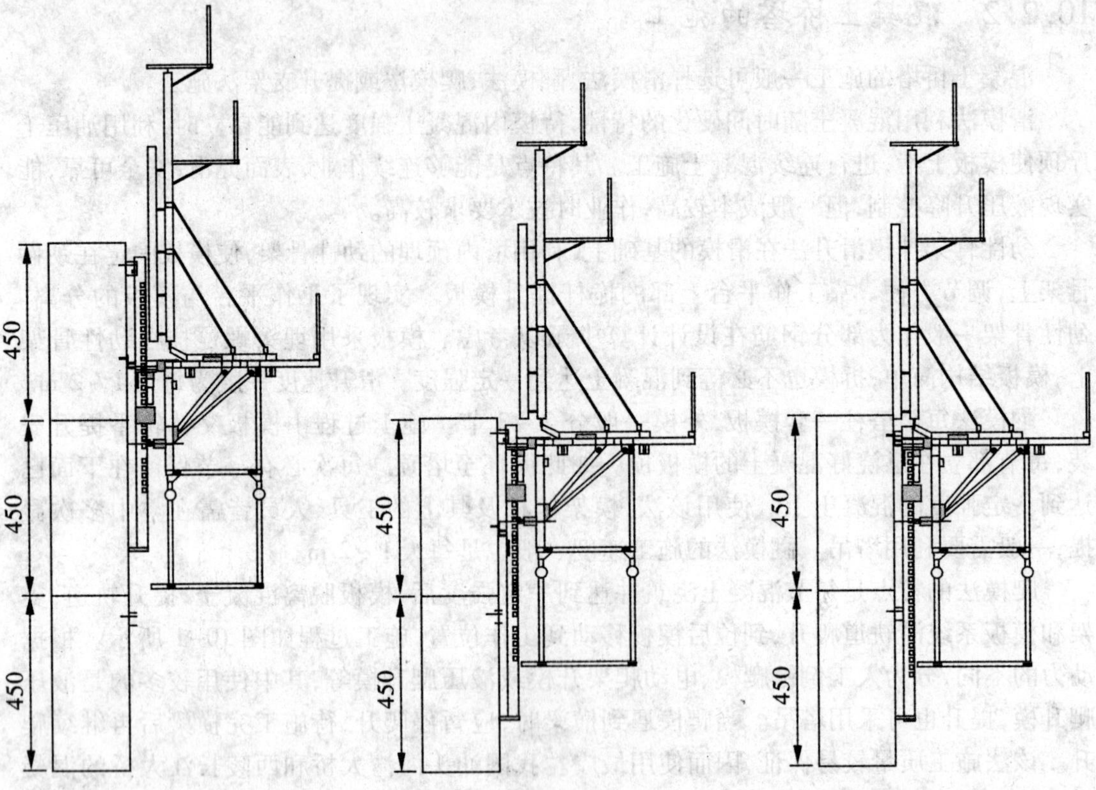

图 10-1 爬模的爬升示意图

塔座、混凝土塔身施工中应注意检查上部构造施工预埋件的安装质量。

索塔施工完成后,应测定裸塔倾斜度、塔顶标高及索塔中心线里程,并作好沉降、变位观测点标记。在塔顶位置预留主索鞍钢隔栅安装槽口。索塔施工精度应符合表 10-4 的要求。

表 10-4 索塔施工精度要求

项目	规定值或允许偏差/mm
混凝土强度	在合格标准内
塔柱底水平偏位	10
倾斜度	塔高的 1/3 000,且不大于 30 或设计要求
断面尺寸	±20
系梁高程	±10
索鞍底板面高程	+10,-0
预埋件位置	符合设计要求

系梁应与该段索塔同时施工，这样索塔整体性好，也便于支架搭设和横梁预应力的施工。临时施工支架可用大直径钢管加贝雷梁或万能杆件桁架形式，前者目前应用较多。横梁底模的安装应考虑各种影响因素，合理设置预拱度，同时在安装底模后，通过水箱压重等方式消除非弹性变形。为防止一次浇筑成形过程中横梁底部开裂，一般分两次浇筑。在第 1 次浇筑的混凝土强度达到 80% 时，对称张拉一部分底板预应力束，待第 2 次混凝土达到强度后，再张拉全部预应力束。南京长江二桥和岳阳洞庭湖大桥的横梁采用了这种工艺。

为加快施工，节约费用，系梁施工可采用支撑于已施工塔柱的劲性支撑，施工方案图如图 10-2 所示。

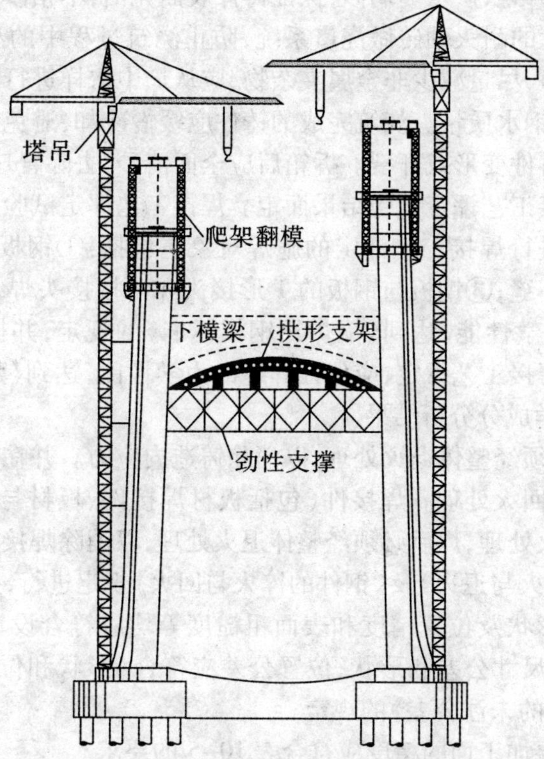

图 10-2　横梁劲性支撑施工方案图

10.2.3　索鞍的制造与安装

10.2.3.1　索鞍的制造

索鞍制造中铸钢的技术条件应符合《一般工程用铸造碳钢件》和《焊接结构用碳素钢铸件》标准。铸钢件出厂时，应有合格证明书，该证明书包括制造厂名称代号、图号或件号（发运号）、炉号、化学成分及机械性能试验报告，以及合同明确规定其他的内容。

所用钢板的技术条件应符合《锅炉用钢板标准》以及《碳素结构钢和低合金结构钢热轧厚钢板和钢带》的规定。对所有厚度 50 mm 以上的钢板，应按《中厚钢板超声波检验方法》规定逐张进行超声波探伤，达到二级合格。成批钢板应抽样进行化学成分和机械性能试验，合格后方可使用。

所采用高强度螺栓应符合《钢结构用高强度大六角头螺栓》、《钢结构用高强度大六角头螺母》和《钢结构用高强度垫圈》的规定。螺杆、螺母和垫圈的表面宜进行磷化处理。高强螺栓应抽样进行楔负载拉力试验，螺母应抽样进行保证荷载和硬度试验，其试验结果均应符合设计图纸或现行标准的规定。

鞍槽内索股全部就位后，用锌合金块填平，锌块的技术条件应符合《铸造锌合金》标准。

铸造模型采用整体模型。模型尺寸应考虑到铸件的收缩量。铸造鞍座用砂必须采用优质砂。例如耐高温的铬铁矿水玻璃砂，保证铸件表面光洁，不粘砂。砂型应用干燥型或自硬型。应使用高强度的耐火釉砖做浇口系统，防止浇筑过程中的型砂剥落而夹砂。铸造钢水应充分精炼纯净，尽量减少非金属夹杂物，应从炉中取样进行化学成分分析及相应的机械性能试验，保证钢水质量。浇筑完成的铸件应缓慢冷却，避免由于铸造应力或局部冷却产生的热应力使铸件变形或开裂。拆箱后应全面清砂，去除冒口、飞翅等附属物。

焊接工艺依据焊接工艺评定试验结果而定。焊接工艺评定试验应在主鞍和散索鞍的焊接施工之前进行。进行焊接工艺评定的施焊对象应包括：①钢板与钢板的对接焊缝；②铸钢与钢板的对接焊缝；③钢板与钢板的T形接头和角接接头焊缝。钢板的焊接工艺评定，应保证焊缝的力学性能，达到《锅炉用钢板标准》的规定，并提供化学成分分析结果。铸钢件与钢板的焊接工艺评定，应保证焊缝的力学性能，达到《焊接结构用碳素钢铸件》的规定，并提供化学成分分析结果。

铸钢件清砂后，必须经整体退火处理，以消除铸造内应力。并在割除冒口，粗整外形，或焊补后，再经正火加回火处理。焊接件（包括板材焊接件、板材与铸钢焊接件）在焊接过程中应进行多次退火处理，焊后必须经整体退火处理，以消除焊接应力。合金结构钢的热处理应按《钢件的正火与退火》及《钢件的淬火与回火》规定进行，并按图纸要求验收。

机械加工表面的形状及位置精度和表面粗糙度等均应符合设计图纸要求。除注明外，各加工表面的其余尺寸公差和形状、位置公差应符合《形状和位置公差未注公差值》和《一般公差线性尺寸的未注公差》的规定。

鞍座各部件的主要加工面的精度应符合表10-5的要求。

构件的边缘及螺孔口，如未注明倒角的均需倒角处理。除设计图纸注明外，其大小由制造厂确定。

主鞍体分两块制坯，对合平面通过销子定位后，用高强螺栓将两分体合一后再进行精加工，以确保各槽路圆顺及底面的平整。

主索鞍体、散索鞍体、主鞍座板、底板、散索鞍底座、塔顶格栅等构件，加工完成后，应分别在明显易测的位置上画出中心标记，及对合定位的标记，以利于试拼装及工地安装。

铸钢件应按相关标准对规定的部位做无损探伤检查。

焊接工艺评定试件焊缝的无损探伤均应为一级合格。钢板构件的角焊缝、T形焊缝和十字焊缝应进行渗透探伤，按《焊缝渗透检验方法和缺陷迹痕的分级》有关规定进行检查，二级为合格。钢板构件的所有熔透性焊缝应进行超声波探伤，按《钢焊缝手工超声波探伤方法和探伤结果分级》有关规定进行检查，二级为合格。

表 10-5　主索鞍、散索鞍各部件的主要加工面精度要求

项目			精度要求	
			主索鞍	散索鞍
平面	平面度	每延米/(mm/m)	0.08	0.08
平面	平面度	全平面/mm	0.5	0.5
平面	平面度	两平面的平行度/mm	<0.5	<0.5
平面	表面粗糙度/μm		$R_a=12.5$	$R_a=12.5$
平面	尺寸精度	边长/mm	±1	±1
平面	尺寸精度	对角线长度/mm	±2	±2
平面	主鞍两纵肋对底板下平面的垂直误差/(mm/m)		<3	—
平面	鞍体下平面对中心索槽竖直平面的垂直度误差/(mm/全长)		≤0.5	—
平面	对合竖直平面对鞍体下平面的垂直度误差/(mm/全长)		<3	—
平面	散索鞍摆轴中心线与索槽中心平面的垂直度误差/(mm/全长)		—	<3
高度	主索鞍座底面到中心索槽底的高度误差/mm		±2	—
高度	散索鞍摆轴对接合面到索槽底面的高度误差/mm		—	±2
圆弧半径	鞍槽轮廓的圆弧半径误差/(mm/1 000)（包括平面上的圆弧半径的误差）		±2	±2
鞍槽内各尺寸	鞍槽总宽度/mm		±2	±2
鞍槽内各尺寸	各槽的宽度、深度/mm		±1	±1
鞍槽内各尺寸	各槽的宽度、深度积累误差/mm		±2	±2
鞍槽内各尺寸	主鞍侧壁的平面度	全平面/(mm/全平面)	1	—
鞍槽内各尺寸	主鞍侧壁的平面度	每延米/(mm/m)	0.5	—
鞍槽内各尺寸	主鞍各槽的轮廓度	各槽全弧长/mm	2	—
鞍槽内各尺寸	主鞍各槽的轮廓度	每延米弧长/(mm/m)	1	—
鞍槽内各尺寸	各槽对中心索槽的对称度/mm		0.5	0.5
鞍槽内各尺寸	加工后鞍槽底部及侧壁厚度的误差/mm		±10	±10
鞍槽内各尺寸	各鞍槽曲线平面、立面角度误差/°		≤±0.20	±0.20
鞍槽内各尺寸	鞍槽各面的表面粗糙度/μm		Ra=12.5	Ra=12.5

铸钢件与钢板的焊接，在焊后 24 h，按《铸钢件超声波探伤质量评级方法》进行 100%超声波探伤，二级为合格。

对存在的缺陷应按施工技术规范的相关要求进行修补。

鞍槽内加工表面及各隔板表面喷砂处理(Sa3.0)后进行喷锌处理,锌层厚度不小于200 μm,喷锌表面涂金属环氧封闭漆两道。各外露不加工面需经表面处理,清除污垢、氧化皮、锈层。涂改性环氧耐磨漆(125 μm)及氟碳树脂或脂肪簇丙烯酸聚氨酯面漆一道(40 μm),面漆颜色根据景观设计要求确定。加工后的各孔、平面,其表面应涂脂防锈。

主索鞍、散索鞍各零部件(包括鞍座、格栅)、鞍罩制作完成后,必须在制造厂进行试装配,进行尺寸和形状检查,并应符合图纸要求,可动部件应能活动自如,同时应检查各零部件的防护层有无破损,并及时修补,检查合格后,对各零部件的相对位置即格栅的中心线位置及鞍体的TP点位置需作出永久性定位标记。

10.2.3.2 **索鞍安装**

主索鞍底座钢格栅、散索鞍底座安装调整完成后,必须进行全桥联测检查,确认无误后方能灌注底座下的混凝土。

索鞍是大吨位构件,转运、起重及安装除执行《建筑机械使用安全技术规程》的有关规定外,还应符合以下要求。

(1)起重安装所有准备工作完成后,应试吊一轻型物体从地面到安装高度以检查起重钢丝绳、滑轮组安装是否正确。

(2)正式起吊时先将鞍体提离地面1~2 m持荷3~5 min,检查各部位受力状况、门架挠度,在离地面1~3 m范围内起降两次检验电机性能,确认所有部位正常后才能正式起吊。

(3)索鞍IP点里程在上部构造施工过程中是变化的,安装时应根据设计提供的预偏量就位、固定,在主缆加载过程中根据监控数据分3~4次顶推到永久设计位置。顶推前应确认滑动面的摩阻系数,严格控制顶推量,确保施工安全。

主索鞍安装时先吊装格栅,吊升到适当位置后,移动门架顶部平车,将格栅移至设计位置放下。通过格栅调整框架和设在格栅底部的楔形钢垫块,调整格栅的高程及平面位置,精确定位。随后浇筑格栅混凝土,并保证其在施工过程中不变位。格栅施工完成后,吊装底座和主索鞍鞍体。因主索鞍一般分成两部分制造,分别吊装,并用高强螺栓连接。

散索鞍一般相对较轻,可直接用塔吊吊装。施工步骤同主索鞍。先吊装格栅,将预埋螺栓穿入格栅上的螺栓孔内,精确调整格栅位置,浇筑格栅混凝土。格栅混凝土达到设计强度(一般为85%)后,吊装底座并安装,最后吊装鞍体。为保证散索鞍的位置准确,可利用专门的散索鞍定位框架,定位后可在散索鞍后部安装设置一高强度拉杆将索鞍固定,保证散索鞍在主缆索股架设到一定数量之前保持稳定。

索鞍安装精度如表10-6和表10-7所示。

表10-6 主索鞍安装精度实测项目

项目	规定值或允许偏差/mm
纵向最终偏差	符合设计要求
横向偏位	10
高程	+20,-0
四角高差	2

表 10-7　散索鞍安装实测项目

项目	规定值或允许偏差/mm
纵、横向偏位	5
高程	±5
角度	符合设计要求

10.3　猫道的架设

10.3.1　猫道的构造与设计

猫道作为悬索桥上部构造施工最重要的高空作业通道和作业场地，平行于主缆线形，在整个上部施工期间，猫道作为索股牵引、索股调整、主缆紧缆、索夹及吊索安装、钢箱梁吊装、主缆缠丝防护以及除湿系统等施工的作业平台。猫道相当于在主缆下形成一个临时的简易缆索桥，其作用是供主缆索股牵引和工作人员通行。猫道由承重索、扶手索、面层、横向通道及抗风索（或制振装置）、锚固体系等组成。如图 10-3 中某大桥的猫道布置。

作为主缆施工操作平台猫道设计线形应与主缆架设线形保持一致，猫道面层距主缆空载中心线形下方 1.5 m 为宜，以便工作人员站在猫道上作业；猫道结构设计、计算荷载应与主缆架设施工方法相对应；猫道面层猫道净宽宜为 3 ~ 4 m，左右对称于主缆中心线布置；扶手高宜为 1.2 ~ 1.5 m。

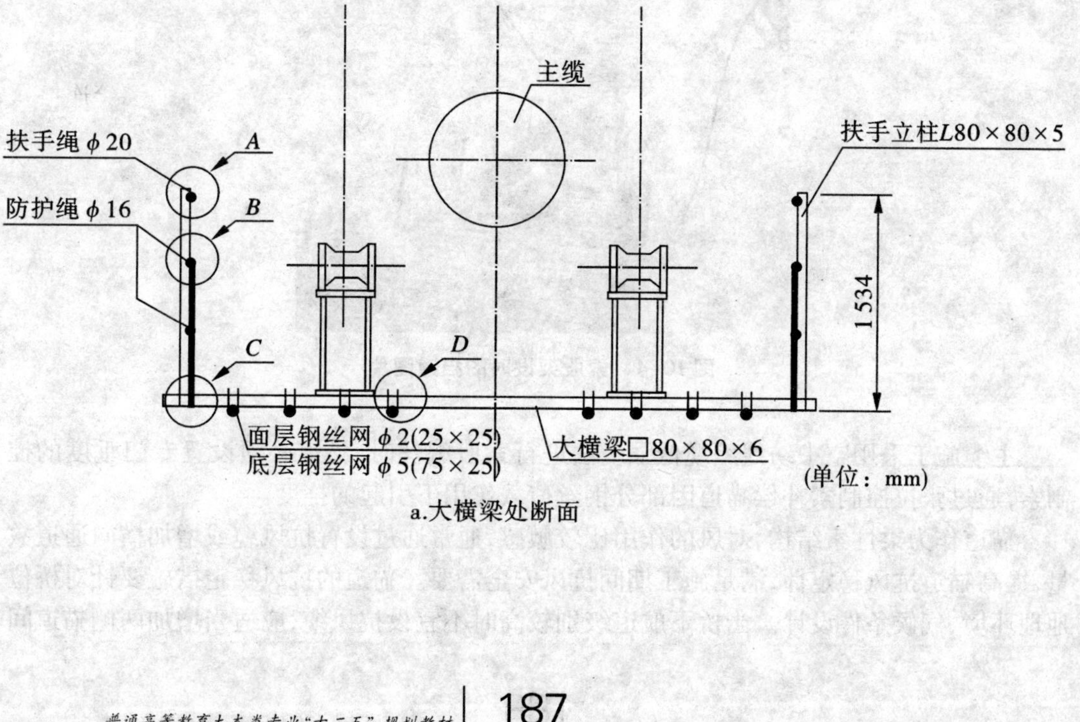

a.大横梁处断面

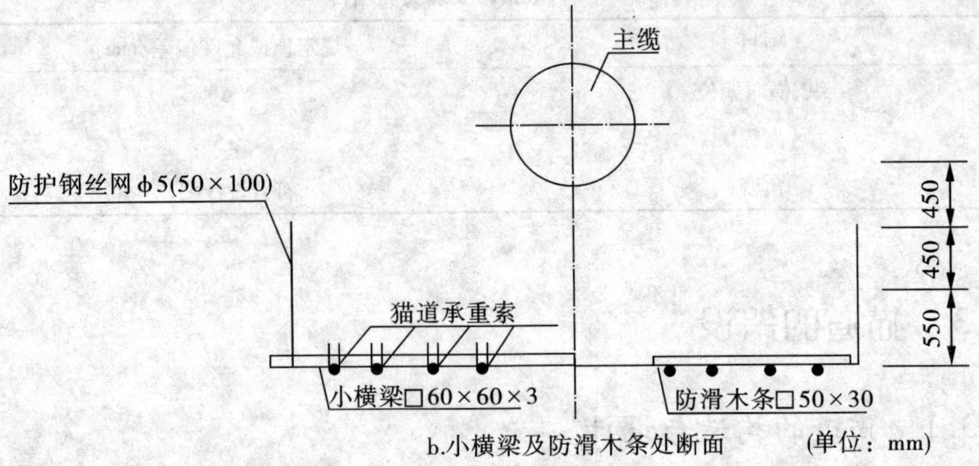

图 10-3　猫道断面布置

某大桥索股架设时的猫道图片如图 10-4 所示。

图 10-4　索股架设时的猫道图片

主缆施工采用空中纺线编缆低强度法进行索股编丝时，猫道必须设置专门垂度的控制索，通过张拉控制索补偿猫道因部分钢丝荷载作用下引起的挠度。

猫道作为柔性索结构，对风的作用比较敏感，通常通过设置抗风缆或增加横向通道数量，提高猫道抗风稳定性，满足施工期间抗风安全需要。猫道的抗风稳定措施要针对桥位地理环境、气候条件设计。当桥下航道级别较高时不宜设抗风缆，应适当增加两侧猫道间的横向天桥以增强抗风稳定性，天桥同时是两侧猫道间的联络通道。跨山谷或桥下航道级别较低时宜设抗风缆以增强抗风稳定性。抗风缆还能通过调整抗风索的张力调整猫道的形状，以在主缆架设期间适应主缆的形状。在沿海地区，猫道架设至主缆安装完成的时间段应尽量避开台风期，否则需做好抗台风预案。抗风系统中吊索的布置如图 10-5 所示。

为了减小猫道承载索的荷载，同时在某些水域由于净空等限制不能布置抗风索，目前的发展趋势是在保证猫道抗风稳定性的条件下，不设抗风索。国内的厦门海沧桥和重庆鹅公岩大桥等没有设抗风索。

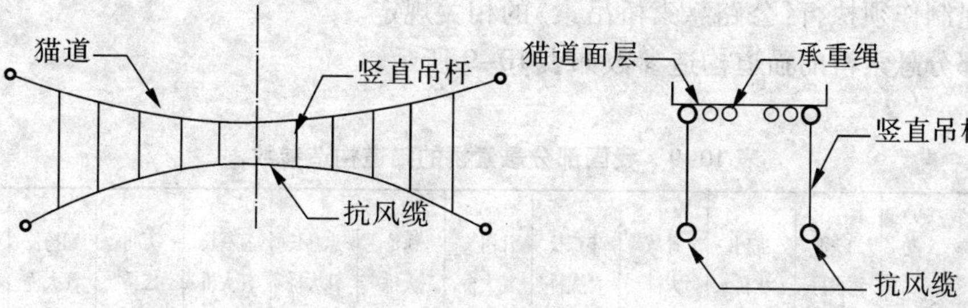

a.竖直吊索

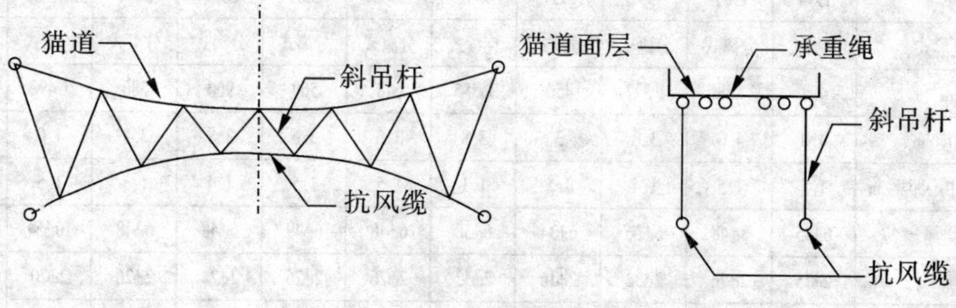

b.斜吊索

图 10-5　抗风系统中吊索的布置形式

施工猫道承重绳强度计算荷载组合参考表 10-8。

表 10-8　施工猫道承重绳强度计算荷载组合

荷载组合		安全系数	备注
静力结构强度验算	恒载	≥3.5	—
	恒载+活载	≥3.0	—
	恒载+活载+温度荷载	≥3.0	温度荷载按温降 15 ℃考虑
风荷载组合结构强度验算	恒载+活载+施工阶段风荷载组合	≥3.0	按 6 级风考虑
	恒载+最大阵风荷载组合	≥2.5	—

通过猫道断面节段模型三分力测力风洞试验获得猫道三分力系数试验数据，根据桥

位处的地形、周边环境及风参数数据确定桥位处的设计基准风速、阵风风速，进行猫道结构动力特性分析及静风稳定性验算。

猫道承重绳锚固系统要有足够的调整范围，以满足悬索桥在不同施工阶段的垂度要求，承重绳每端锚固系统宜设±200 cm 以上的调节长度。

猫道面层由承重网、步行网及防滑方木组成。承重网有三种材料选择：钢丝扣网、S 形钢丝编织网、钢丝焊网。采用透风性好的网片可减小风的阻力，以免在风的作用下猫道面翻转。

猫道承重索可采用用钢丝绳、平行钢索或钢绞线，对于大跨径悬索桥一般采用钢丝绳。承重绳制作须执行《公路悬索桥吊索》的相关规定。

我国部分悬索桥的猫道构造参数如表 10-9 所示。

表 10-9　我国部分悬索桥的猫道构造参数

项目＼桥名	汕头海湾大桥	虎门大桥	青马大桥	丰都长江大桥	江阴长江大桥	海沧大桥	忠县长江大桥	宜昌长江大桥	万州二桥	润扬长江大桥	武汉阳逻长江大桥
完成时间/年	1994	1997	1997	1997	1999	2000	2001	2001	2004	2004	2007
总体布置形式	分离式	分离式	分离式	分离式	连续式	分离式	分离式	分离式	分离式	连续式	—
主跨/m	452	888	1 377	450	1 385	648	560	960	580	1 490	1 280
猫道面宽度/m	4.0	4.0	3.6	3	3.8	3.6	3.6	3.8	3.1	4.0	4.3
猫道面距主缆中心距离/m	1.5	1.5	1.4	1.5	1.1	1.5	1.5	1.4	1.5	1.5	1.5
猫道承重绳	6φ45	8φ48	6φ36	6φ34	6φ38	6φ48	6φ49	6φ48	6φ48	10φ54	10φ54
扶手绳	2φ15	2φ26	2φ32	2φ16	2φ32	2φ26	2φ26	2φ24	2φ26	2φ20	φ36+2φ21.5
横向天桥间距/m	113.0	222.0	230.0	112.5	173.0	162.0	140.0	137.0	145.0	149.0	150.0
抗风缆	2φ25	2φ40	2φ32	无	2φ34	2φ40	无	无	无	无	无
抗风吊杆	斜吊杆	竖直吊杆 φ16	竖直吊杆 φ16	无	竖直吊杆 φ16	竖直吊杆 φ16	无	无	无	无	无
其他减振措施	无	无	无	无	无	无	无	无	无	水平制振索抗风门架斜索	水平制振索抗风门架斜索

按猫道承重索在塔顶的跨越形式，通常有分离式和连续式两种构造布置形式。欧洲国家一般采用空中纺线编缆法（AS 法）施工，惯于采用连续式；日本及我国多采用预制平行索股法（PPWS 法）施工，多用分离式。

（1）分离式结构　在每跨锚固端设置锚固和垂度调节装置。猫道在塔锚处设置较多预埋件，塔顶预埋件数量多，布置较为困难，施工过程中猫道线形放样时需多点调整，投入调整设备数量较多，过程复杂，工作面多，效率较低，猫道改吊后线形保持较差，猫道通行、人员操作均有不便。

(2)连续式结构　锚碇支墩处设置猫道锚固和调整装置,在塔顶处设转索鞍及变位刚架装置。猫道锚固区结构及垂度调整过程相对简单,预埋件数量少,线形调整方便,猫道改吊后线形保持良好,人员通行容易,施工操作方便。

分离式的猫道在桥塔处存在不平衡水平力,对于中小跨度的悬索桥,其桥塔纵向刚度相对较大,该不平衡力对桥塔的影响以及主缆施工中的监控影响不大。但对大跨度的悬索桥(如跨度大于 1 000 m),该因素会影响较大,此时宜选择连续式猫道。

10.3.2　猫道的施工

导索是缆索工程中最先拉过海或过河的钢丝绳。通常先导索为绳径较小的钢丝绳或高强度纤维绳(如芳族聚酰胺纤维)。先导索架设一般有水中船舶牵引、空中直升机牵引、热气球(氢气球)牵引及火箭牵引等方法(图 10-6),应充分考虑桥位地理、地形条件选择切合现场条件的方法。各种方法的特点如表 10-10 所示。当然,若河底平坦无障碍,为减少封航次数,缩短工期,也可取消导索,而直接将牵引索引过江。润扬长江大桥南汊悬索桥就采用了这种方法。

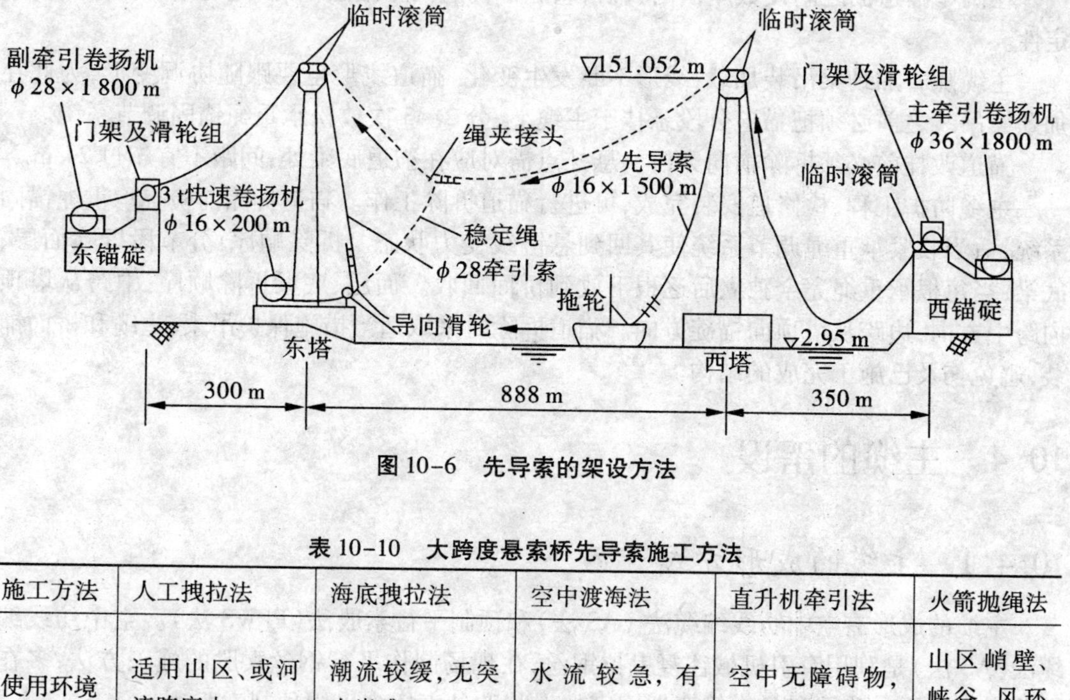

图 10-6　先导索的架设方法

表 10-10　大跨度悬索桥先导索施工方法

施工方法	人工拽拉法	海底拽拉法	空中渡海法	直升机牵引法	火箭抛绳法
使用环境	适用山区、或河流跨度小	潮流较缓,无突出岩礁	水流较急,有岩礁	空中无障碍物,视野开阔	山区峭壁、峡谷、风环境恶劣
所用设备	卷扬机	轮船	轮船	飞机	火箭
封航时间	不封航	要封航	要封航	不封航	不封航
应用桥梁	西藏角笼坝大桥,西溪大桥	泣扬长江大桥,武汉阳逻大桥	忠县长江大桥,万州长江二桥	西堠门大桥	四渡河特大桥

先导索过江后与两岸布置的卷扬机连接，将先导索置换为索股架设的牵引索，形成单往复式牵引系统。

利用牵引系统架设猫道索。上下游猫道承重绳架设应保持基本同步，数量差不宜超过1根。猫道面层连同横向天桥从塔顶向跨中、锚碇方向铺设，设辅助钢丝绳避免面层接头断裂。铺设过程中设牵引及反拉系统，防止面层下滑失控而出现事故及卡环与猫道承重索卡死的现象。

猫道面层结构一般先将横木和面材预制成可折叠并能卷起的节段，由塔吊将其吊到塔顶后，沿着猫道承重索逐节滑下。在下滑的过程中，各节之间进行逐节连接，待铺到跨中，两侧的连接后，再将横木固定到承重索上。在横木端部装上栏杆立柱，并在立柱上安装扶手索及栏杆横索等。为了架设主缆工作的需要，沿猫道隔一定距离还设有门式框架，再在猫道面上架设各种管路和照明系统。在两侧猫道之间的横向天桥也可和面层结构一起铺设。

中跨、边跨猫道面的架设进度，要以塔的两侧水平力差异不超过设计要求为准。在架设过程中需监测塔的偏移量和承重索的垂度。

在两个猫道面之间设数座横向天桥，它除了沟通两个猫道面外，还能增加猫道横向稳定性。

主缆随着加劲梁吊装加载，线形不断发生变化，猫道线形也要跟随协调变形，为此在加劲梁吊装之前必须把猫道分段悬挂于主缆上，分2~3次放松承重绳锚固调节系统。

猫道改挂前必须拆除横向天桥。悬挂点需对应在猫道底梁处，间距不宜超过24 m。

主缆防护工程、检修道安装完成，可进行猫道拆除工作。猫道拆除前检查承重绳锚固系统，适当收紧承重绳调节系统使其回到悬链线受力状态。拆除顺序：分节段拆除面层、底梁，当每根承重绳完全独立后逐根下放到桥面回收。面层、底梁拆除顺序：中跨从塔顶向跨中方向，边跨从塔顶向锚碇方向。猫道拆除时采取适当措施保护吊索、主缆和桥面铺装，避免伤及已施工完成的结构。

10.4 主缆的架设

10.4.1 主缆的成形方式

主缆的成形有空中纺线编缆法（AS法）和预制平行索股法（PPWS法）。空中纺线编缆法（AS法）是利用牵引机械往复曳拉钢丝，在现场制作平行钢丝索股的施工方法，多在欧美国家采用。我国和日本等亚洲国家的大跨度悬索桥多采用预制索股法。

(1)空中纺线编缆法　采用空中纺线编缆法时，钢丝接头性能必须通过试验确定，试验规程可参照钢筋机械接头的有关规定由业主、设计、监理、施工单位共同确定。在梨形蹄铁处或索鞍座附近有工厂钢丝接头，应拼接一段钢丝把接头移出。编缆前应先挂一根基准钢丝作为参照确定第一条编织索股的正确标高。完成一条索股的纺线后必须对丝股进行梳理，对不符合线性要求的钢丝必要时要进行接长或截短处理，以确保每根钢丝都有相应的垂度和线性。一条丝股抖开、梳理、裁切完成后用手动液压千斤顶将其挤压成圆形，并每 3 m 临时用纤维强力带包扎定型。空中编织完成一束索股后，后续工序参照预制索股要求。

(2)预制平行索股法　将运至工地的预制索股卷筒安装在一侧锚碇的松卷轮上，通过液压无级调速卷扬机用曳拉器将索股一端吊起拉向对岸。

采用预制平行索股法架设时，其牵引系统是悬索桥主缆猫道施工和主缆架设过程中必不可少的临时结构，宜结合工程特点、工期要求、施工安全、施工人员工艺水平及经济技术指标等因素综合统筹选定牵引系统的技术结构类型。

10.4.2　预制索股制造、储存

索股用热镀锌钢丝技术条件应符合《桥梁缆索用热镀锌钢丝》有关规定。

目前，国内大跨径悬索桥的主缆大多采用 1 670 MPa 平行钢丝。提高强度级别可以达到减轻主缆自重，从而减小缆力的目的，塔、锚的规模相应地减小，主缆索股数减少、施工周期减短，由此可带来一定的经济效益，跨径越大效益越好。采用更高强度等级的钢丝(如 1 770 MPa)，虽主缆造价差别不大，其他各分项工程的费用会有可观的减少。

预制主缆平行钢丝索股编股时应记录所使用钢丝的盘号，并从检验记录中查得抽检钢丝的线径和弹性模量，统计出钢丝的平均线径和弹性模量。定位标志钢丝设在平行钢丝索股六角形截面左上角，沿全长涂上红色。便于在制造、架设钢丝索股过程中观察、辨别平行钢丝索股是否扭转。标准长度钢丝设在平行钢丝索股六角形截面右上角，是每股索股下料长度和标涂各标记点的依据，标准钢丝是预先将钢丝展开伸直并通过精密测量刻记后制成的，其测长精度在 1/15 000 以上。由于设计提供的标准钢丝长度是零应力下、标准温度下的长度，而制作标准钢丝时是在受力状态下进行的，这需要根据钢丝的膨胀系数、钢丝直径、弹性模量进行换算。

为便于索股架设垂度调整，索股沿长度方向在调整、观测位置设标记点，分别是主跨中央点、主索鞍标记点、边跨中央点、散索鞍标记点、索股两端标记点。在这些标记处沿钢丝索股长度方向，涂上红蓝两种油漆各 50 mm 宽，红蓝分界线为标记截面。标记点间距离精度应在 1/15 000 以上。

钢丝索股应以标准长度钢丝为准进行切断，在基准温度(20 ℃)及零应力状态下，平行钢丝索股的制作精度应在 1/15 000 以上。必须避免钢丝在索股内出现长短不齐的现象，索股内钢丝间的长短差的允许误差相当于抗拉强度的 1.0% 的应力伸长值。为保持钢丝索股截面形状，沿其长度方向每 1.5 m 用纤维强力带包扎定型，相邻索股的捆扎带在钢丝索长度方向应交错设置，以减少空隙率。

热铸锚锚杯配件尺寸及所用钢材型号均应符合图纸规定，所有锚杯配件均应经检验合格。锚杯钢材的化学成分和机械性能应符合《一般工程用铸造碳钢件》的规定。热铸锚铸体材料材质应符合《锌锭》及《阴极铜》的规定。平行钢丝索股定型绑扎带宜采用聚酯与强力纤维复合制品，单面涂有不锈蚀镀锌钢丝的黏结剂。

索股锚头制造中应严格控制锚杯内灌注的锌铜合金配合比及纯度。钢丝索股端头和锚杯在浇铸台垂直固定，将插入锚杯部分的索股钢丝呈同心圆散开，然后先清除其油污、锈蚀，保持均匀间距，同时清洗锚杯内壁。钢丝索股插入锚杯后，应保持丝股中心与锚杯

中心完全一致，并保证钢丝的任何部位不与锚杯接触。锚杯下的钢丝索股垂直长度应不小于 1 600 mm，弯曲半径应大于 1 290 mm。锚杯下口应用石棉或耐火泥充分密封，以保证注入的合金不从下口漏出。锌铜合金的熔化温度不得高于 600 ℃，灌铸锌铜合金前应将锚杯预热至 150 ℃ ±10 ℃，灌注容器预热至 200 ℃以上，以保证锌铜合金灌铸温度为 460 ℃±10 ℃。将合金注入锚杯时，应避免任何振动，浇筑应 1 次完成，不得中断。锚杯内合金浇筑密实，无气孔，浇筑量为每只锚杯实际容量的 92% 以上。索股与锚杯端面的垂直度应控制在 90°± 0.5°。锚头及浇筑的合金完全冷却后，按图纸要求的荷载在锚铸体后端顶压，持续 5 min，卸压后测量索股的外移量，外移量小于 5 mm 为合格。否则，应将注入的合金熔化，重新进行浇筑。重注只许 1 次。为便于索股的架设，在锚头顶面用红色油漆为钢丝索股编号。

试制的索股应进行如下试验：①静载破断荷载试验；②静载延伸率试验；③弹性模量试验。

预制索股储存时，其包装工艺应和索股架设放索工艺相对应，可采用成盘或成圈工艺，如图 10-7 所示。当采用成盘工艺时索盘内径应不小于 2.4 m。包装应方便运输、安装，保证在收卷或放出索股时不产生任何障碍，同时不能损坏主缆索股钢丝表面镀锌层。成品采用不损伤钢丝索股表面质量的材料捆扎结实，然后用防水编织布紧密包裹。包装好的钢丝索股宜在仓库内平稳整齐架空堆垛存放，不得露天存放，储存期应不超过 3 个月。

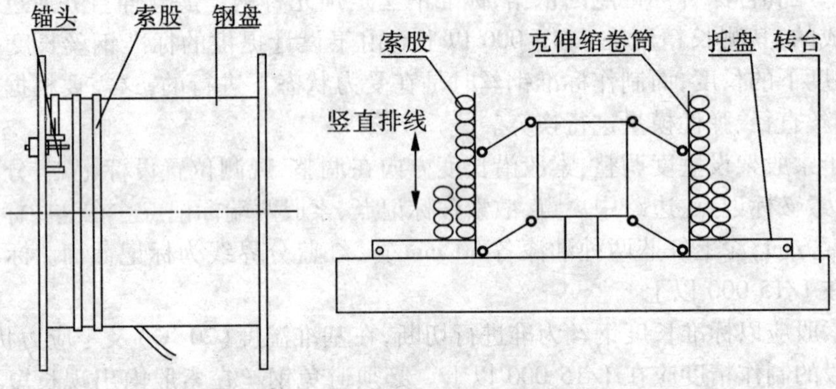

图 10-7　索股的成盘和成圈技术

主缆钢丝索股检验包括以下几点。

(1)原材料检验　所采用的钢丝应满足：①钢丝供货厂家，在供货前对钢丝应按图纸规定尺寸及标准进行检验，交货时应提供相应的检验报告；②在使用前应进行抽样检验，抽样数为每批的 5%，检验项目为抗拉强度、延伸率和伸直性，及全部钢丝的外观，其技术条件应符合施工规范相应表格中的规定；③制造钢丝索股过程中不得损伤钢丝表面镀锌层。

锚具应满足：①锚具全部配件的所有指标均应符合图纸规定；②每一锚具均应经探伤检验，并出具检验报告、材料合格证书及成套产品质量保证单、流水号和原材料力学性能指标;③锚具铸体材料应有材质的证明材料和合格证书。

(2)钢丝索股成品检验　成形后的平行钢丝索股的钢丝应排列紧密、顺直、无错位。其长度制作精度应在 1/15 000 以上。抽样量测外形尺寸,在索股内两端距锚口 220 mm 之内测量。标准长度钢丝和定位标志钢丝位置正确,且未发生转动和扭绞。

平行钢丝索股锚具铸体应进行的质量检验:①每根平行钢丝索股在出厂前必须进行铸体质量检验,并符合本规范要求;②锚具顶压前所有计量器具均应进行计量鉴定;③锚具顶压的压缩位移量小于规定值;④锚具套筒内的螺纹完好无损。

平行钢丝束与锚具端面的垂直度检验时,置角尺于锚具上端面,以平行钢丝索股为基准面,测量另一直角边与锚具端面外口的距离,换算成角度其结果应满足 90°±0.5°规定。

必要时增加锚具剖面检查。

10.4.3　索股的架设

(1)循环式牵引系统　把牵引索的两端插接起来,形成环状无级索,通过一台驱动装置和必要的支撑滚筒做循环运动,即形成循环牵引系统。这种方式适合高速连续作业,但难以抵抗大的拉力,为了使系统正常运转,还需增设张紧设备和调整装置。这种循环牵引分为小循环和大循环,如图 10-8 和图 10-9 所示。循环式牵引系统的牵引索是靠驱动装置滚筒以摩擦方式驱动,牵引速度连续性好,但牵引力较小,适合空中纺线编缆法(AS 法)主缆架设和悬索桥跨径较小时的预制平行索股法(PPWS 法)索股架设。

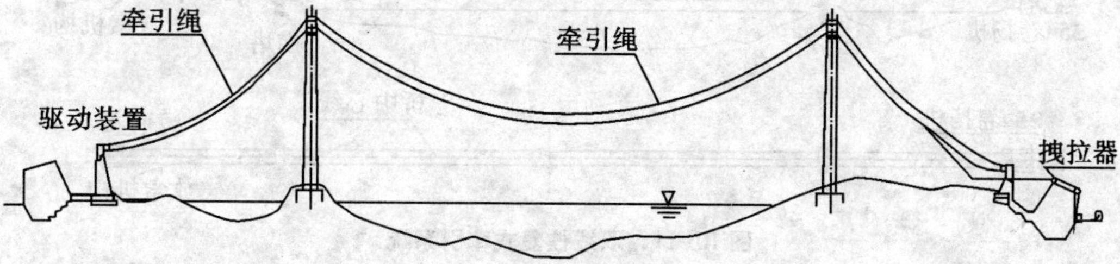

图 10-8　小循环牵引系统

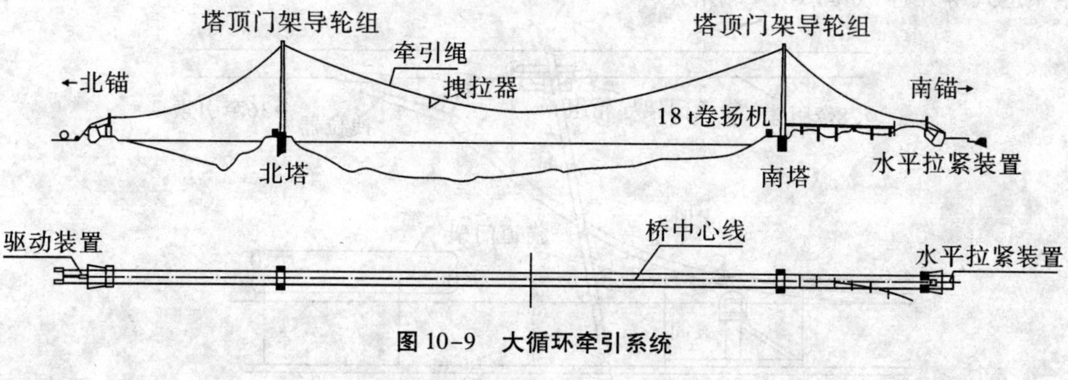

图 10-9　大循环牵引系统

(2)往复式牵引系统　牵引系统的牵引索两端分别卷入主、副卷扬机,一端用于收绳进行牵引，另一端用于放绳，两台驱动装置联动，使牵引索做往复运动。由于往复式牵引系统是把钢丝绳直接卷在卷扬机上，牵引力直线传递，牵引过程中导轮组等损失较小，容易实现较大的牵引力。跨径大的悬索桥索股架设时需要较大的牵引力，适合采用往复式牵引系统。使用这种方法架设索股时，拽拉和平衡装置以及放索机三者可实现同步运转，并能有效控制拽拉作业速度与平衡，如图 10-10 和图 10-11 所示。

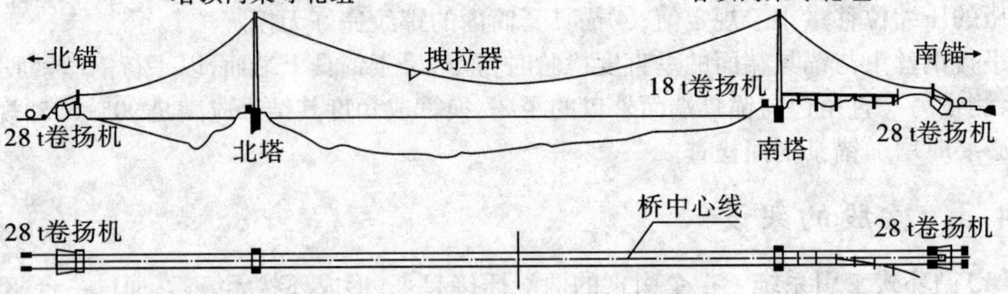

图 10-10　单线往复式牵引系统

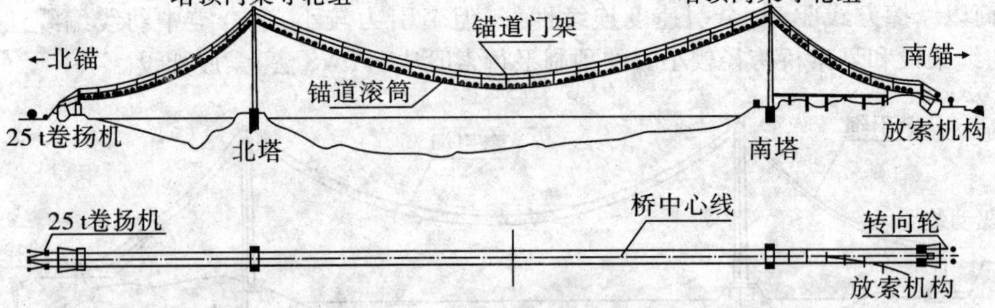

图 10-11　双线往复式牵引系统

往复式牵引系统就其牵引索股的方式不同，又可分为门架拽拉器式、轨道小车式和架空索道式等几种，如图 10-12 所示。

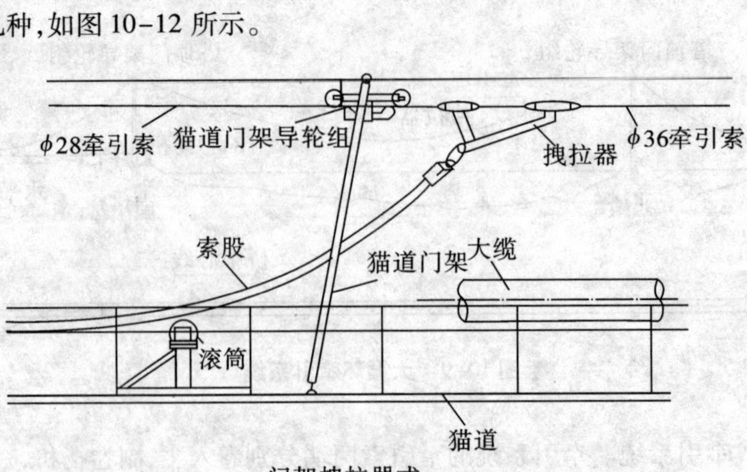

a.门架拽拉器式

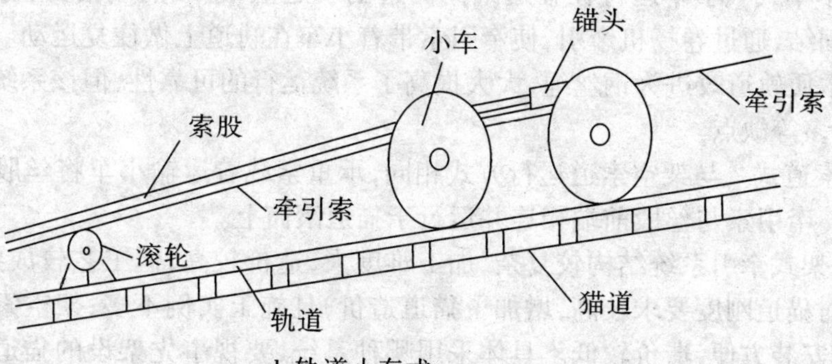

b.轨道小车式

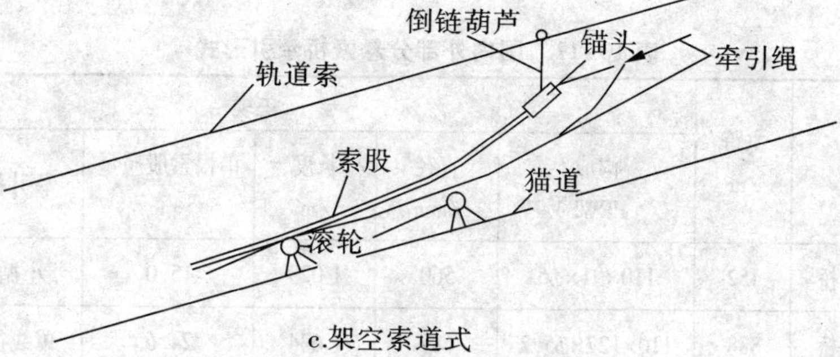

c.架空索道式

图 10-12　预制索股的牵引

1)门架拽拉器式　该系统需间隔 40 m 左右在猫道上设置猫道门架,并在猫道门架、塔顶门架、锚碇门架(图 10-13)上安装门架导轮组。固接有拽拉器的牵引索通过这些滑轮组,索股前端锚头与拽拉器相连,使得约 30 m 长的索股前端在空中运行,其余的在猫道滚轮上运行。该系统技术要求高、结构复杂、自动化程度高、机加工件多、造价昂贵。我国虎门桥、厦门海沧桥等施工中采用了这种牵引法。

a.锚碇门架滑轮组

b.塔顶门架滑轮组

图 10-13　锚碇和塔顶门架及其滑轮组

2）轨道小车式　小车运行在猫道滚筒两边的轨道上，索股前端锚头置于小车上，小车与牵引索固结，通过卷扬机牵引，使牵引索带着小车在轨道上做往复运动。轨道由该法应用初期的木质轨道改进为钢丝绳，大大提高了系统运行的可靠性，但该系统仍存在要求高、加工件偏多等缺点。

3）架空索道式　与架空索道运行方式相同，承重索载着运输小车将丝股前端锚头吊到一定高度。牵引索与丝股前端相连并运行于猫道滚筒上。

总之，门架式牵引系统结构较复杂，加工难度大，造价较高，但工艺较成熟；轨道小车式牵引系统对猫道刚度要求较高，增加了猫道造价，且施工实例不多；架空索道式牵引系统结构简单，安装方便，造价较低。具体采用哪种系统，要视事先架设的猫道系统和索股锚固系统的具体布置确定。国内外部分悬索桥牵引形式如表10-11所示。

表10-11　国内外部分悬索桥牵引形式

序号	桥名	主跨/m	主缆					
			构成(PPWS)	直径/mm	长度/m	单根索股质量/t	牵引系统	牵引方式
1	汕头海湾大桥	452	$110\times91\times\phi6$	560	1 029	15.0	小循环	轨道
2	广东虎门大桥	888	$110\times127\times\phi5.2$	687	1 634	24.6	单线往复	门架
3	西陵长江大桥	900	$110\times91\times\phi5$	550	1 530	30.6	小循环	轨道
4	江阴长江大桥	1 385	$171\times127\times\phi5.35$	897	2 200	50.0	双线往复	架空索道
5	厦门海沧大桥	648	$110\times91\times\phi5.1$	570	1 228	17.8	单线往复	门架
6	宜昌长江大桥	960	$104\times127\times\phi5.1$	655	1 574	32.1	往复	门架
7	日本明石海峡大桥	1 990	$290\times127\times\phi5.23$	1 122	4 071	87.1	双线往复	门架
8	日本白鸟大桥	720	$52\times127\times\phi5.2$	470	1 620	34.0	小循环	门架

当采用往复运行方式时卷扬机应采用双摩擦卷筒无级调速以便主副卷扬机收放协调，卷扬机牵引速度、牵引力应根据计算确定。

索股托滚正常间距宜为8 m左右，在索鞍位置适当加密。为保护索股缠包带，防止其断裂造成散丝，应采用尼龙托滚。

索股放索工艺应和索股预制时的包装工艺相匹配。成盘制索采用水平轴放索，应采取适当措施避免“呼啦圈”现象出现影响索股架设质量。放索牵引过程中必须专人跟踪牵引锚头，沿线设观察点监视索股，发现问题及时采取措施以纠正。牵引最初几根时，宜压低牵引速度，注意检查牵引系统运转情况，对关键部位进行调整后方能转入正常架设工作。牵引过程中发现绑扎带连续两处被绷断时，应停机进行修补。索股锚头牵引到位，在卸下锚头前需把索股临时固定，防止滑移。索股后端宜施加反拉力。索股两端的锚头引入锚固系统前,需将索股理顺,对鼓丝段进行梳理,不许将其留在锚跨内。

在索鞍区段内的索股从六边形断面整理成矩形,其钢丝在矩形断面内的排列应按既能顺利入鞍槽又使空隙率最小的原则,如图 10-14 所示。整形过程应在索股处于无应力状态下使用专用的整形器进行。丝股提升移到排放位置后,对索鞍前 3 m 至索鞍后 3 m 段整形。散索鞍处从锚跨侧向边跨侧进行,而主索鞍处整形方向是从边跨侧向中跨进行。整形分初整形和连续整形两个阶段。整形完毕的索股方能放入鞍槽,先主索鞍后散索鞍,并用木块楔紧。整形时应保持钢丝平顺,不能交叉、扭转,不允许损伤钢丝。索股横移时,需将索股从猫道滚筒上提起,确认全跨径的索股已离开猫道滚筒后,才能横向移到索鞍的正上方。横移时拽拉量不宜过大,任何人不允许站在索股下方。

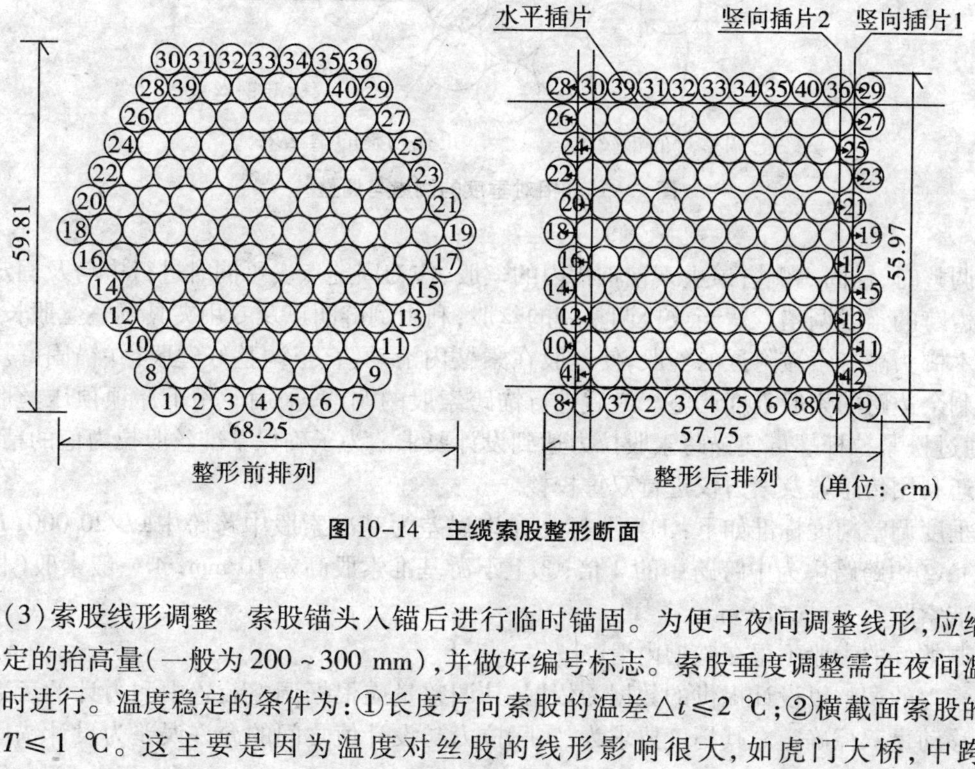

图 10-14　主缆索股整形断面

(3)索股线形调整　索股锚头入锚后进行临时锚固。为便于夜间调整线形,应给索股一定的抬高量(一般为 200～300 mm),并做好编号标志。索股垂度调整需在夜间温度稳定时进行。温度稳定的条件为:①长度方向索股的温差 $\Delta t \leqslant 2$ ℃;②横截面索股的温差 $\Delta T \leqslant 1$ ℃。这主要是因为温度对丝股的线形影响很大,如虎门大桥,中跨为 ±40 mm/℃,边跨为±2.4 mm/℃,线形调整前先要监测好温度。不符合温度稳定条件,或者风速超过 12 m/s 致索股摆动较大,以及雾浓测量目标不清楚,都不能进行索股调整。

绝对垂度调整(即对基准索股标高的调整):应测定基准索股下缘的标高及跨长,塔顶标高及变位,主索鞍预偏量,散索鞍预偏量,主缆垂度和标高、气温、索股温度等值后经计算决定其调整量。基准索股标高必须连续 3 d 在夜间温度稳定时进行测量,3 次测出结果误差在容许范围内时取 3 次的平均值作为该基准索股的标高。

相对垂度调整:指一般索股相对于基准索股的垂度调整,按与基准索股若即若离的原则进行调整。如图 10-15 所示,在调整时,底部索股采用基准索股进行高差测量,其余索股高差测量一般选用同排或底下一排最外侧索股为参考索股。这样做是因为基准索股受到其上边已调整好索股因升温下垂产生的压力,已不宜作为基准索股,而同排或下一排的索股则不存在这个问题,从而可减小误差。

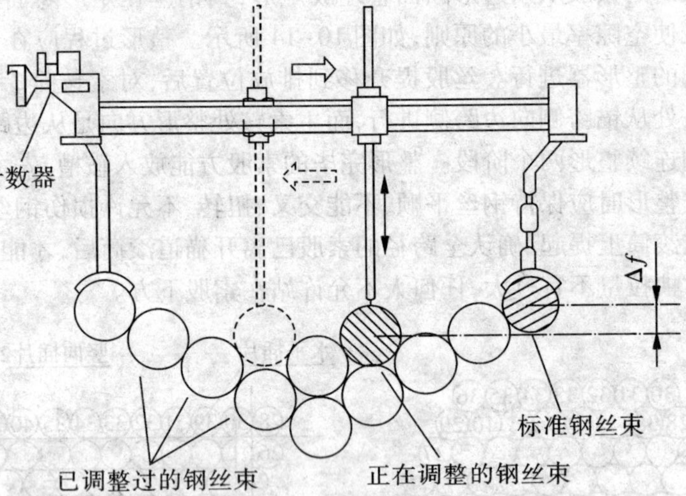

图 10-15　相对垂度的测量与调整

调整时,锚固一侧塔顶主索鞍鞍槽内的丝股,作为固定点。可同时进行中跨及固定点相邻边跨的索股调整。适当放松调整跨的丝股,利用倒链葫芦及专用夹具调整丝股长度,并用木榔头敲打索鞍附近的丝股,使丝股在索鞍内滑动,直至调整好丝股,并锚固好。在进行剩余边跨的索股垂度调整。最后进行锚跨索股的调整,采用专用千斤顶顶压丝股锚头,通过松紧拉杆螺母使锚跨索股拉力达到设计要求。为了确保基准丝股拉力值的精度,一般还利用传感器及索力仪进行双重校核。

垂度调整精度标准如下:①索股标高允许误差为基准索股中跨跨中±L/20 000(L 为跨径);②边跨跨中为中跨跨中的 2 倍;③上下游基准索股高差 10 mm;④一般索股(相对于基准索股)-5 mm、10 mm。

调整好的索股不得在鞍槽内滑移。

索力的调整以设计提供的数据为依据,其调整量应根据调整装置中测力计的读数和锚头移动量双控确定。其精度要求为:实际拉力与设计值之间的允许误差为设计锚固力的 3%。

当索股架设到一定数量后,为便于各索股的有序排列和保持其形状,应及时安装V 形索股形状保持器及竖向插片保持器,如图 10-16 所示。当架设完第一批索股后可安装 V 形保持器,架设以后索股,可安装竖向插片保持器。

主缆索股架设完成后,在各索鞍鞍槽顶部填压锌填块,安装索鞍紧固拉杆,并将拉杆张拉到设计吨位。

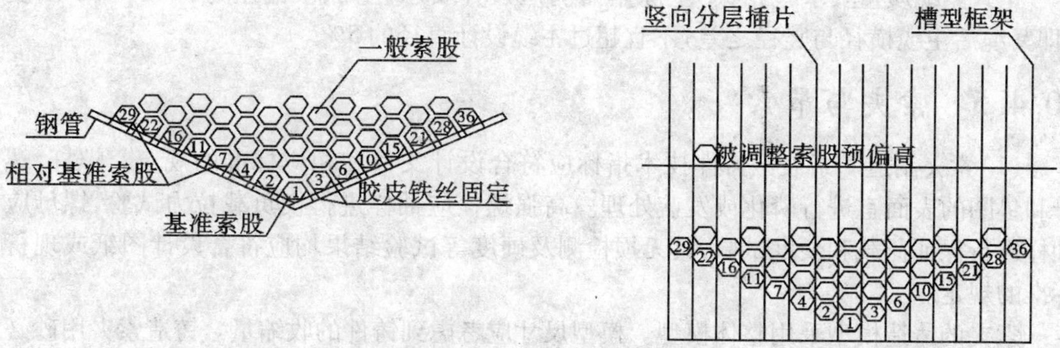

图 10-16　主缆索股形状保持器

10.4.4　紧缆作业

不论是空中纺线编缆法(AS 法)或是预制平行索股法(PPWS 法),在主缆丝股架设完成后,都需要紧缆。紧缆的目的是将主缆压紧成圆形,达到设计要求的空隙率,以满足安装索夹和以后的长期防护,一般紧缆的过程有预紧缆和正式紧缆两个阶段。

预紧缆应在温度稳定的夜间进行。预紧缆时宜把主缆全长分为若干区段分别进行,以免钢丝的松弛集中在一处。索股上的绑扎带采用边紧缆边拆除的方法,不宜一次全部拆除。预紧缆完成处必须用不锈钢带捆紧,保持主缆的形状,不锈钢带的距离可为 5 ~ 6 m,预紧缆目标空隙率宜为 26% ~28% 。

正式紧缆宜用专用的紧缆机把主缆整成圆形。其作业可以在白天进行。正式紧缆的方向宜向塔柱方向进行,先中跨后边跨。当紧缆点空隙率达到设计要求时,在靠近紧缆机的地方打上两道钢带,其间距可取 100 mm,带扣放在主缆的侧下方。紧缆点间的距离约 1 m,如图 10-17 所示。

图 10-17　正式紧缆作业

正式紧缆质量要求包括:①空隙率需满足设计要求,空隙率偏差为±2%;②不圆度(即紧缆后主缆横径与竖径之差)不宜超过主缆设计直径的5%。

10.4.5 索夹与吊索

(1)索夹制造　索夹钢铸件技术指标应符合设计文件和相应标准的规定。螺杆、螺母和垫圈的表面宜进行磷化或发蓝处理。高强螺栓应抽样进行楔负载拉力试验,螺母应抽样进行保证荷载和硬度试验,其无损检测及硬度等试验结果均应符合设计图纸或现行标准的规定。

索夹的铸造模型采用整体模型。模型尺寸应考虑到铸件的收缩量。铸造索夹用砂必须采用优质砂。例如耐高温的铬铁矿砂,保证铸件表面光洁,不粘砂。砂型应用干燥型或自硬型砂。浇口系统应使用高强度的耐火釉砖,并应确保钢水能顺利凝固和得到充分的补灌,防止浇铸系统中的型砂剥落而使铸件夹砂。铸造钢水应充分精炼纯净,尽量减少非金属夹杂物,应从炉中取样进行化学成分分析及相应的机械性能试验,保证钢水质量。浇筑完成的铸件应缓慢冷却,避免由于铸造应力或局部冷却产生的热应力使铸件变形或开裂。拆箱后应全面清砂,去除冒口、飞翅等附属物。

铸件清砂后对规定部位取样检验,按《铸件尺寸公差与机械加工余量》规定进行尺寸与形状检查,初步确定铸造质量。尺寸应符合 CT13 ~ CT15 级公差,保证有足够的加工余量。铸钢件清砂后,必须经整体退火处理,以消除铸造内应力。整形和缺陷修补后,再经正火加回火处理。碳素结构钢、合金结构钢的热处理应按《钢件的正火与退火》有关规定进行,并按图纸要求验收。

加工机床应能满足图纸对工件规定的精度要求。构件的边缘及螺孔口均需倒角处理。索夹各部件加工面的精度要求应符合表 10-12 的要求。

表 10-12　索夹各部件主要精度要求

项目	精度要求
长度/mm	±2
内径/mm	±2
螺孔位置度/mm	±1.5
螺孔直径公差/mm	±2
螺栓孔直线度	$\leqslant L/500$
壁厚度	0 ~ 5%
不圆度/mm	2
平直度/mm	1
索夹孔内的表面粗糙度/μm	$R_a = 12.5 \sim 25$
索夹重量的容许误差	<±8%

铸钢件清砂后去除氧化皮，在铸件边角处进行磁粉探伤或渗透探伤，不允许存在龟裂状缺陷和密集的夹砂、气孔及表面疏松。铸钢件经粗加工后，应按相关要求进行超声波探伤，对于索夹铸件的评判标准为三级合格。对缺陷按施工规范中相应条文修补。

同一只索夹构件（半只索夹）的修补点不允许超过 2 个，同一修补点不允许修补 2 次。

铸造表面（包括机加工后表面）发现的缺陷，如缺陷面积不超过 6 500 mm^2，深度不超过该处铸件厚度的 10%，允许补焊后不进行热处理，超过上述规定则需重新进行热处理。

铸钢件加工后，加工面不得有可见缺陷，如气孔、砂眼、缩松等，检查发现的缺陷应按要求进行修补。非加工面局部不超过直径 5 mm 的凹坑、气孔等缺陷可不补焊。

索夹必须经过厂内工艺试验以确定它同主缆间的摩阻力、握裹力满足设计要求。索夹的紧固力需要进行滑移试验来确定。

（2）索夹安装　索夹安装前，需测定主缆的空缆线形，提交给设计及监控单位，对原设计的索夹位置进行确认。然后在温度稳定时在空缆上放样定出各索夹的具体位置并编号，清除索夹位置处主缆表面的油污及灰尘，涂上防锈漆。

索夹的安装顺序在中跨宜从跨中向塔顶进行，边跨从锚固点附近向塔顶进行。索夹安装方法应根据索夹结构形式、施工设备和施工人员经验确定。当索夹在主缆上精确定位后，即固紧索夹螺栓。

紧固同一索夹螺栓时，需保证各螺栓受力均匀，并按 3 个荷载阶段（即索夹安装时、钢箱梁吊装后、桥面铺装后）对索夹螺栓进行紧固，补足轴力。索夹位置要求安装准确，纵向误差不应大于 10 mm。记录每次紧固的数据存档，并交大桥管理部门备查。

（3）吊索制作　吊索制作、检验、包装运输执行《公路悬索桥吊索》（JT/T 449—2001）有关规定。

（4）吊索安装　吊索运输、安装过程中保证吊索不受损伤。安装时需采取措施，防止吊索扭转。

吊索在制造和安装中，都应尽量做到其长度准确。在架设中，可用调节装置调整其长度。用测力计控制各吊索受力的均匀性。安装中还应注意防止索夹螺栓的松动，以保证吊索位置准确；当加劲梁安装后，应防止竖向吊索的偏移，并注意吊索的防锈处理。

10.4.6　缠丝作业

主缆防护应在桥面铺装完成后进行。防护前必须清除主缆表面灰尘、油污和水分等污物，临时覆盖，待对该处进行涂装及缠丝时再揭开。主缆涂装应按涂装设计进行。缠丝工作宜在二期恒载作用于主缆之后进行，缠丝材料以选用软质镀锌钢丝为宜。缠丝工作应由电动缠丝机完成，如图 10-18 所示。

缠丝之前，要在主缆钢丝表面防护腻子。缠丝过程中，应随时将挤出的腻子刮去。缠丝后还要进行索夹嵌缝。缠丝总体方向宜由高处向低处进行，而 2 个索夹之间则应从低到高，以保证缠丝的密实程度。缠丝始端应设法嵌入索夹内不少于 2 圈（或按设计要求），并施加固结焊。节间内钢丝需要焊接时，宜用闪光对接焊。钢丝缠绕中需保持设计张力，缠绕应紧密均匀，电源应稳定。缠丝终端应设法嵌入索夹端部槽内并予固结焊，以免松弛。一个节间内缠好的钢丝宜用固结焊固结。对接钢丝除施加对接焊外需采用固结焊固结。

图 10-18　某型号主缆缠丝机在主缆上缠丝作业

缠丝的质量要求:钢丝缠绕应密贴,缠丝张力应符合设计要求。

包缠的嵌缝完成后,在每个索夹处安装支柱及扶手钢丝绳,安装主缆的轮廓照明及航空设备的电器设备。最后进行主缆的油漆和猫道的拆除。

10.5　加劲梁的施工

10.5.1　加劲钢箱梁制作

零部件加工,除施工图及工艺文件另有规定外,零部件加工范围及允许偏差应按施工规范中要求执行。零部件边缘的加工,应优先选用精密切割。边缘加工后,必须将边缘刺屑清除干净,磨去飞刺、挂渣及波纹,还应将崩坑等缺陷部位磨修匀顺。零件应根据零件预留加工量及平直度要求,加工端边。已有孔(或锁口)的零件按孔(或锁口)中心线定位加工边缘。按设计要求需要刨(铣)加工的零件,刨(铣)边时应避免油污污染钢料,加工面的表面粗糙度不大于 25 μm,顶紧加工面与板面垂直度偏差应小于 0.01 t(t 为板厚)且不得大于 0.3 mm。经刨边后的边缘,其表面质量及公差应符合表 10-13 的要求。

表 10-13　刨边要求及公差

项目		要求及公差/mm
范围	名称	
一般结构	刨削边垂直度	≤0.05 t 且不大于 2
	粗糙度	R_a≤25 μm
顶紧传力面	刨削边垂直度	≤0.01 t 且不大于 0.3
	粗糙度	R_a≤12.5 μm

注：t 为板厚。

焊接坡口的加工偏差应符合表 10-14 的规定。

表 10-14　焊接坡口加工允许偏差

简图	接头类别	允许偏差
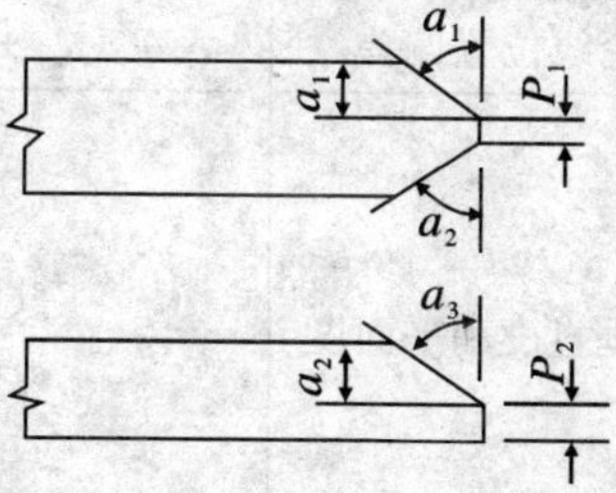	对接接头	a_1、a_2、a_3：±1° a_1、a_2：±1 mm p_1、p_2：±1.5 mm
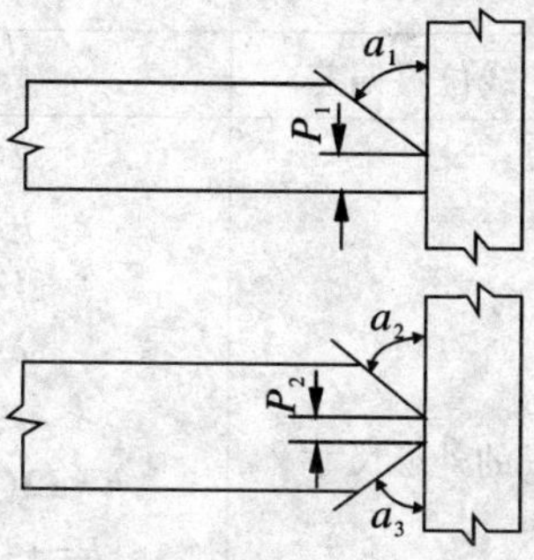	角接接头	a_1、a_2、a_3：±3° p_1、p_2：±1.5 mm
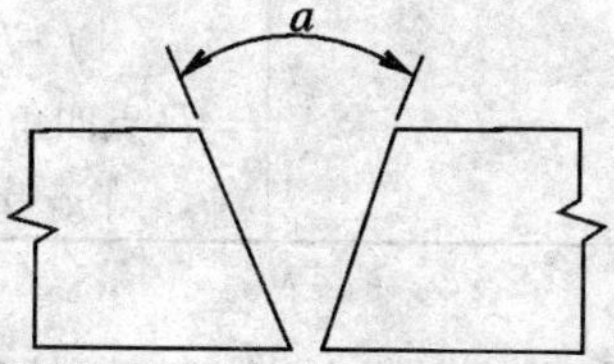	CO_2单面衬垫焊接头	a：±3°

板件、部件及节段组装前应熟悉施工图和工艺文件，核对编号及图纸无误后方可组装。组装应在专用平台或胎架上进行，使用专用夹具或马板进行固定，并按工艺要求施放余量或补偿量，在确保产品组装精度、控制焊接变形的条件下应尽量使用夹具，减少使用马板的数量。松开马板约束时，必须采用火焰切割的方式进行，并将约束部位修磨匀顺。

桥面板、桥底板纵、横对接焊缝应带产品试板，对产品试板进行拉伸试验及焊缝热影响区低温冲击试验。产品试板数量为桥面板、桥底板纵向对接焊缝每 10 条带 1 块产品试板，横向对接焊缝每 5 条焊缝带 1 块产品试板。组装合格后的板块或部件，应在规定部位打上编号钢印。组装精度应满足设计要求，设计无规定时，可按表 10-15 的要求执行。

表 10-15　组装精度要求

简图	项目	允许偏差/mm
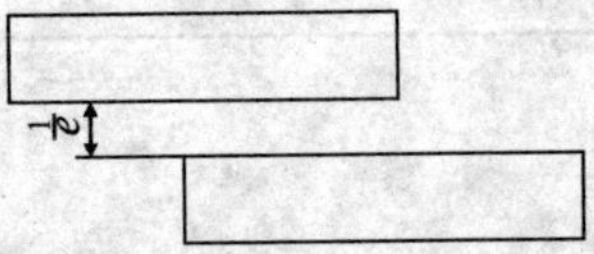	搭接接头的间隙	0,2
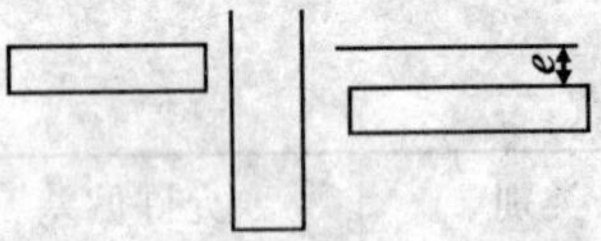	接合的错位	$<t/5$，且$\leqslant 4$ （t 为板厚）
	横向构件与理论线位置偏差	±2
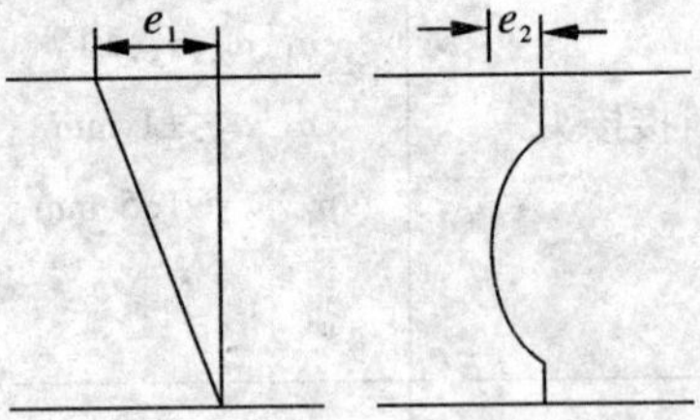	纵隔板和横隔板垂直度和平面度	$e_1 \leqslant 3$ $e_2 \leqslant 4$
	纵向构件与理论线位置偏差	±1
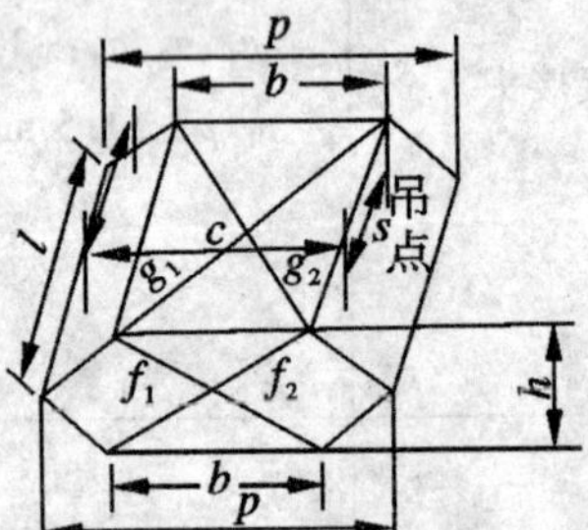	一般箱形梁节段的外形尺寸	b：±3 p：±3 l：±2 c：±2 s：±2 h=±2（端口处） h=±4（其他） $\lvert f_1-f_2 \rvert \leqslant 4$ 吊点四角平面度≤5 $\lvert g_1-g_2 \rvert \leqslant 5$

焊缝超声波无损探伤范围、内部质量分级及检验等级应符合表 10-16 的规定。

表 10-16　焊缝超声波无损探伤范围、内部质量分级及检验等级

项目	探伤方法	适用范围	探伤范围	质量等级	检验等级
对接焊缝	超声波	桥面板、桥底板、风嘴（参与强度计算时）的纵、横向对接焊缝	全长	Ⅰ级	B 级
	超声波	U 肋、球扁钢、扁钢等的对接焊缝；加劲肋的对接焊缝；隔板对接焊缝	全长	Ⅱ级	B 级
角焊缝	超声波	U 肋、球扁钢、扁钢与桥面板、桥底板、风嘴的角焊缝；加劲肋的对接焊缝；隔板与桥板的角焊缝	全部杆件两端各 1 m，中间加探 1 m	Ⅱ级	B 级
	超声波	锚箱本体的角焊缝及与锚箱连接处的角焊缝	全长	Ⅱ级	B 级
	磁粉或渗透	锚箱本体的角焊缝及与锚箱连接处的角焊缝	全长	—	—

焊缝的超声波探伤应符合现行《钢焊缝手工超声波探伤方法和探伤结果分级》的规定。焊缝的磁粉探伤应符合现行《焊缝磁粉检验方法和缺陷磁痕的分级》的规定。焊缝的渗透探伤应符合现行《焊缝渗透检验方法和缺陷迹痕的分级》的规定。

桥面板、桥底板、风嘴（参与强度计算时）的纵、横向对接焊缝需进行射线探伤。纵缝按接头数量的 10% 进行射线探伤，探伤范围为焊缝两端各 250～300 mm，接焊长度大于 2 m时中间加探 250～300 mm。横缝应按横缝长度的 5% 随机进行射线探伤。

焊缝的射线探伤应符合现行《钢熔化焊对接接头射线照相和质量分级》的规定。射线照相质量等级为 AB 级，焊缝内部质量为Ⅱ级。

焊缝修磨合返修按施工规范中的规定执行。

钢梁应按拼装图进行厂内试拼装，试拼装不少于 3 个节段，按架梁顺序进行试拼装。试拼装前，应认真做好各项准备工作，仔细检查试拼装胎位、工具、仪器及吊具是否完好和安全可靠。依据设计图及工艺文件核对每个零件、部件、梁段，不允许使用未经检验或不合格的零部件及梁段参加厂内试拼装。每次试拼按施工规范中规定的矫正允许偏差表进行检测，其结果应有详细的记录，首次由工厂技术负责主管组织鉴定，其余各次由工厂检验部门检验确认合格后方可进行下道工序。

成品梁段基本尺寸允许偏差应符合表 10-17 的要求。钢梁成品应由工厂检验部门进行全面检查、验收，并与业主委派的质量监理工程师共同确认，合格后方可填发产品合格证。

成品移交用户时，工厂应提供下列文件：①产品合格证；②完工图；③工厂内试拼装记录；④焊缝重大修补检验记录。

表 10-17 梁段验收允许误差

项目		允许误差/mm
名称	范围	
跨度(L)	L 为三段试装时最外两吊点的中心距	±(5+0.15L)
	分段时两吊点中心距	±2
全长	分段累加总长	±20
	分段长	±2
盖板宽	盖板单元纵向有对接时的盖板宽	±1
	箱梁段的盖板宽	±3
旁弯	桥面中心线在平面内的偏差,L 为三段试装长度	3+0.1L 最大 12
	单段箱梁	≤5
拱度	L 为跨度或试装匹配时三段的长度	超过的+{3+0.15L 最大 12 不足的-{3+0.15L 最大 6
工地对接板面高低差	安装匹配件后板面高差	≤1.5

10.5.2 加劲梁架设方法

加劲梁的架设顺序按其推进方式分,主要有两种:①先从跨中节段开始,向两侧主塔方向推进,如图 10-19 所示;②从主塔附近的节段开始向跨中及桥台推进,如图 10-20 所示。我国近期修建的大跨度悬索桥都是采用从跨中向两塔方向吊装的方法。

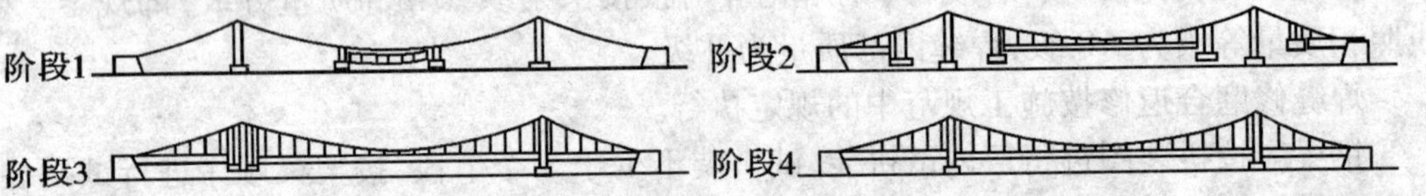

图 10-19 加劲梁从跨中向两侧主塔推进图

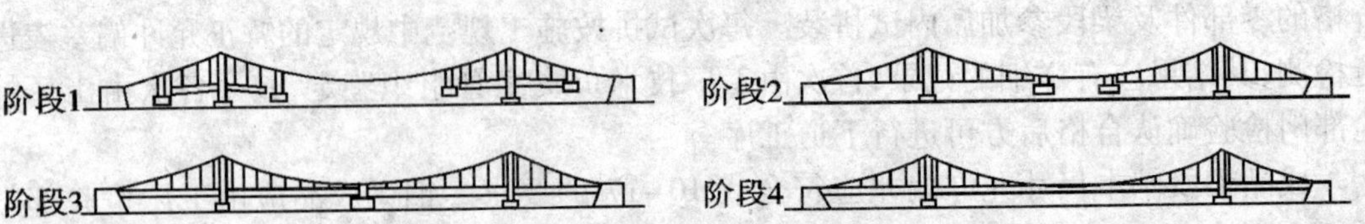

图 10-20 加劲梁从主塔向跨中推进图

无论采用哪种推进方式,均需考虑主缆变形对加劲梁线形的影响,有条件时应在施工前做加劲梁架设的模型试验或架设过程的模拟计算,来验证或修正架设工序。且一般在架设中，为使加劲梁的线形能适应主缆变形，架上的各加劲梁节段之间不应马上刚性连接，可在上弦铰接，下弦暂不连接，待某一段或全桥加劲梁吊装完毕，再做永久连接。

先从跨中架设的优点是靠近塔柱的梁段是主缆刚达到最终线形时就位的，这样靠近塔柱的吊索索夹的最后夹紧可推迟到塔顶处主缆仅留有很小永久角变阶段，因而能减少主缆的次应力。

先从桥塔的架设的推进方式有利于施工操作和管理，人员可很方便地从塔墩到桥面，而且很方便地在主跨和边跨之间往返。而先从跨中架设加劲梁时，工作人员必须通过狭窄的工作猫道才能到达主跨内已架好的加劲梁段上。

悬索桥加劲梁常用的施工架设方法主要有 4 种：跨缆吊机架设法、缆索吊机架设法、桥面吊机悬臂拼装架设法和顶推架设法。

10.5.2.1　跨缆吊机架设法

国内外大跨径钢箱梁悬索桥加劲梁的架设一般采用跨缆吊机进行施工架设，如广东虎门大桥、厦门海沧大桥、江阴大桥、润扬大桥、西堠门大桥、丹麦大海带东桥等，如图 10-21 所示。采用跨缆吊机架设法进行加劲梁的施工架设时，加劲梁的架设方向一般为从跨中向两侧索塔对称吊装。跨缆吊机的起吊能力大，可进行加劲梁的整体节段吊装，施工速度快。但是，跨缆吊机行走速度慢，加劲梁节段通常为垂直吊装，因此要求桥位具备一定的水上运输条件，如跨越大江、大河或海峡等。

图 10-21　跨缆吊机吊装钢箱梁

10.5.2.2　缆索吊机架设法

近年来，我国修建的几座钢桁加劲梁悬索桥采用了缆索吊机架设法进行加劲梁的施工架设，如西藏角笼坝大桥、重庆万州长江二桥、贵州北盘江大桥和沪蓉西四渡河大桥等。采用缆索吊机架设法进行加劲梁的施工架设时，加劲梁的架设方向一般为从跨中向两侧索塔对称吊装。缆索吊机架设法的优点是对环境的适用性较强，缆索吊机的起吊能力较大，可进行加劲梁梁段的整体吊装，施工速度快。但是，随着桥梁跨径的增大，跨缆吊机的起吊质量将会受到一定的限制，施工安全风险增大，经济性降低。

10.5.2.3 **桥面吊机悬臂拼装架设法**

桥面吊机悬臂拼装架设法是大跨径斜拉桥常用的施工方法,如我国的上海南浦大桥、杨浦大桥、南京长江二桥、南京长江三桥和苏通大桥等。同时,该架设方法也是大跨径钢桁加劲梁悬索桥常用的施工方法,如日本的关门大桥、因岛大桥、大鸣门桥、濑户大桥和明石海峡大桥等。桥面吊机悬臂拼装架设法的优点是加劲梁的架设方向为从两侧索塔向主跨跨中方向对称施工,对桥位地形环境的适用性强,而且施工设备较少,施工场地紧凑,工作效率较高。但是,这种架设方法对机械化程度要求较高。

采用桥面吊机悬臂拼装架设过程中,钢桁加劲梁节段间的连接方法主要分为3种:全铰架设法、无铰逐次刚接架设法和有铰逐次刚接架设法。

(1)全铰架设法 悬臂拼装的钢桁加劲梁节段与已安装好的钢桁加劲梁通过临时铰进行连接,同时安装吊索将其锚固。其特征是施工架设过程中钢桁架及吊索的施工应力低,但结构刚度小,稳定性差,抗风性能差。全铰架设法适用于采用由跨缆吊机或缆索吊机架设的悬索桥,应用于采用桥面吊机悬臂拼装架设的悬索桥时将会潜伏很大的施工安全风险。

(2)无铰逐次刚接架设法 悬臂拼装的钢桁加劲梁节段与已安装好的钢桁加劲梁进行刚性连接,然后安装吊索将其锚固。其特征是施工架设过程中结构刚度大,稳定性好。但由于架设过程中钢桁架和吊索的施工应力较高,在某些架设阶段甚至可能会超过结构的安全容许值范围,需验算其数值并在必要时采取临时措施。日本的大鸣门桥、濑户大桥和明石海峡大桥等采用了这种施工方法。

(3)有铰逐次刚接架设法 为了减小采用无铰逐次刚接架设法产生的结构施工应力,在结构施工应力过大的位置,悬臂拼装的钢桁加劲梁节段与已安装好的钢桁加劲梁通过临时铰进行连接。这样既能保证结构受力安全,又能保证结构具有足够的刚度和稳定性。如日本的关门桥、平户大桥和因岛大桥等采用了这种施工方法。

10.5.2.4 **顶推架设法**

顶推架设法是梁桥和斜拉桥施工架设的一种常用方法。对于大跨径悬索桥,顶推架设法的实际工程应用很少。日本在濑户大桥工程建设中,曾对桥面吊机悬臂拼装架设法和顶推架设法进行过深入研究,结果表明:与桥面吊机悬臂拼装架设法相比,顶推架设法的架设机械、材料大幅度增加,施工工序复杂,加劲梁的架设工期缩短不多,因此濑户大桥钢桁加劲梁的架设最终采用了工程实践多的桥面吊机悬臂拼装架设法。目前,我国湖南矮寨大桥在设计过程中也曾研究过顶推法架设方案。

10.5.3 钢箱梁安装

待索夹、吊索安装完毕并做好以下前期准备工作后方可进行吊装:①对桥下地形及河床进行探测,根据实际情况进行清理;②潮汐河段需掌握桥位区海域水文情况,了解该处潮汐变化规律;③完成施工组织设计,并经审定;④确定吊装期间封航和航道运输管理方案;⑤应充分掌握有关气象资料,特别是突发性风情预报,并做好防范措施;⑥吊机安装就位,并完成各项设备安装及检查工作。

安装钢箱梁的吊机可选用卷扬机提升跨缆吊机或液压提升跨缆吊机,启用前必须进行试吊。如能将梁段运至吊点位置处,可采用垂直起吊法架设;因河床的限制,梁段不能运至吊点正下方时,可将吊机偏位将梁段垂直起吊,然后纵向牵引箱梁就位。

吊装过程应符合下面规定:①吊装过程必须严格遵守高空作业及水上作业的安全规定;②吊装过程应观察索塔变位情况,应根据设计要求和实测塔顶位移量分阶段调整索鞍偏移量,以保证工程质量和施工安全;③安装前应确定安装顺序,一般可以从中跨跨中对称地向两边进行,安装完一段跨中梁段后,再从两边跨对称地向索塔方向进行;④钢箱梁水上运输必须由有经验的人员担任,架设前,宜进行现场驳船定位试验,以保证定位精度;⑤各工作面上,吊装第二节段起需与相邻节段间预偏一定间隙(0.5 ~0.8 m),至标高后,牵拉连接,避免吊装过程与相邻节段发生碰伤,影响吊装工作顺利进行;⑥安装合龙段前,必须根据实际的合龙长度,对合龙段长度进行修正。

在节段吊装过程中应对箱梁节段接头进行测试,并随时拧紧定位临时螺栓。当节段吊装超过一定数量时,跨中段的挠度曲线趋于平缓,接近设计要求,此时可对该接头进行定位焊,随节段吊装的增加,其他节段的挠度曲线将逐渐趋于平缓,其他节段接头也将就位,可实施定位焊。

工地焊接应做工艺评定,并严格按工地焊接工艺进行工地焊接。工地焊缝焊接前应用钢丝砂轮进行焊缝除锈,并在除锈后 24 h 内进行工地焊接。焊接前应检查接头坡口、间隙和板面高低差是否符合要求,同时检查环境是否满足工地焊接的环境要求:风力 <5 级,温度 >5 ℃,湿度 $<85\%$ 。雨天不能进行工地焊接(箱内除外)。

工地接头焊接时,应注意温度变化对接头焊接的影响。安装时需有足够数量的固定点并保证足够的强度。当工地焊缝形成并具有足够的刚度和强度时,方能解除安装固定点,防止焊缝裂纹及接口处错边量超差。

箱内焊接需有通气排尘措施,钢桥上应有安全用电措施,确保施工安全。桥面板和桥底板应使用单面焊双面成形技术,其他结构应尽可能采用高效焊接以减少焊接变形。当箱内采用 CO_2 气体保护焊时,应采取通风防护安全措施。为控制变形,应对施焊顺序进行控制,横向施焊顺序宜从桥面中轴线向两侧焊接,并尽量做到对称施焊。工地焊接接头应进行 100% 的超声波探伤,其中抽其 30% 进行 X 光探伤拍片检查,当有一片不合格时则对该焊缝进行 100% 的 X 光拍片。纵向加劲肋的对接接缝只做超声波探伤。

焊缝缺陷的修补应按施工规范中的有关规定执行。

工地焊接后应按防腐设计要求进行表面处理。工地焊接的表面补涂油漆应在表面除锈 24 h 内进行,分层补涂底漆和面漆,并达到设计的漆膜总厚度。根据技术文件的要求,工地焊接完成后,应按涂装工艺文件的要求涂箱外装饰面漆。

10.5.4　钢桁架梁安装

悬臂吊装时,可先利用塔顶的吊装设备安装好靠塔柱的节段,再在桁梁上安装移动式悬臂吊机,利用移动式悬臂吊机从塔柱往主跨跨中及锚碇方向对称均衡地将桁梁安装到位。对于桁梁节段质量较轻者,也可采用缆索吊装。

索塔处首次节段安装就位后,开始通过全回转桥面吊机进行后续标准节段的悬臂拼装。钢桁架的悬臂拼装按架设单元可分为 3 种架设方法。

(1)单根杆件架设法　将单根杆件作为架设单元，优点是杆件运输方便，可采用小型施工设备，但因架设的杆件众多，施工工期较长，施工精度较难控制。

(2)平面结构架设法　将桁架片平面结构作为架设单元。桁片的长度一般为2～3个节间，质量不大，架设比较灵活。

(3)整体节段架设法　将整个钢桁架节段作为架设单元。优点是施工工期快，施工精度容易控制，但施工设备庞大，并由此导致架设前端吊索和钢桁架的受力很大。由于一般需从桥下垂直起吊，需要封航或部分封航。

平面结构架设法则综合了上述其他2种架设法的优点。如坝陵河大桥施工中，经综合比选，采用桥面吊机平面结构架设法和单杆架设法的组合架设方案。在已拼装好的钢桁架上铺设正交异性钢桥面板。

钢加劲梁安装应按表10-18的要求进行质量检查。

表10-18　钢加劲梁安装后的允许偏差

项目	规定值或允许偏差/mm
吊点偏位	20
箱或桁梁顶面高程在两吊索处高差	20
相邻节段匹配高差	2
吊索防护	符合设计要求
箱或桁梁段工地连接	符合本规范和设计要求
钢箱或桁梁工地防护	符合设计要求

10.6　钢桥面铺装

钢桥面板出厂时应按设计要求涂防锈漆，在桥面铺装前应喷丸除锈。

钢桥面铺装施工应符合设计要求，施工前应对各种材料进行调查试验，并对各种施工机械和设备做全面检查。铺装各层施工前应进行施工试验。

沥青铺装施工之前，必须铺筑试验段，以验证沥青混合料配合比设计结果，并确定沥青混合料施工工艺。

钢桥面铺装施工时在一道工序完工之后，下道工序应紧跟或尽快进行，施工前下层应保持干燥、整洁，不得有尘土、杂物、油污或损坏，当不符合要求时应予处理。除沥青铺装层外，完工后的铺装层表面严禁通行非施工车辆。

沥青铺装施工气温不得低于15 ℃，且应在钢桥面左右两幅平行对称分段铺筑。

钢桥面人行道及中央分隔带铺装，除沥青铺装外其余应与行车道相同。沥青铺装层宜人工铺筑，当使用大型压路机有困难时，应采用小型振动压路机或振动夯板压实，对不能采用压实机具的部位，可采用人工夯实。

钢桥面沥青铺装的质量检查与验收标准应符合现行《公路工程质量检验评定标准》的规定。对钢桥面沥青铺装进行检测时，不得采用钻孔法，而应改用其他适合的办法。

第 11 章　悬索桥桥例——舟山西堠门大桥

11.1　工程概况

舟山市位于浙江省东部，坐落在杭州湾以东的入海口，是我国第一大群岛。舟山本岛总面积仅次于台湾、海南和崇明，为我国第四大岛。舟山群岛拥有中国最大的渔场和海水商品鱼基地，拥有丰富的旅游资源，具备优良的航道资源和天然的深水港湾，是建设大型深水港口的理想港址。受地理条件的限制，舟山自古以来一直孤悬海上，交通不便，严重制约了当地经济发展。

舟山西堠门大桥作为浙江省舟山大陆连岛工程的主体工程，是跨越西堠门水道、连接金塘岛和册子岛的一座特大跨度桥梁。桥址选在册子岛和金塘岛之间水面最窄的地方。在靠近册子岛处有一处海礁，称为老虎礁，可以布置一个缆索承重桥梁的桥塔。如果将单主跨悬索桥的一个桥塔建在老虎礁上，那么另一个桥塔就要落在金塘岛的岸坡上。为了确定桥塔在金塘岛上的位置，进行了多种跨径方案的比选，只有当跨径为 1 650 m 时才能保证桥塔基础在水面以上。为了避免深水基础施工，西堠门大桥设计方案最终确定为主跨 1 650 m 的悬索桥，如图 11-1 所示。

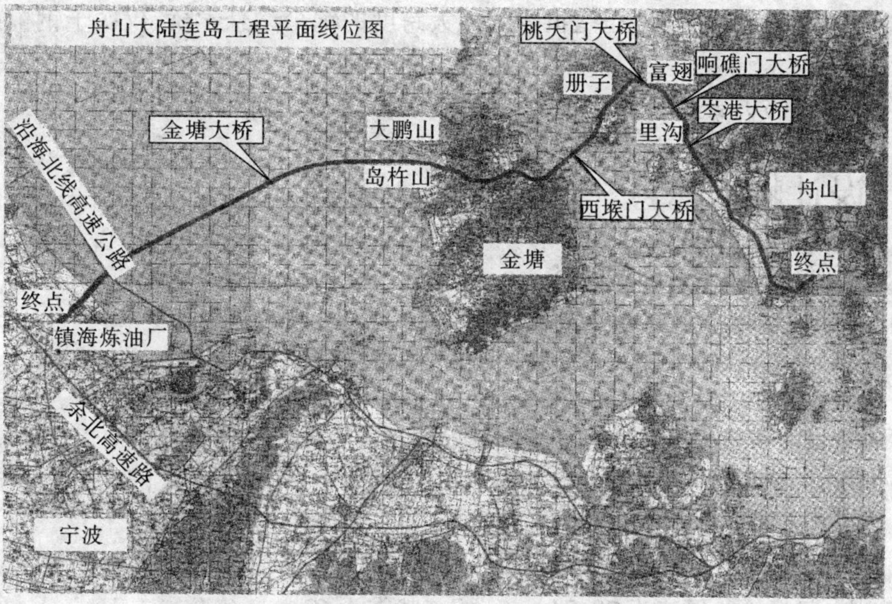

图 11-1　西堠门大桥的地理位置

大桥跨越的西堠门水道最窄处宽约 1.9 km。西堠门水道的特点是:①水深,主槽最大水深为 80 ~95 m;②流急,实测最大涨落潮漂流流速达 2.66 ~3.65 m/s,水道内存在裸露的孤丘和水下暗礁,有强烈漩涡;③岸坡陡,气候最大的特点是受台风影响频繁,风速大,风况复杂。

北边跨(册子岛——老虎山)采用加劲梁悬吊的方式是比较适宜的;而南边跨,因南塔已上岸,南边跨均在岸上,所以南边跨宜根据平面线型及地形条件采用引桥或引道方案。通过对加劲梁 2 跨连续与 2 跨简支计算结果的对比表明,2 跨简支体系具有以下优点:①北塔处长吊索可采用 2 根吊索,应力幅下降,北边跨短吊索荷载作用下移动的角度减小;②北边跨施工监控难度减小。缺点有以下几点:①绝大部分位移值(线位移、角位移)均增加;②北塔处伸缩装置规格增大较多,如按设 2 道缝考虑,则分别为 96 cm、232 cm(未计富余量,下同),北塔下横梁的宽度需达 10 m 以上,如按设一道缝考虑,则为 77.4 cm+232 cm=309.4 cm,钢加劲梁梁端构造因大位移量伸缩装置的安装而变得十分复杂;③在 1/100 横风作用下,伸缩装置左、右幅的相对位移量将达 89.32 cm,伸缩装置的规格还需增大;④由于成桥线形是对应于某个特定的温度(本桥为 20 ℃),因此,大多数温度下 2 跨简支体系的纵面线形不连续;⑤经济性相对较差,由于索塔下横梁、伸缩装置及支座的增加,建安费将增加约 420 万元;⑥增加 1 道伸缩装置,行车舒适性变差。2 跨简支体系产生的问题比较难以解决,而 2 跨连续体系只要解决好北塔处长吊索及北边跨短吊索问题,则显然优于 2 跨简支体系。

综上所述,鉴于 2 跨连续体系的北塔处长吊索及北边跨短吊索问题解决难度不大,同时所选择的加劲梁约束系统可保证 2 250 m 长的加劲梁适应各种荷载要求。因此,本桥加劲梁采用 2 跨连续体系。

该桥适应桥址处自然条件,采用主跨 1 650 m 两跨连续钢箱梁悬索桥跨越西堠门水道,为我国最大跨度的悬索桥,也是世界上最大跨度的钢箱梁悬索桥,仅次于钢桁梁的日本明石海峡桥。

大桥 2004 年 6 月开工, 2009 年 12 月建成通车,预算造价 22 亿人民币。

11.2 设计标准

(1)公路等级　四车道高速公路。

(2)设计行车速度　80 km/h。

(3)设计荷载　公路 I 级。

(4)桥面宽度　(2×11.5) m。

(5)通航标准　通航净高为设计最高通航水位以上 49.5 m,通航净宽为 630 m。

(6)设计基准风速　运营阶段重现期 100 年 U_{10}=41.12 m/s,施工阶段重现期 20 年 U_{10}=36.19 m/s。

(7)地震基本烈度　7 度。

成桥状态颤振检验风速为 78.74 m/s,施工状态为 67.1 m/s。

西堠门大桥桥型布置如图 11-2 所示。

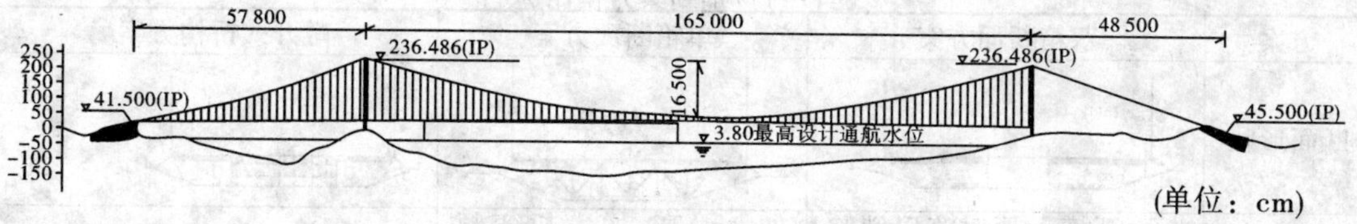

图 11-2　西堠门大桥桥型布置图

桥跨布置为 578 m+1 650 m+485 m，主缆矢跨比为 1/10；北边跨及中跨采用钢箱梁悬吊结构，南边跨采用两联（6×60）m 预应力混凝土连续箱梁，如图 11-3 所示，近处塔所在位置为老虎礁。

图 11-3　西堠门大桥

11.3　双箱断面方案

大跨径悬索桥的加劲梁不是主要的承重构件，在承受活载方面的功能已蜕化为局部性的（主要功能只是将活载传给吊索），其截面形状及尺寸更多地取决于抗风要求、宽度及吊索间距，与跨径关系不大。

对于风的动力作用，主缆和加劲梁总是联合起来作出反应。但是，加劲梁的形状和几何尺寸在这里却具有决定性作用。因此，应着重解决加劲梁的风动稳定性。

本桥颤振检验风速高达 78.74 m/s，对加劲梁的气动稳定性提出了很高的要求。在对加劲梁的形式进行充分比选（表 11-1）后，加劲梁采用扁平流线型分离式双箱断面。西堠门大桥钢箱梁标准断面及平面图如图 11-4 所示。

表 11-1 加劲梁方案比选

方案	双箱断面方案	单箱断面方案	敞开式桥构方案
断面形状	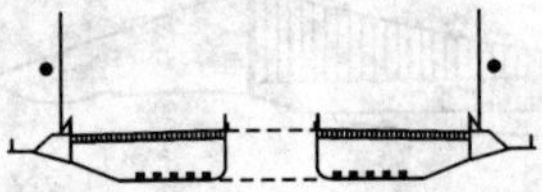	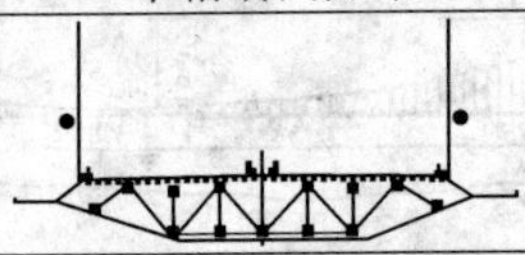	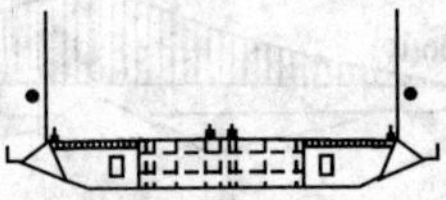
原理	断面开槽上下对流以消除梁顶底面的压力差	加大梁高，增大扭弯频率比	同双箱断面方案
断面特点	由分离双箱及横梁组成，中央开槽宽度 6 m	单箱	由分离双箱及横梁组成，中央开柄宽度两个车道(10.6 m)，横梁上覆格构作为桥面系
梁高	3.5 m	5 m	3.5 m
全宽	36 m	33.1 m	30.1 m
气动措施	无	2.16 m 高中央稳定板	无
试验 Ucr	88.4 m/s	>89.3 m/s	>91.1 m/s
优劣评价	技术成熟，工程造价适中，综合指标最佳	架高较高，造型厚重，用钢量大、工程造价高	经济性最好，但技术不够成熟

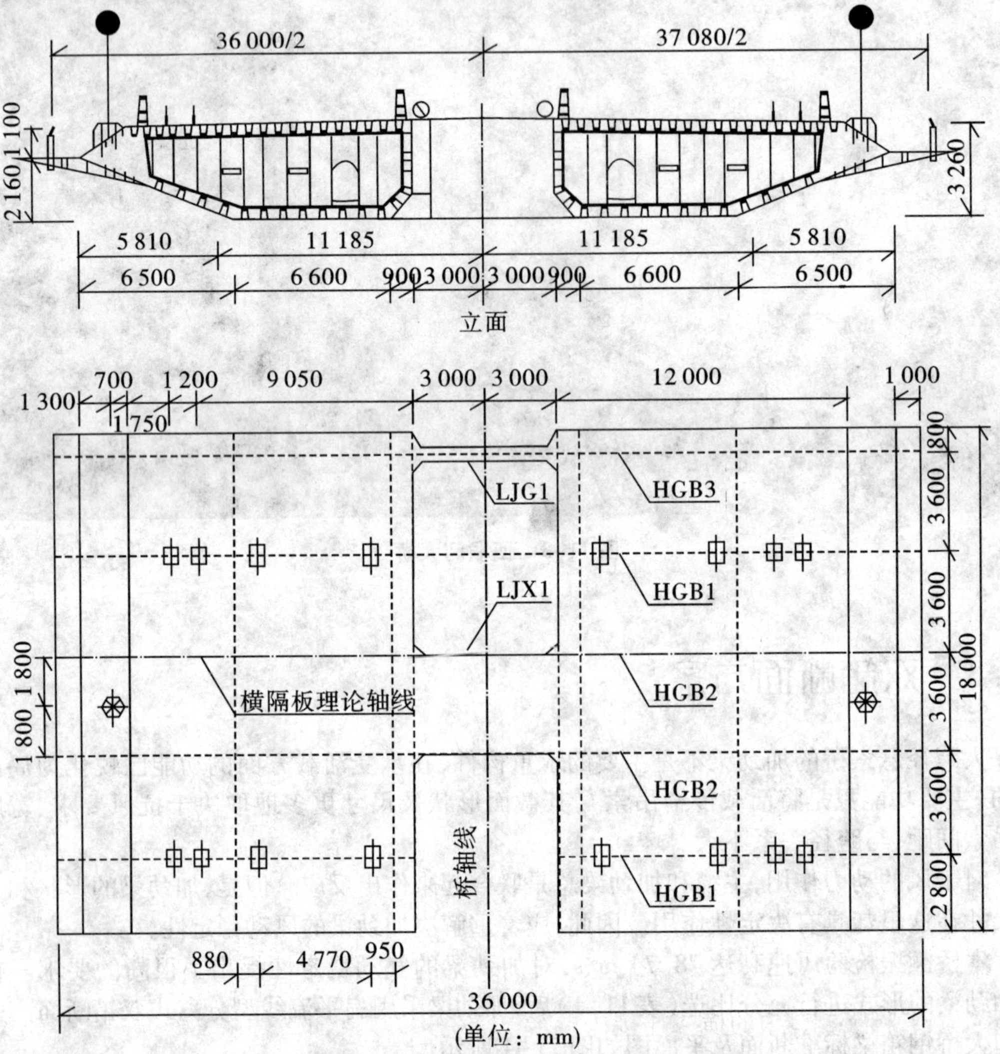

(单位：mm)

图 11-4 西堠门大桥钢箱梁标准断面与平面图

加劲梁在风载作用下如同机翼一般，顶、底面的风压力存在压力差，使得加劲梁极易发生振动；断面中央透风后，顶、底面的气流可互相流通，压力差减小，加劲梁的风动稳定性增强。

加劲梁梁宽为 36 m，高 3.5 m，中跨宽跨比和高跨比分别为 1/47.1 和1/471.4。每节钢箱梁横桥向由两个分离的六边形封闭钢箱和连接横梁构成，边箱梁横断面最大轮廓尺寸为3.5 m（箱高）×16.24 m（箱宽），横隔板标准间距 3.6 m；连接横梁为 3.5 m（梁高）×6.0 m（梁宽），横梁分两种，钢箱梁吊点部位为箱型横梁；另一部位为工型横梁，如图 11-5 所示。边箱梁与连接横梁之间采用全焊接的连接形式，锚箱单元设置在两块横隔板中间。两个封闭钢箱横向间距为 6 m，顺桥向每个吊点处用一个闭合的箱形横梁和一个敞开的工字梁连接。箱形横梁高 3.51 m，顺桥向宽 3.6 m，工字梁高 3.51 m，顺桥向翼缘宽 0.34 m。每个封闭钢箱宽度为 14 m，纵向每隔 3.6 m 设置一道板式横隔板，在对应横向连接箱梁和横向连接工字梁处厚度为 10 mm，其余地方厚 8 mm；采用正交异性钢桥面板，顶板厚 14 mm、16 mm，底板厚 10 mm、14 mm，顶、底板均采用 U 形肋加劲，顶板 U 形肋厚 8 mm，高 0.28 m，间距 0.6 m。底板 U 形肋厚 6 mm，高 0.25 m，间距 0.95 m。加劲梁的标准节段长度为 18 m，每个标准节段内有箱形横梁及工字梁各一道，吊装重量为2 500 kN。

图 11-5　加劲梁梁段图

箱形横梁和工字梁的构造及其与封闭钢箱的连接方式是分离式双箱断面的关键构造，为此采取了如下 3 项构造措施，确保横桥向力线的顺畅及构造的有效性。

（1）横向连接构造的腹板伸入两侧封闭单箱内各 3.7 m，同箱内横隔板的上、下连接板搭接，同横隔板的中间大板对接。封闭钢箱的内侧斜腹板和直腹板及其上的加劲、底板的加劲在此处断开，焊接在其两侧。

（2）横向连接箱上、下翼缘板的扁钢加劲伸入两侧箱内，分别跨过顶、底板的一个 U 形加劲肋。

（3）伸入封闭单箱内的横向连接构造的腹板采用一块板的整板式，分别同两侧箱梁的顶板和底板直接焊接。梁段的相应单元块采取“翻身”作业，以避免仰焊。

该桥为世界上第一座采用中央开槽的钢箱梁（分体钢箱梁）悬索桥，是以中央开槽技术解决大跨径悬索桥颤振稳定性问题的首次实践，将为今后更大跨径桥梁的建设积累经验，奠定技术基础。目前，世界上正在展开前期工作的大跨度悬索桥均在研究以中央开槽技术解决抗风问题。

西堠门大桥钢箱梁在海洋环境中容易遭受海洋盐雾大气的腐蚀，因此针对长效防腐措施的研究尤为重要，研制使用了电弧喷涂层纳米改性封闭漆。

11.4 吊索及索夹的制造

根据吊索受力特点，并综合考虑材料性能、制造加工、安装维护、后期更换等因素，本桥采用钢丝绳吊索，每侧吊点设两根吊索。吊索形式一般取决于主缆直径与吊索直径之比。本桥主缆索夹内直径为845 mm，索夹外直径为855 mm，属于较大的缆径。如采用销接式吊索，因索夹是铸造成型，其缺陷对索夹安全影响较大，同时因构造要求，材料用量大，造价较高。而采用骑跨式吊索，索夹外直径已达吊索直径的14倍以上，满足吊索弯折要求，且加大了吊索长度，其工作性能得到了改善，构造简单可靠。因此，吊索形式采用骑跨式，吊索采用优质钢芯钢丝绳。

吊索与钢箱梁为销铰式连接，销铰接头带有自润滑轴承，以减小吊索的弯折。加劲梁共设119×2处吊点，吊索分为两类：一类是受力较大和变形有特殊要求的北塔处长吊索和北边跨短吊索，定义为特殊吊索；另一类是除特殊吊索外的吊索，定义为一般吊索。一般吊索钢丝绳公称直径为60 mm，公称抗拉强度为1 770 MPa，结构形式为8×41 SW+IWR；北边跨短吊索公称直径为80 mm，公称抗拉强度为1 860 MPa，结构形式为8×41 SW+IWR；北塔处长吊索公称直径为88 mm，公称抗拉强度为1 960 MPa，结构形式为8×55SWS+IWR。

吊索两端锚头采用叉形热铸锚，锚头由锚杯与叉形耳板构成。锚杯内浇铸锌铜合金，叉形耳板与锚杯通过螺纹连接。锚杯口设有氯丁橡胶浇制的缓冲器，以改善吊索的弯折疲劳性能。在主缆中心下1.8 m处设置吊索夹具；对于悬吊长度大于20 m的吊索，悬吊长度的中央设置减振架，减少吊索的风致振动。

吊索形式确定后，索夹形式也就随之确定，索夹采用左、右分半的构造形式，左、右两半索夹用螺栓连接夹紧，接缝处嵌填橡胶防水条防水。索夹体是铸钢件，材料为ZG20SiMn。北塔处长吊索索夹、北边跨短吊索索夹的设计壁厚为45 mm，北边跨有吊索索夹的设计壁厚为40 mm，其他索夹的设计壁厚均为35 mm。

以前钢丝绳吊索使用的多为6×37类点接触结构的钢丝绳。该类钢丝绳工作时，股内钢丝之间承受很大的接触应力；弯曲时，股内钢丝受到附加弯曲，产生二次弯曲应力，耐疲劳性能低；同时内部空隙较大，金属填充系数小，承载能力相对较低。西堠门大桥吊索钢丝绳直径大（88 mm）、强度等级高（1 960 MPa）、破断拉力高（5 884 kN），同时还要满足抗疲劳（2×10^6次）性能要求，国内外目前尚无成功先例，因此是西堠门大桥的关键材料之一。

通过设计和优化钢丝绳结构（8×55 SWS+IWR），研发大盘重的高速无扭控冷优质盘条以及高精度的绳、股捻制及控制技术，成功解决了钢丝绳高强度与高韧性之间的矛盾及股间摩擦与抗疲劳之间的矛盾，攻克了大直径高强度钢丝绳设计、制造的难关。

11.5　主缆

根据江阴长江公路大桥及润扬大桥南汊悬索桥施工经验，结合西堠门大桥跨度大，上部施工作业时间长的特点，综合比较，确定西堠门大桥猫道承重索采用三跨连续式结构。

西堠门大桥地处沿海，风环境复杂，台风影响频繁，主桥运营阶段重现期 100 年设计风速 41.12 m/s，远大于国内长江等内河悬索桥猫道设计风速，猫道抗风设计是西堠门大桥猫道设计的关键。

在以往国内外大跨度悬索桥施工中，多采取设置抗风索的措施来提高猫道的抗风稳定性和刚度。西堠门水道为国际航道，抗风索设置影响到航道通航，因此需要对无抗风索猫道系统的抗风稳定性进行分析。

猫道的空气静力失稳主要是由于横向通道之间猫道床面在风力作用下发生过大扭转变位所致，因此提高猫道床面的抗扭刚度是提高猫道抗风稳定性的关键。合理设置横向通道的间距和设置门架及上承重索系统是提高猫道抗风稳定性的有效途径；增大横向通道的间距将导致猫道抗风稳定性下降，从抗风稳定性、经济性及施工作业的便捷性几方面考虑，无抗风缆猫道横向通道的间距采用 130 ~ 170 m 为宜。结合润扬大桥南汊悬索桥施工采用无抗风缆以及制振系统的抗风体系成功经验，最终确定了西堠门大桥猫道总体设计。

根据悬索桥南北岸的场地情况、交通条件、主缆索股盘的运输方式、施工工期和施工界面等因素，综合比较后，最终确定西堠门大桥采用门架式牵引系统、双线往复式牵引方式架设主缆索股。同时，放索机构与牵引卷扬机分置于南、北两岸，减小主卷扬机牵引索的运行长度，以降低牵引力。平均 2.5 ~3 h 完成 1 根预制索股的架设。

针对西堠门水道水深流急、海底无覆盖层，海域环境复杂，且该航道是国际航道兼军用航道，不宜封航。经与传统的先导索过海方法（自由悬挂拖船牵引法、浮索法、水底牵索法）进行比选后，决定采用直升机牵引悬索桥先导索过海新技术（图 11-6），并首次采用船舶动力定位技术吊装钢箱梁。

主缆采用预制平行钢丝索股。每根主缆中，从北锚碇到南锚碇的通长索股有 169 根，南北边跨另设索股（背索）。每根索股由 127 根直径为 5.25 mm 公称抗拉强度为 1 770 MPa的高强镀锌钢丝组成。通长索股无应力长度为 2 879.676 m。主缆索股断面示意图如图 11-7 所示。

成桥状态垂跨比为：北边跨 1/27.212，中跨 1/10，南边跨 1/109.654。两根主缆间距为 31.4 m，每根主缆无应力长 2 879.676 m，单根质量约 10 613.5 t，主缆总质量约 21 227 t。通长索股质量为 62.15 t。南、北边跨分别增设 2 根和 6 根背索，南、北边跨背索平均无应力长度分别为 551.626 m 和 645.226 m，质量 11.905 t 和 13.925 t。锚头采用热铸锚，索股锚头通过拉杆与锚碇预应力锚固系统连接。

西堠门大桥主缆钢丝强度 1 770 MPa，首次实现了悬索桥主缆钢丝盘条的国产化。西堠门大桥的主缆长度和材料强度两项技术指标均为国内第一。

主缆索股两端的锚具为锌铜合金灌注的热铸锚，锚具的结构形式采用锚板与锚杯合一的整体铸钢件，以最大限度地减少材料用量并方便施工。主缆防护采用 4 mm 镀锌缠绕钢丝和涂装防护。

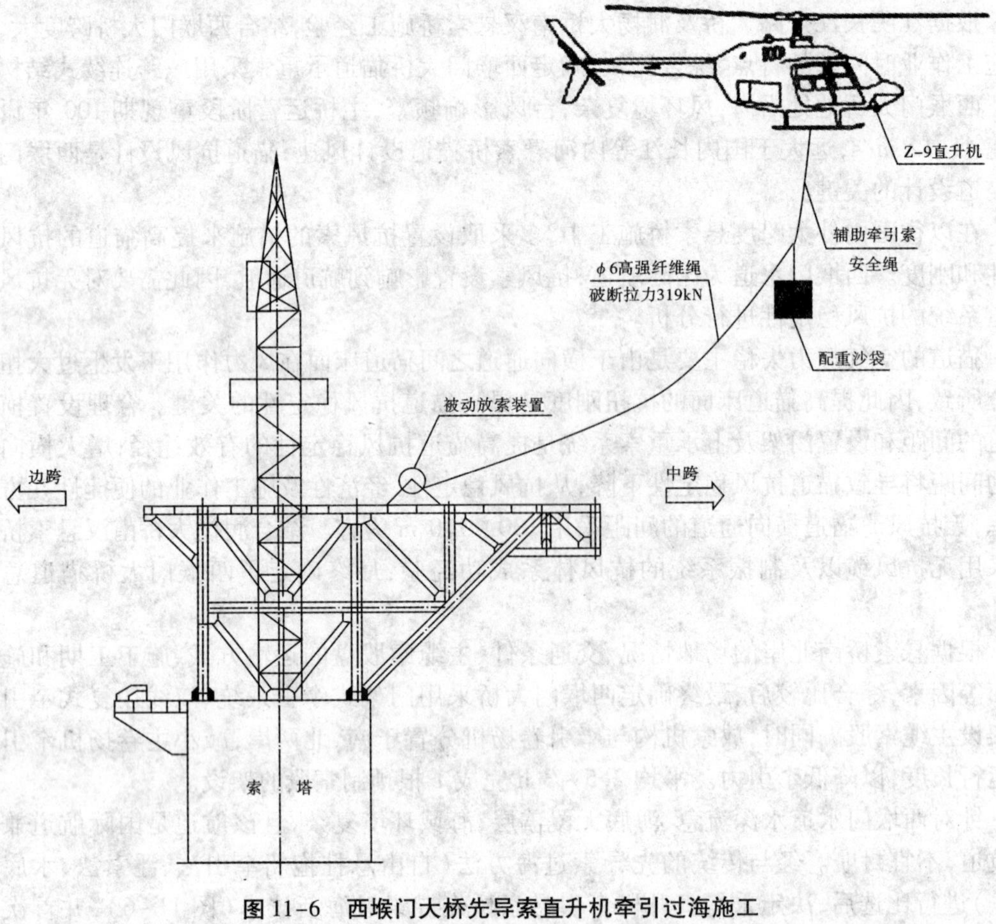

图 11-6　西堠门大桥先导索直升机牵引过海施工

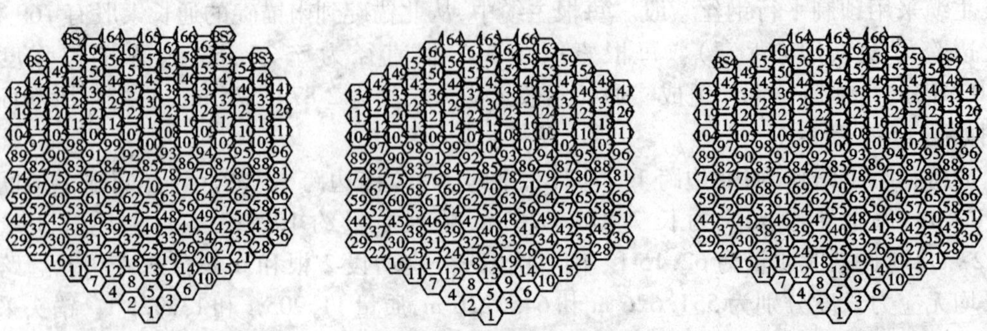

图 11-7　主缆索股断面

架设主缆首次采用水平成圈与放索工艺,解决了“呼啦圈”问题,提高了索股架设质量,如图 11-8 所示。水平放索工艺为上海浦江缆索有限公司开发的新工艺,该工艺通过调整液压系统的张紧力来控制索盘的转动速度,使索盘的转动速度和牵引速度相匹配。水平放索索盘采用了底盘与内芯分离式设计,内芯可重复使用。卷好的索股随底盘一起运输,现场组装内芯后再进行索股架设。索盘架设完成后,只需进行底盘的回收,大大减少了空索盘回收的运输工作量,较传统垂直放索工艺具有明显的优势。

图 11-8　水平放索施工

西堠门大桥主缆防护构造采用传统重防护涂装体系——磷化底漆+不干性密封膏(不干性防护腻子)+4 mm 镀锌低碳钢丝+磷化(环氧云铁)底漆+密封剂+聚氨酯面漆(图 11-9)。其中索鞍鞍体侧壁至第 1 个封闭索夹止,由于外形限制不能缠丝,采用磷化底漆+密封剂+高强玻璃布涂 HM106 密封剂缠绕+聚氨酯面漆的防护体系(图 11-10)。

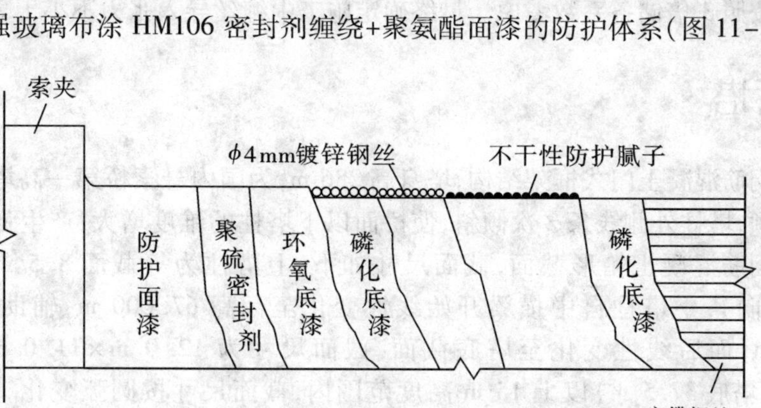

图 11-9　主缆防护涂装结构

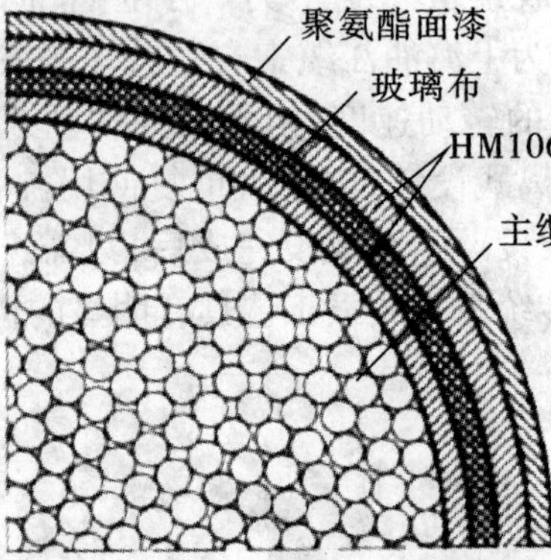

图 11-10　非缠丝区主缆段密封结构

主缆的防腐是保证大桥结构耐久性的关键,西堠门大桥地处海洋环境,水汽含盐分较多,从紧缆结束至涂装工作完成前,每逢雨天,跨中或锚侧主缆低端位置汇水下滴通常会持续几天,在这种干湿交替环境下,金属构件极易发生电化学作用而腐蚀,对主缆钢丝防护十分不利。考虑到上述因素影响,在确保工程质量的前提下,西堠门大桥采用"先缠丝,后铺装"的施工工艺,以缩短海洋腐蚀环境下主缆暴露在外的时间,减少雨水和潮湿含盐空气对钢丝内部的腐蚀,减少吊索涂装对桥面铺装的污染。

主缆在极端(最大)荷载状态下,保证缠丝作用有效的关键是缠绕钢丝的张力不能为0,否则可能会因缠绕钢丝松弛产生涂层开裂,进而引起防护体系失效。采用传统"先铺装,后缠丝"工艺的主缆,缠绕钢丝张力变化受汽车荷载、主缆降温以及系统温差等因素影响;而采用"先缠丝,后铺装"施工工艺,还需考虑二期恒载引起的泊松效应。综上所述,对缠绕钢丝张力的精确计算是制订合理"先缠丝,后铺装"施工工艺的前提。

缠绕钢丝张力的分析是建立在半理论、半试验基础上的,根据相关试验结果可知,施工后缠丝导入力损失可达0.56~0.7倍,故应按照缠丝实际张力的2.5~3倍系数考虑,西堠门大桥按照3倍储备系数考虑。最终确定施工中缠丝导入张力不小于2.3 kN。

11.6　桥塔

索塔为钢筋混凝土门式框架结构,塔身高286 m,为国内悬索桥第一高塔。索塔塔柱横向上端内倾,塔柱外侧线条2次倾斜,使桥面以下塔柱的锥度增大,产生强烈的美学效果。塔柱为钢筋混凝土箱形截面,截面尺寸如下:上塔柱为等截面8.5 m(顺桥向)×6.5 m(横桥向);中塔柱自中横梁开始线性变化至标高67.000 m,辅助截面尺寸为9.0 m×8.0 m;而后线性变化至塔底截面,截面尺寸为12.0 m×11.0 m;其中标高59.500 m(距塔底37.5 m)以上15 m高度范围内,截面尺寸按圆弧变化。如图11-11所示。

横梁采用预应力混凝土结构,为箱形断面,北塔设置上、中2道横梁;南塔处设有竖向支座,则设有3道横梁。横梁截面尺寸为6.1 m(宽度)×9 m(高度),顶、底板和腹板厚度均为 0.9 m，横梁内腔设有 2 道 0.9 m 厚的隔板。

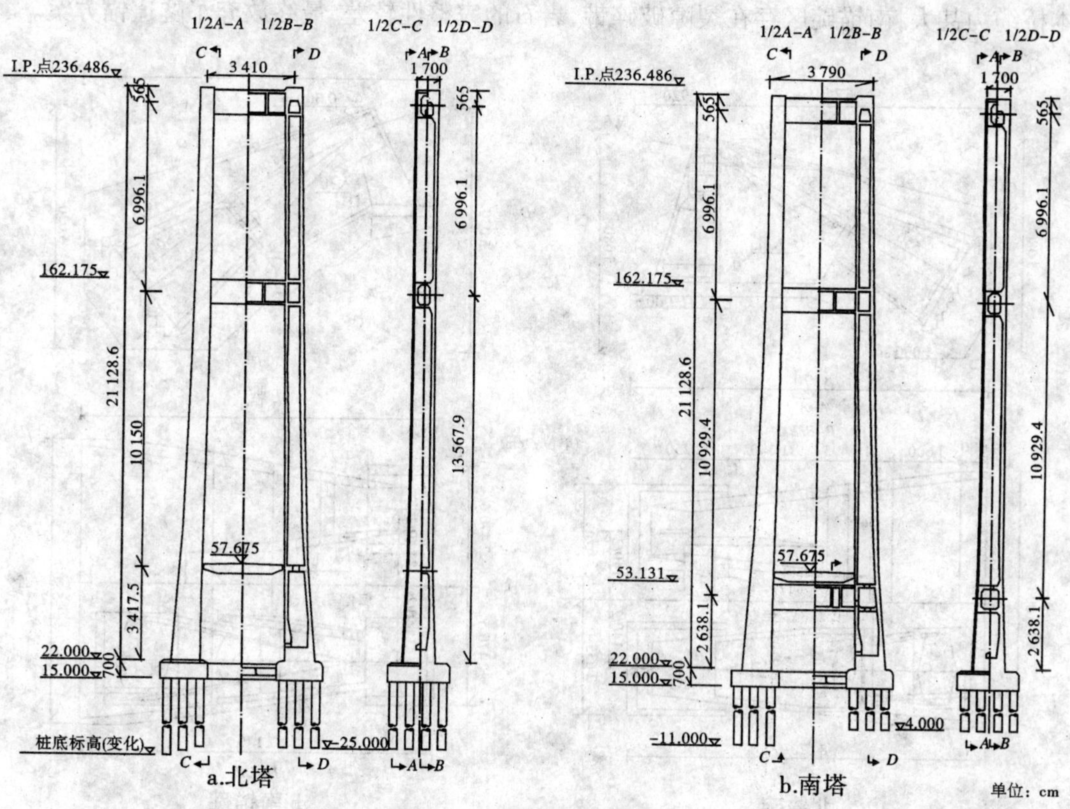

图 11–11　桥塔的一般构造

为避免裸塔产生涡激振动并美化索塔外形，经数值风洞选型后，在塔柱截面四角设置了尺寸为 70 cm×70 cm 的直角凹缺。塔柱壁厚自上而下顺桥向分别为 1.2 m、1.4 m、1.6 m，横桥向为 1.2 m、1.3 m、1.5 m，并在与横梁交接范围局部加厚。

北塔因老虎山基岩节理发育且有三条断裂带，因此采用 24 根直径 2.8 m，嵌岩深度 40 余米的大直径超长嵌岩桩。

11.7　锚碇

北锚碇位于册子岛西南角的岬角上，岬角宽度约为 85 m，锚碇范围内的地面高程为 7.5 ～45.0 m。南锚碇位于金塘岛大馒头山的一处山脊后，锚碇范围内的地面高程为 12.5 ~82.5 m。锚碇构造如图 11–12 所示。

根据场地工程地质条件，选择弱–微风化基岩作锚碇持力层。北锚如采用隧道锚，不仅开挖时锚体前部覆盖部分将会挖通，锚体后部的覆盖部分也偏薄。因此，北锚碇不宜采用隧道锚。由于锚体上的覆盖部分较薄，挖方量不大，同时可依照山体走势开挖齿坎，北锚碇采用重力式扩大基础锚，基底范围内主要为弱风化流纹斑岩。南锚碇采用重力式嵌岩锚，基底范围内主要为微风化霏细斑岩。南锚碇曾另选址研究过隧道锚方案，但考虑到本桥缆力甚大，南锚碇区存在裂隙破碎带，岩石的完整性较差，最终放弃了隧道锚方案。

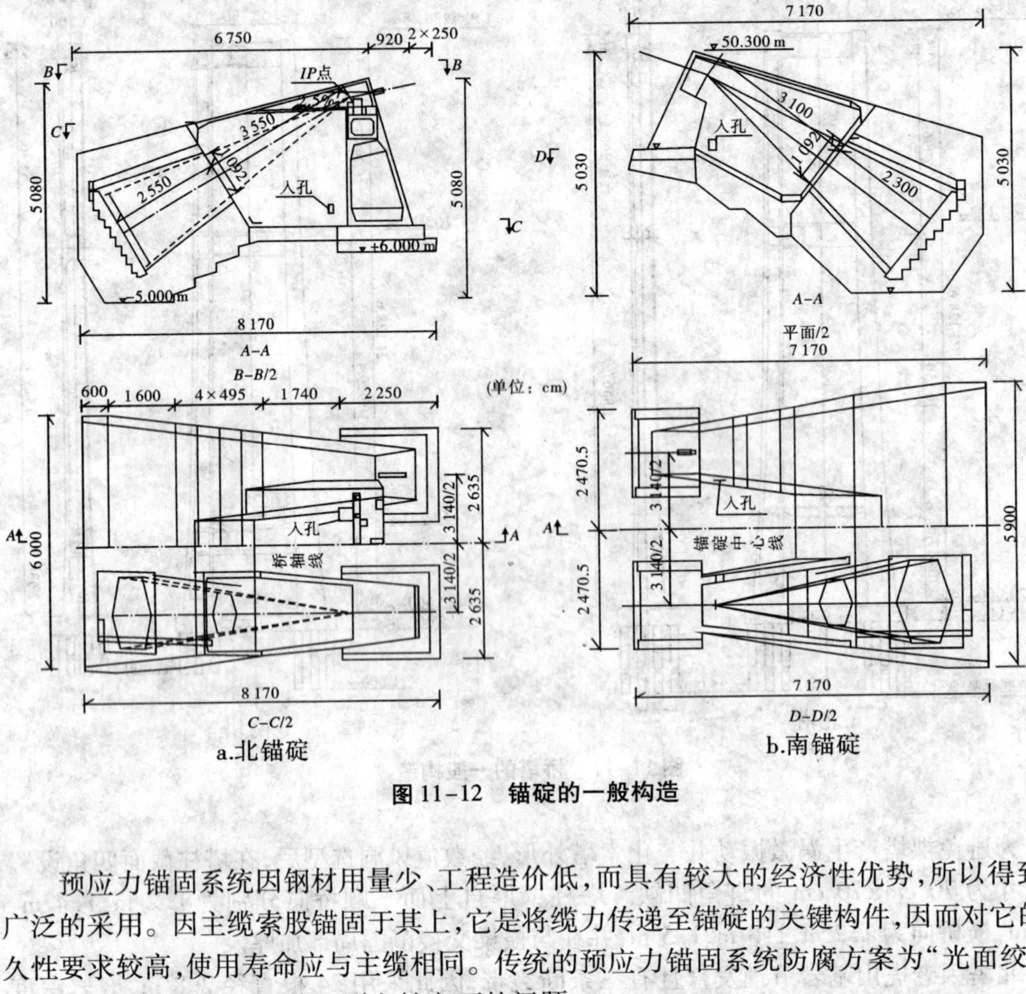

a.北锚碇　　b.南锚碇

图 11-12　锚碇的一般构造

预应力锚固系统因钢材用量少、工程造价低，而具有较大的经济性优势，所以得到较广泛的采用。因主缆索股锚固于其上，它是将缆力传递至锚碇的关键构件，因而对它的耐久性要求较高，使用寿命应与主缆相同。传统的预应力锚固系统防腐方案为"光面绞线+压水泥浆"，存在不可更换和耐久性方面的问题。

本桥预应力锚固系统采用无黏结式，由镀锌钢绞线、防腐油脂等成熟技术组成。本体系为可换式悬索桥锚碇预应力锚固体系，采用"镀锌钢绞线+防腐油脂"的防腐方案，预应力体系浸泡在防腐油脂中。预应力筋可以单根更换。由于该锚固系统的可更换性，从而使得其寿命不再成为全桥使用寿命的控制点，更为有效地保证了锚固系统的耐久性。

钢绞线采用符合 YB/T 152—1999 标准的低松弛镀锌钢绞线，公称抗拉强度为 1 860 MPa，公称直径为 15.70 mm。钢绞线在锚块中成一直线，避免转弯时增加预应力损耗和施工难度。锚固系统如图 11-13 所示。

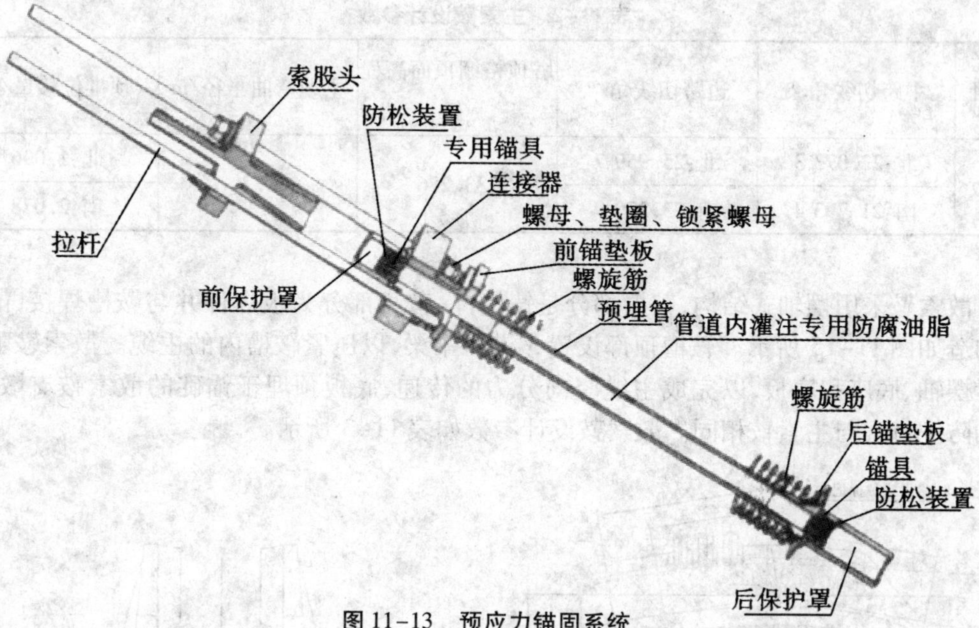

图 11-13　预应力锚固系统

11.8　索鞍

主索鞍采用铸、焊的结构形式，鞍槽部分是铸钢件，鞍身部分为板焊件并与鞍槽焊接。主索鞍下设聚四氟乙烯-不锈钢板滑动副，以实现主缆、加劲梁架设时的索鞍偏置和顶推。塔柱顶面预埋钢制格栅，将主缆的竖向分力通过主索鞍均匀地传递至塔柱。由于边跨主缆设有附加背索，所以主索鞍上设置锚梁，以实现背索的锚固。为了便于主索鞍的吊装施工，主索鞍分为中、边跨两块鞍体吊至塔顶后，用高强度螺栓拼接为整体。主索鞍构件采用除湿与涂层防腐相结合的结构防护方案。主索鞍构造如图 11-14 所示，主索鞍设计参数如表 11-2 所示。

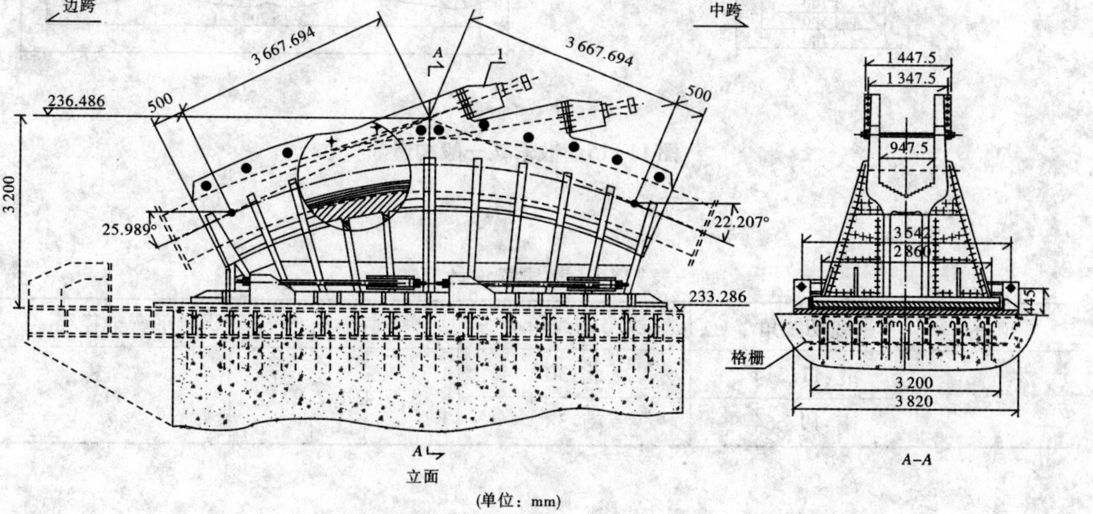

(单位：mm)

图 11-14　主索鞍一般构造

表 11-2　主索鞍设计参数

项目	中跨切线角/°	边跨切线角/°	塔顶格栅顶面高程/m	主缆弯曲半径/m	顶推位移量/m
参数	北:22.073 3	北:25.959 7	233.286	8.2	北:1.096
	南:21.793 4	南:23.279 9			南:2.078

散索鞍采用摆轴式结构，鞍槽部分是铸钢件，鞍身部分为板焊件并与鞍槽焊接，散索鞍构造如图 11-15 所示。鞍槽顶部设置 3 道压紧梁，以压紧鞍槽内的主缆。散索鞍下部设置摆轴、底座和底板，以完成主缆竖向分力的传递，底板预埋于锚碇的散索鞍支墩上。结构防护方案与主索鞍相同。散索鞍设计参数如表 11-3 所示。

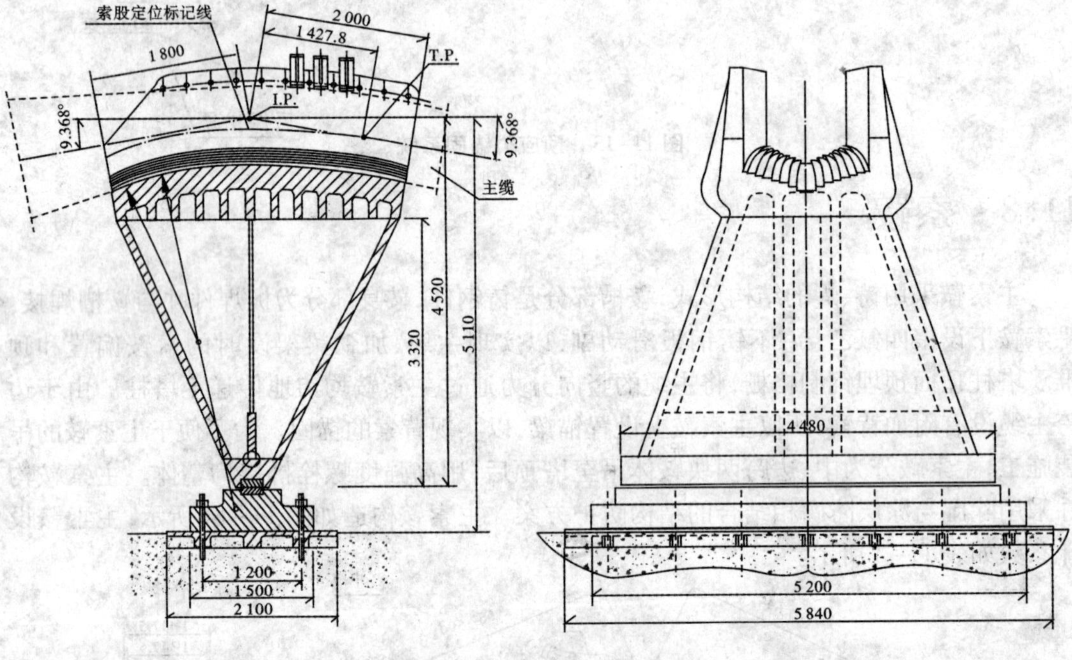

(单位：mm)

图 11-15　散索鞍一般构造

表 11-3　散索鞍设计参数

项目	主缆切线角/°	锚跨切线角/°	竖弯半径/m	平弯半径/m
参数	北:11.314	北:30	8,6.4,4.2,2.1	11
	南:19.664	南:38		

11.9　约束系统及伸缩装置

竖向支座布置于北锚和南塔横梁上，每处两个，分别支承加劲梁的两个封闭单箱，类型为双向活动支座；横向抗风支座布置在北锚、北塔和南塔 3 处，每处 1 对，北锚及南塔处的抗风支座均布置在横梁上，位于桥梁中心线处，北塔处的抗风支座布置两侧塔柱上；纵向黏滞阻尼器布置在北锚和南塔横梁的钢筋混凝土挡墙上，每处两个，以限制加劲梁在动载作用下的纵向位移并减小动载结构反力。

加劲梁两端分别设一道大型伸缩装置，以适应较大的伸缩和转动变位。由于本桥为不对称结构，加劲梁两端的温度及活载变形不同，因此北锚处的伸缩装置伸缩量为 2 160 mm，南塔处的伸缩装置伸缩量为 2 240 mm。

11.10　加劲梁的架设

国内海沧大桥、虎门大桥等悬索桥施工中，钢箱梁吊装均采用自行研制的卷扬机式跨缆吊机。在润扬长江公路大桥南汊悬索桥施工中相关单位联合研制的新型全液压提升式跨缆吊机（图 11-16），当时钢箱梁吊装施工由 2 台吊机抬吊，西堠门大桥为单台吊机起吊。

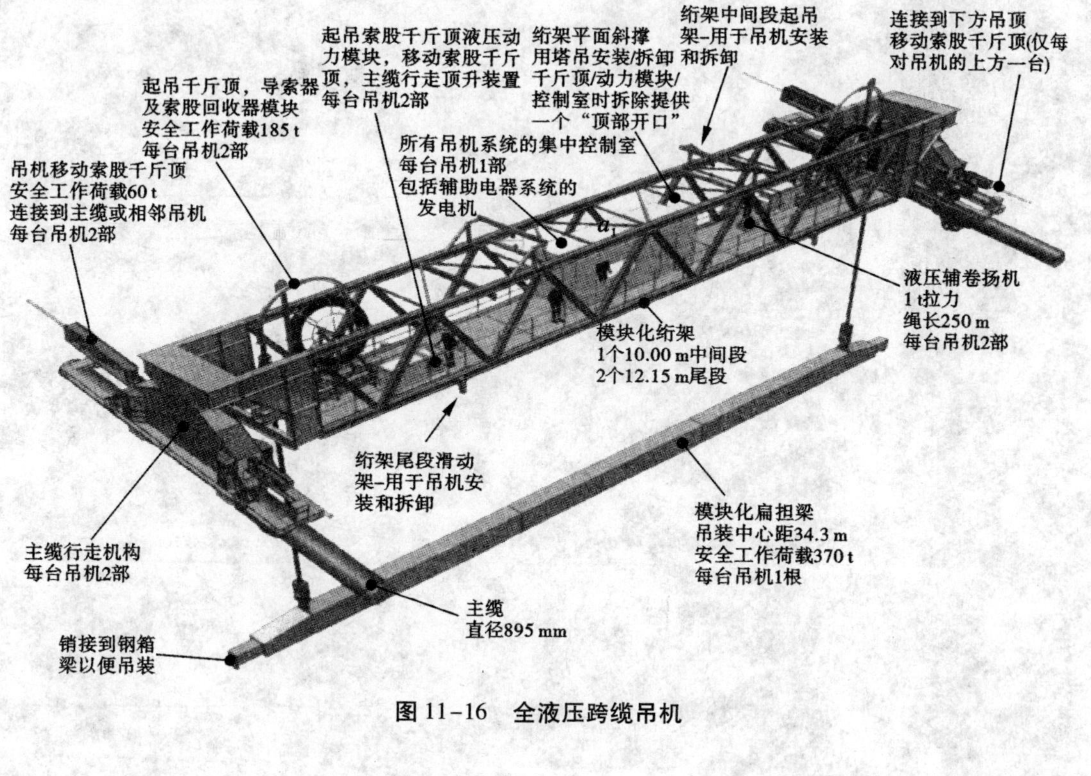

图 11-16　全液压跨缆吊机

根据已建成的钢箱梁悬索桥建设经验，悬索桥钢箱梁安装，一般考虑如下安装方法：①用安装于主缆上的缆载吊机安装；②大型浮吊安装；③缆索天线安装；④连续作用千斤顶接力荡移安装。

根据西堠门大桥钢箱梁设计及加工、运输与环境特点，由于大型浮吊在海域内难以定位，浮吊安装难以实施。缆索天线因钢箱梁吊装质量大以及大桥主跨跨径过大，实施起来成本与代价过高。连续接力荡移也因临时安装设备费用过于昂贵而受到限制。

参考国内外其他钢箱梁悬索桥经验，本桥钢箱梁采用传统的液压式缆载吊机安装方案，起吊能力 3 700 kN。但针对北塔区附近梁段，考虑用卷扬式吊装系统通过荡移作业完成吊装，起吊能力 4 000 kN，以解决梁段超重问题。北锚附近梁段缆载吊机荡移吊装前，对航道进行了拓宽作业，以利箱梁运输船进出，南塔附近梁段也采用吊机荡移安装。

参考文献

[1]中华人民共和国行业标准. JTG D 60—2004　公路桥涵设计通用规范[S]. 北京:人民交通出版社,2004.

[2]袁伦一,鲍卫刚. JTG D62—2004　公路钢筋混凝土及预应力混凝土桥涵设计规范[S]. 北京:人民交通出版社,2004.

[3]中华人民共和国交通部. JTG. T D65-01—2007　公路斜拉桥设计细则[S]. 北京:人民交通出版社,2004.

[4]中华人民共和国交通部. JTG B01—2003　公路工程技术标准[S]. 北京:人民交通出版社,2004.

[5]全国一级建造师职业资格考试用书编写委员会. 公路工程管理与实务[M]. 2版. 北京:中国建筑工业出版社,2010.

[6]中铁大桥局集团有限公司. 大跨度桥梁设计与施工技术[M]. 北京:人民交通出版社 2002.

[7]铁道部大桥工程局. 悬索桥[M]. 北京:科学技术文献出版社,1996.

[8]铁道部大桥工程局. 斜拉桥[M]. 北京:科学技术文献出版社,1992.

[9]中华人民共和国交通部. JTJ 041—2000　公路桥涵施工技术规范. [S]. 北京:人民交通出版社 2000.

[10]黄平民. 混凝土斜梁桥[M]. 北京:人民交通出版社,2000.

[11]雷俊卿. 大跨度桥梁结构理论与应用[M]. 北京:清华大学出版社,北京交通大学出版社,2007.

[12]雷俊卿. 悬索桥设计[M]. 北京:人民交通出版社,2002.

[13]李传习,夏桂云. 大跨度桥梁结构计算理论[M]. 北京:人民交通出版社,2002.

[14]林元培. 斜拉桥[M]. 北京:人民交通出版社,1994.

[15]刘士林,梁智涛,侯金龙,等. 斜拉桥[M]. 北京:人民交通出版社,2002.

[16]尼尔斯 J. 吉姆辛. 缆索支承桥梁——概念与设计[M]. 2版. 北京:人民交通出版社,2002.

[17]牛和恩. 虎门大桥工程——悬索桥[M]. 北京:人民交通出版社,1998.

[18]钱冬生,陈仁福. 大跨度悬索桥的设计与施工(修订版)[M]. 成都:西南交通大学出版社,1999.

[19]强士中. 桥梁工程(下册)[M]. 北京:高等教育出版社,2008.

[20]秦荣. 大跨度桥梁结构[M]. 北京:科学出版社,2008.

[21]裘伯永,盛兴旺,乔建东,等. 桥梁工程[M]. 北京:中国铁道出版社,2002.

[22]邵旭东. 桥梁工程[M]. 北京:人民交通出版社,2004.

[23]王武勤. 大跨度桥梁施工技术[M]. 北京:人民交通出版社,2007.

[24]徐君兰. 大跨度桥梁施工控制[M]. 北京:人民交通出版社,2000.

[25]严国敏. 现代悬索桥[M]. 北京:人民交通出版社,2002.

[26]严国敏.现代斜拉桥[M].成都:西南交通大学出版社,1996.
[27]姚玲森.桥梁工程[M].2版.北京:人民交通出版社,2009.
[28]周先雁,王解军.桥梁工程[M].北京:北京大学出版社,2008.
[29]常志军,张克.西堠门大桥主索鞍座设计[J].公路,2009,(1):80-85.
[30]金增洪.20世纪悬索桥的历史和美学[J].公路,2004,(9):1-20.
[31]李鹏,张建军,金仓.苏通大桥桥面吊机设计及标准段钢箱梁施工方案[J].中外公路,2005,28(5):38-41.
[32]欧阳效勇,任回兴.大跨度桥梁施工关键技术[J].公路,2009,(5):92-99.
[33]沈旺,许宏亮,王昌将.架千岛彩虹筑百年精品——舟山大陆连岛工程建设关键技术创新[J].公路,2009(1):1-7.
[34]宋晖,陈伟国.舟山大陆连岛工程西堠门大桥方案构思[J].公路,2005,(6):22-27.
[35]宋晖,王晓冬.舟山大陆连岛工程西堠门大桥总体设计[J].公路,2009,(1):8-16.
[36]田唯,张永涛,彭晔丹.苏通大桥主桥施工技术[J].中外公路,2008,28(5):128-131.
[37]魏建东,刘忠玉.悬索桥结构分析中索鞍的精确模拟[J].工程力学,2006,23(7):114-118.
[38]吴寿昌.苏通大桥关键技术与科普展示——纪念苏通大桥展览馆正式开馆[J].现代交通技术,2009,6(2):24-29.
[39]项柳福,赵长军.悬索桥的发展历史与研究现状[J].浙江交通职业技术学院学报,2005,6(3):1-4.
[40]闫友联.大跨径悬索桥上部结构施工专用设备的研制与应用[J].筑路机械与施工机械化,2009,(9):15-20.
[41]于群力,丁惠康.西堠门大桥超长索股的施工[J].公路,2007,(12):66-70.
[42]张喜刚,袁洪,裴岷山.苏通长江公路大桥设计关键技术介绍[J].公路,2009,(5):6-10.